VIE
ET INTENTIONNALITÉ

PROBLÈMES ET CONTROVERSES
Directeur : Jean-François COURTINE

VIE ET INTENTIONNALITÉ

Recherches phénoménologiques

par

Renaud BARBARAS

PARIS
LIBRAIRIE PHILOSOPHIQUE J. VRIN
6, Place de la Sorbonne, V[e]
—
2003

www.vrin.fr
Imprimé in France
ISSN 0249-7875
ISBN 2-7116-1642-8

pour Filipe

VIE ET INTENTIONNALITÉ

Dès lors que la perception est définie par Husserl comme intuition donatrice originaire, source de droit pour la connaissance, selon le célèbre principe des *Ideen I*, c'est au plan de la perception que l'intentionnalité, c'est-à-dire le mode d'ouverture de la conscience à la réalité transcendante, doit d'abord être ressaisie. La perception est caractérisée par Husserl, en son essence, comme donation par esquisses. La chose se donne dans un cours ininterrompu d'esquisses (*Abschattungen*) qui manifestent l'objet en personne, mais comme cela qu'elles ne présentent que partiellement et n'épuisent jamais, de sorte que, tout autant, l'objet s'absente de ce qui le présente, que l'esquisse est toujours en même temps esquive. Loin de renvoyer à la seule finitude de nos facultés, cette détermination a une signification eidétique; elle vaut pour toute conscience pensable, y compris celle de Dieu puisqu'elle définit la contrainte à laquelle la réalité transcendante comme telle se trouve soumise. L'intentionnalité, rapport de la conscience à ce qui n'est pas elle, repose donc sur le mouvement par lequel toute esquisse se dépasse vers un objet, qui ne sort pas pour autant de l'ombre et appelle donc, indéfiniment, de nouvelles esquisses. En d'autres termes, si la perception est bien perception de la chose elle-même, c'est-à-dire en chair (*Leibhaft*), elle ne la délivre pas pour autant exhaustivement ou adéquatement : au contraire, l'inadéquation est constitutive de la donation de l'étant transcendant, en tant que celle-ci est caractérisée par un excès irréductible de la visée sur ce qui vient la remplir. Comme le dit très bien Patočka : « Que la chose apparaisse en original ne signifie pas pour autant qu'elle apparaît nécessairement *en elle-même* [...] *comme elle-même* et *en elle-même*, ce n'est pas la même chose »[1]. Toute la difficulté

1. *Papiers Phénoménologiques*, trad. E. Abrams, Grenoble, J. Millon, 1995, p. 123. Noté PP.

d'une phénoménologie de la perception et, partant, d'une pensée de l'intentionnalité, se concentre dans cet écart entre la chose « comme elle-même » et la chose « en elle-même », entre donation charnelle et donation adéquate. On ne pourra affirmer en effet que la chose peut être là en personne alors même qu'elle est elle-même absente de ce qui la présente et n'est donc jamais possédée telle qu'elle est en elle-même, qu'au prix d'un remaniement en profondeur des catégories à l'aide desquelles nous abordons habituellement l'expérience. Or, Husserl ne parvient pas à penser cet écart jusqu'au bout puisque, au nom du principe de l'absence de limites de la raison objective, il en vient à poser l'identité entre l'être et la thèse rationnelle, qui requiert une possession adéquate[1]. Il se voit alors contraint de tenter de concilier l'exigence rationnelle d'adéquation avec l'inadéquation constitutive de l'essence de la perception – ce qui n'est possible qu'en pensant précisément cette adéquation comme une exigence, c'est-à-dire en comprenant la donation d'un cours infini d'esquisses, correspondant à la donation de la chose en elle-même, comme une Idée, qui, quant à elle, se donne à nous dans l'évidence et vient donc commander le cours effectif des esquisses sensibles. Mais c'est là reconnaître la difficulté plutôt que la résoudre.

Il revient à Merleau-Ponty d'avoir pris la pleine mesure de l'eidétique husserlienne de la perception et d'avoir donc tenté de tirer toutes les conséquences de cet écart entre présence en chair et donation adéquate, entre la chose comme elle-même et la chose en elle-même. Au fond, ce qui apparaissait encore à Husserl comme difficilement conciliable, en raison de son attachement à une définition rationaliste du donné, va être pleinement assumé par Merleau-Ponty, dont tout l'effort va consister à exhiber les conditions auxquelles cet écart constitutif de la perception devient pensable. En vérité, dire d'une chose qu'elle est là devant moi, qu'elle est présente en chair et en os, c'est bien reconnaître, si on ne veut pas en compromettre la transcendance, qu'elle m'excède et donc m'échappe au moment même où elle se donne elle-même : ce que Husserl nommait inadéquation est bien la garantie de sa transcendance et donc de sa différence eidétique avec la conscience. Ce n'est donc pas *en dépit* mais *en raison* de son inadéquation que la chose est présente comme elle-même, c'est-à-dire comme transcendante. Merleau-Ponty le dit clairement : « La transcendance de la chose oblige à dire qu'elle n'est plénitude qu'en étant inépuisable, c'est-à-dire en n'étant pas toute actuelle sous le regard – mais

1. « À tout objet qui existe véritablement correspond par principe l'idée d'une conscience possible dans laquelle l'objet lui-même peut être saisi de façon originaire et dès lors parfaitement adéquate », *Ideen I*, trad. P. Ricœur, Paris, Gallimard, 1950, p. 478.

cette actualité totale elle la promet puisqu'elle *est là...* »[1]. Mais il faut alors en tirer toutes les conséquences. Si c'est bien le maintien d'un pôle objectif pleinement déterminable qui, chez Husserl, compromet le respect des traits eidétiques du perçu, à l'inverse, on ne pourra rendre compte de la transcendance de la chose perçue qu'en renonçant précisément à en faire une *chose*, un ensemble clos de déterminations. La transcendance du perçu n'est pas la distance d'un objet transcendant, car cette distance serait alors l'envers d'une proximité et notre perception une intellection confuse : c'est une « transcendance pure, sans masque ontique »[2].

Le concept d'*invisible* nomme cette transcendance pure du perçu en tant qu'elle se distingue de celle de l'objet et fonde donc l'inexhaustivité de la perception. En une sorte de passage à la limite, Merleau-Ponty conclut de l'*Abschattungslehre* que, si les esquisses reconduisent toujours à d'autres esquisses, c'est que *rien* n'est donné en elles, en tout cas rien d'*autre* qu'elles-mêmes, bref aucune entité positive au profit de laquelle elles pourraient définitivement s'effacer. Cela ne signifie pas qu'elles ne manifestent rien, puisqu'elles se dépassent au contraire sans cesse – ce qui éloigne définitivement la phénoménologie de toute forme d'empirisme – mais que ce qu'elles manifestent c'est *un certain rien*, à savoir quelque chose (*etwas*) qui n'est rien d'étant : l'invisible même. Celui-ci désigne donc l'apparaissant en tant qu'il s'absente de cela même qui le présente, ou plutôt ne se présente qu'en s'absentant : le visible ouvre sur l'invisible comme cela qui, n'étant rien d'objectif, ne peut jamais donner lieu à une vision propre et demeure donc toujours celé dans le visible. Parler d'une invisibilité constitutive du visible, c'est donc donner un fondement phénoménologique à la relation nécessaire entre donation en chair et inadéquation. La chose peut être présente en chair tout en excluant une donation exhaustive (c'est-à-dire positive) parce qu'elle a pour chair l'invisible même : la saisir comme elle-même, c'est la saisir selon elle-même, à savoir comme la distance ou l'absence qu'elle est, ce qui exclut précisément l'horizon même d'une adéquation. Ainsi, résume Merleau-Ponty :

> Quand je dis donc que tout visible est invisible, que la perception est imperception, que la conscience a un *punctum caecum*, que voir c'est toujours voir plus qu'on ne voit [...] il ne faut pas se figurer que j'ajoute au visible parfaitement défini comme en Soi un non-visible (qui ne serait qu'absence objective) (c'est-à-dire présence objective *ailleurs*, dans un *ailleurs* en soi) – Il faut comprendre

1. *Le visible et l'invisible*, Paris, Gallimard, 1964, p. 245.
2. *Ibid.*, p. 282.

> que c'est la visibilité même qui comporte une non-visibilité – Dans la mesure même où je vois, je ne sais pas *ce que* je vois[1].

C'est donc bien à la condition de se défaire du modèle de l'objet, c'est-à-dire de penser la perception à partir d'elle-même, que l'on se trouve en mesure de rendre compte de l'intentionnalité : si la perception se rapporte à autre chose qu'elle même, c'est justement parce que ce qu'elle vise n'est pas un objet mais une transcendance ou une profondeur pure, l'élément même de la profondeur. Si tout visible paraît sur fond d'invisible, si toute apparition s'excède ou se nie sans que cette négation soit l'envers d'une position, le percevant n'atteindra le monde que comme ce qui le tire à lui, il ne le possèdera que comme ce qui le dépossède : l'avancée vers l'extérieur est alors sans retour, authentique ouverture. Selon un mouvement qui rappelle la temporalité originaire décrite par Husserl, le visible se donne comme négation de quelque chose alors même que manque par principe cela dont il est la négation : de même que les notes d'une mélodie se donnent comme notes d'une mélodie qui n'est pourtant donnée qu'en elles, les apparitions sensibles se présentent comme moments d'une unité qu'elles sont pourtant en train de constituer.

Il reste cependant à caractériser plus avant cela qui, n'étant pas rien, n'est cependant rien de positif et se cèle dans tout visible comme ce qui en fonde l'apparition en le retenant dans la profondeur. Merleau-Ponty complète ainsi sa caractérisation de l'invisible évoquée plus haut : « Dans la mesure même où je vois, je ne sais pas *ce que* je vois [...] ce qui ne veut pas dire qu'il n'y ait là *rien*, mais que le *Wesen* dont il s'agit est celui d'un rayon de monde tacitement touché »[2]. Cet *Etwas* qui n'est pas objet mais se donne en filigrane en toute apparition (en tout visible), ce fond unitaire non positif que chaque apparition manifeste en se dépassant vers lui et par quoi elle s'articule aux autres apparitions n'est autre que le *monde* lui-même : il est la mélodie totale que chaque note sensible fait naître à mesure qu'elle la joue. Toute apparition est apparition du monde : le monde est le perçu comme tel dont le sens d'être est abordé à travers les concepts de transcendance pure, d'invisibilité ou de profondeur. Merleau-Ponty le reconnaît au moins une fois : « Ce que je veux faire, c'est restituer le monde comme sens d'Être absolument différent du "représenté", à savoir comme l'Être vertical qu'aucune des "représentations" n'épuise et que toutes "atteignent", l'Être sauvage »[3].

1. *Ibid.*, p. 300.
2. *Ibid.*, p. 300.
3. *Ibid.*, p. 306.

Si le respect de l'*eidos* de la perception conduit incontestablement à mettre en question le primat acordé par Husserl à l'objet, il nous oblige tout autant à interroger le sens d'être du sujet percevant et, tout d'abord, à en contester la caractérisation husserlienne. Il est clair que la détermination du perçu comme objet est, chez Husserl, corrélative d'une caractérisation de l'intentionnalité comme acte donateur de sens, acte qui s'enracine, en dernière analyse, autant quant à sa forme que quant à sa matière, dans l'immanence d'une conscience qui se possède elle-même. C'est la raison pour laquelle, aux yeux de Merleau-Ponty comme de Patočka, Husserl ne respecte pas la signification véritable de l'intentionnalité : la fonder sur un acte noétique, c'est réintégrer à la conscience ce qui est censé lui échapper, ou plutôt, c'est s'interdire de comprendre comment la conscience peut sortir d'elle-même. C'est, en tout cas, doubler l'acte par lequel la conscience se porte vers son autre par un mouvement, de sens inverse, par lequel l'autre est réintégré à la conscience comme unité de sens. Telle est la difficulté que Merleau-Ponty cherche précisément à éviter. En pensant la transcendance sur un mode non objectal et non positif, il évite de référer l'intentionnalité à quelque chose comme une représentation ou une appréhension de sens, préservant ainsi son mouvement centrifuge et, par là-même, la transcendance du pôle intentionnel. Si la transcendance est profondeur non positive, « différence des identiques », alors l'avancée du percevant vers le monde est bien sans retour, sa possession une dépossession et le perçu se donne au percevant comme ce qui l'appelle ou le déchire. C'est pourquoi Merleau-Ponty va jusqu'à décrire l'intentionnalité *fungierende* ou *latente* comme « intentionnalité sans actes » ou « intentionnalité intérieure à l'être » [1]. Nous sommes ici bien loin, semble-t-il, de la conscience décrite par Husserl, que Merleau-Ponty critique explicitement. Il reste néanmoins à qualifier positivement le sens d'être du percevant dont il est clair que, ne se rapportant pas à une unité de sens positive, il ne saurait en aucun cas être décrit comme conscience. Comment donc caractériser le percevant en tant qu'ouverture à une transcendance pure, rapport au monde comme tel par-delà toute représentation, toute objectivité ? Il s'agit ici de penser l'être de l'intentionnalité en sa vérité, c'est-à-dire par-delà la conscience, qui est toujours possession; et puisque l'intentionnalité ne saisit le monde, ce rien d'étant, que comme ce qui la dessaisit, elle doit finalement être comprise comme l'unité d'une activité et d'une passivité [2]. La question ultime est donc celle du sens d'être de l'étant

1. *Ibid.*, p. 292, 298.

2. « La philosophie n'a jamais parlé [...] de la passivité de notre activité, comme Valéry parlait d'un corps de l'esprit », *Le visible et l'invisible*, p. 274.

qui est capable de cette unité, c'est-à-dire dont l'activité est identiquement passivité. Il est clair que cet étant, s'il doit être vraiment intentionnel, ne saurait être pensé sur le mode, positif, de la présence ou de la coïncidence à soi ; à l'excès non positif du transcendant doit répondre, du côté du percevant, un déchirement ou une négativité constitutifs, quelque chose comme un manque réalisé[1]. La question devient donc : quel est le sens d'être de l'étant qui est capable de ce manque, qui peut exister comme déchirement ?

La réponse à la question du sens d'être du sujet percevant est soumise à une double contrainte. D'un côté, Merleau-Ponty ne cesse de dénoncer l'« abîme de sens » que creuse Husserl entre la conscience transcendantale et la réalité mondaine, c'est-à-dire le fait que la conscience est sans attaches avec le monde et peut ainsi le surplomber de part en part. Sans doute parce qu'il conçoit le sens d'être de la réalité de manière univoque, Husserl ne peut penser la différence d'être de la conscience vis-à-vis des étants mondains que comme extériorité *par rapport au monde lui-même* et c'est pourquoi la conscience est comprise comme une sphère d'être absolu. C'est contre cette décision que Merleau-Ponty développe sa phénoménologie de la perception. Nous ne pouvons reculer au fond du néant pour surplomber le monde et le saisir en transparence ; au contraire, à la transcendance irréductible du perçu répond l'inscription du percevant dans le monde. Le sujet percevant est *du* monde, il est inséré en lui et c'est pourquoi à la fois il peut l'atteindre, en raison de sa parenté ontologique avec lui, mais ne peut le ramener à la transparence de la représentation en raison justement de son inscription en lui. Cependant, si le sujet percevant est du monde, il ne peut pour autant être sur le même mode que les autres étants intramondains en tant qu'il est justement leur condition d'apparition, qu'il ouvre le monde lui-même. La question se spécifie donc ainsi : quel est le sens d'être du sujet percevant (c'est-à-dire de l'intentionnalité) en tant qu'il appartient au monde sans néanmoins exister sur le même mode que les autres étants puisque c'est par lui qu'ils apparaissent ?

Il n'est pas sûr que la caractérisation merleau-pontienne du sujet percevant respecte les conditions du problème. En effet, tout se passe comme si, en s'opposant à Husserl, Merleau-Ponty en demeurait encore tributaire et reconduisait donc les présupposés qui commandent la phénoménologie transcendantale. En d'autres termes, il n'est pas sûr qu'en

1. « Cet *écart* qui, en première approximation, fait le sens, n'est pas un non dont je *m*'affecte, un manque que je constitue comme manque par le surgissement d'une *fin* que je me donne, – c'est une négativité *naturelle*, une institution première, toujours déjà là », *Le visible et l'invisible*, p. 270.

dénonçant l'extramondanéité de la conscience transcendantale pour ramener le sujet percevant sur le plan du monde, on se donne les moyens d'en atteindre le sens d'être véritable. Le risque est en effet de maintenir le présupposé implicite au nom duquel Husserl creusait un abîme de sens entre conscience et réalité, à savoir l'univocité de sens de l'intramondanéité, et de penser alors le sujet percevant comme un étant parmi d'autres sous prétexte qu'il existe au sein du monde. Telle est bien l'objection à laquelle s'expose la définition du percevant comme corps propre ou comme chair. Merleau-Ponty nie l'absoluité de la conscience husserlienne et insiste donc sur l'incarnation nécessaire de la conscience perceptive plutôt qu'il n'exhibe le sens d'être de ce corps en tant qu'il est capable de perception et que sa passivité est donc en même temps activité : il fait valoir le corps pour ainsi dire contre la conscience plutôt qu'il ne dépasse leur dualité vers un sens d'être plus originel et il reconduit ainsi les impasses husserliennes à l'instant où il veut s'en délivrer. Ceci est particulièrement frappant dans *Le visible et l'invisible* où le sujet de la perception est défini comme touchant-touché ou voyant-visible. Il s'agit là d'une caractérisation purement négative qui fait constamment appel à ce qu'elle est censée dénoncer, à savoir la dualité du sentir et du senti, du sujet et de l'objet. Dire que le touchant est en même temps touché et touché en tant qu'il est touchant, c'est certes réduire à rien la distance entre le transcendantal et l'empirique, c'est inscrire l'activité du sujet dans une dimension fondamentale de passivité, c'est par là-même reconnaître que la possession perceptive du monde a pour fondement une dépossession originaire qui a pour condition le corps – mais c'est aussi entériner la dualité à l'instant où on veut la surmonter. En procédant ainsi, Merleau-Ponty dessine bien l'horizon d'un mode d'exister original où cette dualité se trouverait dépassée, mais cet horizon est voué à rester sans contenu dès lors qu'il est dessiné à partir de cette dualité même. Parler de chair, c'est faire valoir l'exigence d'intramondanéité pour la conscience perceptive, c'est reconnaître qu'il n'y a d'ouverture au monde que du sein du monde mais ce n'est pas encore déterminer le sens d'être où se fonde l'unité du sentir et de son intramondanéité. Ainsi se formule donc le problème de l'intentionnalité, auquel Merleau-Ponty ne se confronte pas radicalement : quel est le sens d'être du percevant, en tant que, étant intramondain, il n'existe pourtant pas sur le même mode que les choses ? Comment cette clarté singulière qu'est le toucher ou la vision peut-elle prendre place au sein du monde ?

Le mérite incomparable de Heidegger est d'avoir d'emblée pris la mesure de la difficulté et d'avoir donc su réintégrer le sujet husserlien au monde sans compromettre pour autant la différence de son sens d'être[1]. Le *Dasein* désigne précisément un étant qui, s'il appartient au monde, est caractérisé par un sens d'être radicalement différent de celui des autres étants mondains, sens d'être que Heidegger recueille dans le concept d'*existence* : alors que les choses du monde subsistent et sont donc déterminées par les catégories, le *Dasein* existe et est donc structuré par des existentiaux. Dire que le *Dasein* existe, c'est reconnaître qu'il y va en son être de cet être même, qu'il se rapporte à son être comme à sa possibilité la plus propre. Cela ne signifie pas que le *Dasein* disposerait de possibilités indépendamment desquelles il existerait déjà mais qu'il *est* sa possibilité, c'est-à-dire son pouvoir être et que son être se confond donc avec sa propre réalisation. Comme le dit bien Patočka :

> Exister dans la compréhension, ce n'est pas nous *représenter* notre être, évoquer en esprit et évaluer nos projets et nos intentions. Exister dans la compréhension, c'est *être dans des possibilités*. Ce qui à son tour ne signifie pas que nous nous représentons différentes possibilités, différentes options, mais bien que nous les accomplissons, que nous les réalisons, que nous sommes continuellement non seulement *dans* mais encore *en avant de notre action*[2].

En d'autres termes, Heidegger mesure que l'intentionnalité ne peut être pensée conformément à son sens qu'à la condition de ne pas être référée à un étant qui s'en distinguerait et qui en serait le sujet, conscience ou corps, mais d'être comprise au contraire comme un mode d'être ultime et irréductible où l'identité même du sujet doit se fonder. L'intentionnalité n'est pas une propriété mais un sens d'être spécifique, qui est celui d'un dynamisme : l'intentionnalité existe comme accomplissement, elle est sa réalisation. Elle n'est pas rapport d'un sujet à autre chose que lui-même mais plutôt l'être comme rapport, c'est-à-dire l'existence en tant qu'elle est pouvoir-être, être-en-avant-de-soi. C'est donc à bon droit que Heidegger peut voir dans l'être-au-monde, constitution fondamentale du *Dasein*, la signification véritable de l'intentionnalité[3].

1. Voir la Lettre à Husserl du 22 octobre 1927, Annexe 1, trad. J.-F. Courtine, Paris, Éditions de l'Herne, 1983, p. 68.

2. *Le monde naturel et le mouvement de l'existence humaine*, trad. E. Abrams, Dordrecht, Kluwer, 1988, p. 255. Noté MEH.

3. « La *transcendance* est une *détermination fondamentale de la structure ontologique du* Dasein. Elle fait partir de l'existentialité de l'existence. La transcendance est un concept existential. On verra que l'intentionnalité se fonde dans la transcendance du *Dasein* et qu'elle n'est possible que sur cette base ; tandis que la transcendance ne saurait en revanche s'expliquer à partir de l'intentionnalité », *Die Grundprobleme der Phänomenologie*, trad. J.-F. Courtine, Paris, Gallimard, 1985, p. 200. Voir aussi Patočka, *op. cit.*, p. 102.

Néanmoins, Heidegger s'expose ici à un reproche qui est symétrique de celui que nous adressions à Merleau-Ponty. De même que celui-ci ne s'élève pas du plan de l'incarnation à celui du sens d'être où pourrait se fonder l'intentionnalité perceptive, Heidegger ne détermine pas l'existence, sens authentique de l'intentionnalité, de telle sorte que son intramondanéité, c'est-à-dire finalement sa corporéité soit clairement pensable. Nous visons ici, sans pouvoir nous y arrêter, à l'impossibilité dans laquelle Heidegger se trouve de faire place à la Chair dans les existentiaux du *Dasein* et, corrélativement, de situer la vie, qui échappe au partage de la *Vorhandenheit* et de l'existence, au sein de l'analytique du *Dasein*. Ainsi, alors que Merleau-Ponty pense l'intramondanéité de la chair sur un mode tel qu'une ouverture intentionnelle ne peut y être fondée, Heidegger pense l'ouverture intentionnelle de telle sorte que son intramondanéité ne peut en être déduite [1]. Patočka a, mieux que quiconque, mesuré cette limite de l'analytique du *Dasein* :

> il semblerait que l'analytique rende l'ontologie heideggerienne de l'existence trop formelle. La praxis est en effet la forme originelle de la clarté, mais Heidegger ne prend jamais en considération le fait que la praxis originelle doit être par principe l'activité d'un sujet *corporel*, que la corporéité doit donc avoir un statut ontologique qui ne peut être identique à l'occurence du corps comme présent ici et maintenant [2].

Patočka reconnaît ici la nécessité d'intégrer la corporéité à l'existence, mais il aperçoit en même temps le danger, représenté par Merleau-Ponty, de référer cette corporéité à la présence-subsistante, ce qui compromettrait évidemment la spécificité de l'existence. C'est pourquoi, si l'existence doit bien être référée à la corporéité, celle-ci doit elle-même être saisie au plan *existential* : c'est à cette condition seulement que l'on pourra, en retour, accéder au sens d'être véritable du corps tel qu'il est annoncé, sans pouvoir être thématisé, par Merleau-Ponty. Patočka souligne le fait que la liaison entre « l'en-vue-de » et ce qui en découle sous les espèces de nos tâches concrètes ne peut être assurée que par la corporéité de l'existence. Or, selon Patočka, le sens de cette corporéité n'est pas pleinement restitué par l'analyse de la *Befindlichkeit* car, remarque-t-il, la facticité, telle qu'elle est

1. Dans une lettre à Robert Campbell du 1er mai 1964, Patočka fait état de sa lecture du *Visible et l'invisible* et de son apport concernant la question du rapport sujet-objet. Or, ajoute-t-il, « ce sont des choses que Heidegger a négligées dans *Sein und Zeit* où il omet l'incarnation dans la strucure du *Dasein* [...]. Un jour, il faudra les intégrer dans la structure totale du *Dasein*, ce que Merleau n'a pu parfaire lui-même ».

2. MEH, p. 93.

déterminée par la disposition d'humeur, n'est en tant que telle rien d'expressément corporel. La corporéité doit plutôt être comprise existentialement comme une possibilité dont nous disposons, dans laquelle nous nous insérons, mais que nous n'avons pas choisie :

> tout ce que j'accomplis se fait en vue de mon être, mais en même temps, il y a une possibilité *fondamentale* qui doit m'être ouverte, une possibilité sans laquelle toutes les autres restent suspendues dans le vide, sans laquelle elles sont dépourvues de sens et irréalisables. Ce qui est premier, primordial, n'est donc rien de contingent, rien d'ontique, mais a, *en tant que possibilité première*, le statut ontologique de base de toute existence. C'est dire qu'il ne s'agit pas d'une possibilité parmi d'autres, mais bien d'une possibilité privilégiée, qui codéterminera dans son sens l'existence en son entier. Cette base ontologique, c'est la corporéité comme *possibilité de se mouvoir*[1].

Le mouvement corporel, c'est-à-dire vivant, constitue la détermination existentiale propre de la corporéité et, puisque cette possibilité codétermine dans son sens l'existence en son entier, il constitue l'existential premier de l'existence en tant que cette existence est incarnée. Par le mouvement vivant, le dynamisme de l'existence, qui nomme pour ainsi dire la forme de l'intentionnalité, est rendu à son intramondanéité. Il s'ensuit que la vie perd la statut problématique qu'elle avait chez Heidegger[2] et que la continuité de l'existence et de la vie peut être restituée : si l'existence repose sur la corporéité motrice, elle est bien, en son fond, vie. Comme l'écrit Patočka :

> Sur le fondement de la corporéité, notre activité est toujours un mouvement *de...vers...*, elle a toujours un point de départ et un but. Sur ce fondement, notre existence est toujours chargée, quant à son activité, du poids du besoin, de la répétition, de la restitution et du prolongement de la corporéité propre. Le cercle de l'existence (exister en vue de soi-même, en vue du mode de son être) contient toujours d'une certaine façon le cercle de la vie qui accomplit les fonctions vitales afin de faire retour en elle-même et de revenir à

1. MEH, p. 96.

2. Dès lors qu'elle était accessible privativement à partir du *Dasein* tout en venant brouiller la partition de l'existence et de la *Vorhandenheit*.

> elle-même – de telle sorte que la vie soit le but de toutes ses fonctions singulières [1].

Mais, par là-même, c'est le sens d'être véritable de la corporéité, thématisée par Merleau-Ponty en termes de touchant-touché ou d'unité de l'activité et de la passivité, qui se trouve dévoilé. Le mouvement désigne l'essence de l'incarnation, en tant que celle-ci est pour ainsi dire capable d'éclairer ce qui n'est pas elle. En effet, en reconnaissant, à titre d'existential ultime, la corporéité comme possibilité de se mouvoir, Patočka ne revient en aucun cas à la présence-subsistante d'un corps qui aurait pour faculté ou propriété de se mouvoir. Il veut dire au contraire que c'est *dans le mouvement vivant que réside l'essence de l'incarnation*. Ce n'est pas parce que le *Dasein* a un corps qu'il est capable de se mouvoir; c'est au contraire parce que son existence est essentiellement mouvement qu'il peut s'incarner. Sur le caractère constitutif du mouvement vis-à-vis du corps, Patočka ne laisse subsister aucune ambiguïté :

> Le corps personnel n'est pas une chose dans l'espace objectif. Il est une vie qui, par elle-même, *est spatialement*, qui *produit* sa propre localisation, qui se rend elle-même spatiale. Le corps personnel n'est pas un étant à la manière d'une chose, mais en tant que rapport, ou plutôt se-rapporter à soi qui n'est le rapport subjectif qu'il est qu'en faisant le détour à travers un étant étranger. Or, pour cette raison même, il est nécessairement corps vivant, il n'a pas à se localiser lui-même parmi les choses comme l'une d'elles [2].

On ne peut mieux dire que le corps doit être pensé à partir de la vie comme constitution de soi par le biais d'une relation avec les étants, plutôt que la vie comme une propriété du corps, objectivement conçu comme organisme ou comme support des champs sensoriels. Le corps est cet étant qui existe sur le mode du rapport et revient à lui-même, c'est-à-dire se constitue lui-même à partir de son entrée dans l'extériorité. Le corps est une unité temporelle ou historique, qui *se* fait contre ce qui le défait, par le biais d'un mouvement incessant vers et au sein de l'extériorité. Or, en déterminant le corps à partir du mouvement, nous nous donnons en même temps les moyens de répondre à la question, soulevée à partir de Merleau-Ponty, du sens d'être ultime du corps percevant : le percevoir, en tant qu'il advient

1. MEH, p. 105. Cf. aussi PP, p. 108. Ceci n'exclut pas, bien entendu, qu'il faille distinguer l'existence de la vie, c'est-à-dire introduire des différences au sein du mouvement de l'existence. Voir par exemple, MEH, p. 105.

2. PP, p. 59. Cf. aussi MEH, p. 106.

au milieu du monde, en tant qu'il est incarné, est un se-mouvoir[1]. Ainsi, penser l'incarnation comme mouvement vivant, c'est dépasser l'alternative encore abstraite d'une existence à laquelle manque la dimension de l'incarnation et d'une corporéité substantielle dont on ne comprend pas comment elle peut ouvrir à une transcendance pure, c'est-à-dire percevoir. C'est comme mouvement vivant que le *Dasein* s'incarne conformément à son être et que la chair merleau-pontienne existe conformément à sa clairvoyance perceptive. Le mouvement vivant est bien la réponse à la question de l'être de l'intentionnalité. Pleinement intra-mondain, il se distingue de tous les autres étants en tant qu'il ne repose pas en lui-même mais se meut, c'est-à-dire se réalise. Il diffère des autres étants car il existe sur le mode de la différence avec soi. Ainsi, le mouvement vivant correspond bien à cette « négativité naturelle » corrélative du retrait de l'invisible, à ce manque que je ne constitue pas dont parle Merleau-Ponty.

C'est ce que confirme la lecture des textes de la dernière période de Patočka, qui assume pleinement ce que Merleau-Ponty ne pouvait qu'entrevoir, à savoir la détermination de l'intentionnalité perceptive comme mouvement, *l'identité* pure et simple du se-mouvoir et du percevoir[2]. Il est temps en effet de rappeler que, en raison de sa distance ou de sa profondeur constitutive, le pôle de l'intentionnalité perceptive doit, en dernière analyse, être caractérisé comme *monde*, comme cet Être vertical que toutes les perceptions atteignent et qu'aucune n'épuise. La question est donc bien celle de l'être de l'intentionnalité (ou de l'existence) en tant qu'elle est capable de se rapporter à un monde, c'est-à-dire finalement à ce qui porte tout étant sans relever soi-même de l'étant, à ce qui est plus qu'objet – pour ainsi dire « surobjectif » – et ne peut, pour cette raison même, être réintégré à la sphère du sujet – bref à ce qui ne se donne qu'en échappant à toute présentation finie. Patočka cite une formule frappante de Emil Staiger – « Le surpuissant ne se révèle qu'à l'impuissant » et commente : « C'est la *puissance de l'impuissant* qui se manifeste dans l'approche originaire de l'objectivité par l'impulsion motrice, dans le "je peux" originaire »[3]. On ne peut mieux dire que le mouvement seul répond aux exigences de la transcendance perceptive. S'*il y a* bien un monde, si un

1. Il faut souligner ici, pour être juste, que Merleau-Ponty a thématisé, dans certaines notes de travail, cette détermination motrice du corps. Cf. *Le visible et l'invisible*, p. 277, 284, 302, 308, 310, 313.

2. « L'un des grands défauts de la psychologie empirique d'autrefois, c'est de n'avoir pas tenu compte du fait que la perception n'est pas seulement *accompagnée* de mouvements mais en fait partie intégrante et est elle-même mouvement – en bref, d'avoir été incapable de s'émanciper du concept objectiviste, mécaniste, de mouvement », MEH, p. 6.

3. PP, p. 45.

monde paraît – ce qui exclut que le sujet de la perception soit un étant intramondain parmi d'autres – le monde ne se manifeste qu'en se retirant derrière toute apparition, en demeurant non présentable et non totalisable, ce qui interdit d'autre part de concevoir sa donation sur le mode actif d'une possession (représentation). Il faut donc comprendre l'intentionnalité comme une activité qui est fondamentalement passivité puisqu'elle n'atteint le monde que comme cela qu'elle *ne peut* justement posséder – comme une puissance impuissante ou comme la puissance propre de l'impuissant. Tel est exactement le statut du « je peux » moteur : dès lors que le perçu est transcendance pure ou Surobjet, le mouvement vivant ne peut se rapporter à lui qu'en s'avançant vers lui, il ne peut l'éclairer qu'en l'approchant. Vis-à-vis d'une réalité dont la visibilité est transie d'invisibilité, qui est donc son propre retrait, il n'y a de dévoilement que comme pénétration. Si le monde est bien ce qui se retire derrière tous les étants qu'il contient, il n'y a de mouvement *vers* le monde, et donc d'apparition du monde que comme mouvement *dans* le monde. Pour le dire autrement, seul ce qui s'excède sans cesse, ce qui est toujours hors de soi peut délivrer ce qui demeure toujours en-deçà de ses apparitions finies. Seul le mouvement, c'est-à-dire l'extériorité à soi comme être, peut viser l'imprésentabilité ou la différence pure du monde : c'est bien grâce à l'impuissance du mouvement que se trouve préservée et donc manifestée la surpuissance du monde. Aussi Patočka peut-il écrire que le mouvement ne doit pas être compris comme changement de lieu mais bien plutôt comme :

> cet élan dynamique qui porte l'existence hors d'elle-même, qui fait qu'elle est toujours déjà hors de soi, qu'elle s'est excédée *en direction des choses*, qu'elle est devenue une *force voyante*. [...] Ce n'est que si quelque chose se dirige, par toute sa nature, hors de soi, s'il vise ce « dehors » et nie ainsi sa propre clôture, que cette visée pourra être remplie – que le *monde* pourra, à travers lui, venir au paraître et à la parole [1].

L'intentionnalité perceptive doit donc être définie, en dernière analyse, comme « force voyante » [2]. Il faut le prendre au pied de la lettre. En tant que force, elle est bien quelque chose d'existant et d'agissant, mais en tant que voyante, elle enveloppe une clarté ou une lumière par laquelle elle éclaire son chemin. Ce n'est pas un déplacement auquel serait adjointe une vision ou une représentation mais bien une force qui voit par sa propre force, qui fait paraître ce vers quoi elle s'avance, qui ne dévoile qu'en pénétrant et c'est pourquoi elle peut dévoiler ce qui échappe à toute objectivation. En

1. PP, p. 72.
2. Cf. PP, p. 60, 66, 75.

tant qu'elle est force voyante, l'intentionnalité doit donc être située par-delà l'alternative ruineuse du déplacement dans l'espace et de l'état de conscience ou de la représentation, de l'objectif et du subjectif. Patočka souligne de manière récurrente la spécificité phénoménologique du mouvement : en lui se réalise nécessairement la coïncidence de la visée et de son remplissement, sa subjectivité n'est telle qu'en se réalisant[1]. Bref, avec cette détermination de l'intentionnalité, nous pouvons satisfaire aux requisits, établis plus haut, auxquels l'intentionnalité, saisie comme existence, se trouve soumise. Radicalement intramondain, le mouvement vivant existe pourtant sur un mode radicalement différent de celui des autres étants mondains et c'est pourquoi il peut en commander l'apparition. Il est pour ainsi dire l'identité absolue du transcendantal et de l'empirique, le moyen pour l'existence dévoilante de s'insérer dans le monde ou pour la chair de se faire touchante et voyante.

Pour éclairante qu'elle soit, cette caractérisation de l'intentionnalité présente une certaine ambiguïté. Que signifie-t-on exactement lorsque l'on parle de mouvement ? Il ne s'agit certes pas du pur déplacement quantifiable auquel le réduit la physique moderne mais bien d'un mouvement vivant et, pour ainsi dire, voyant. Une certaine indétermination demeure néanmoins, qui tient au double registre théorique dans lequel cette théorie du mouvement est investie. D'un côté, il s'agit de caractériser l'existence du *Dasein*, être-en-vue-de-soi ou réalisation, du point de vue de ce qu'exige son effectivité. Le mouvement signifie alors le cheminement propre de l'existence, en tant que ce cheminement passe certes par des mouvements corporels, conditions de la mise en œuvre de l'en-vue-de sous la forme de tâches concrètes. Mais, d'autre part, dans une perspective qui est plus proche de celles de Husserl et de Merleau-Ponty, Patočka met au jour le mouvement vivant comme véritable tissu de l'intentionnalité perceptive. Le mouvement signifie alors une pénétration dans le monde, pénétration qui, certes, ne peut être éclairante que parce qu'elle est elle-même éclairée, c'est-à-dire parce que le sujet s'y accomplit selon ses possibilités les plus propres. Le mouvement est donc traversé par la différence du propre et du figuré, du geste corporel et de l'accomplissement existentiel. Patočka le reconnaît :

> Il faut distinguer les mouvements *d'ensemble* des mouvements partiels et singuliers. Les mouvements d'ensemble tiennent au fait que notre vie *est* un mouvement, que notre être-au-monde est un *cheminement* continuel. Les mouvements d'ensemble peuvent être définis par leur orientation, par la ligne qui en découle et qu'ils

1. Cf. notamment « Phénoménologie et métaphysique du mouvement », PP, p. 15-20.

> décrivent. Les mouvements partiels et singuliers sont des kinesthésies, des actions, des actes singuliers et instrumentaux, dans lesquels le mouvement total se retire et se concentre à un instant donné, qui en sont le véhicule, sans pour autant qu'il soit possible de composer le mouvement total à partir des mouvements partiels et singuliers [1].

Il ne s'agit évidemment pas de soumettre le mouvement au partage, qu'il a précisément pour fonction de dépasser, du psychique et du corporel ou de l'existential et du catégorial. Le mouvement est bien un mode d'être irréductible : intramondain et, en ce sens, corporel, il diffère néanmoins radicalement des autres étants et transcende donc toutes les déterminations de la corporéité. Il demeure cependant que ce mouvement est caractérisé par une ambivalence interne, comme s'il était voué à se scinder, comme si l'excès sur soi en quoi consiste son être devait se redoubler sous la forme d'un excès *vis-à-vis de lui-même*. Si Patočka ne distingue pas positivement deux plans ou deux dimensions du mouvement, il affirme toutefois que chaque mouvement concret, par lui-même éclairant, est à la fois la manifestation et l'accomplissement d'un mouvement plus profond qui, s'il n'est rien d'autre que l'ensemble de ses moments concrets, ne se confond pourtant pas avec eux. Tout mouvement est un cheminement, dans chaque faire particulier s'accomplit quelque chose et, inversement, il n'y a d'accomplissement que moyennant une série de mouvements vivants qui sont autant de manières de pénétrer dans le monde. Ce que Patočka vise finalement à travers cette description d'une déhiscence propre au mouvement lui-même, c'est *l'irréductible coappartenance de l'existence et de la vie*. Dire que tout mouvement concret est en même temps moment d'une réalisation, c'est dire qu'il n'y a d'existence que comme vie et qu'il n'y a de vie que comme existence.

Cette remarque nous contraint à franchir un pas supplémentaire et à nous demander s'il n'est pas possible de caractériser l'intentionnalité en tant précisément qu'elle est traversée par la déhiscence de l'existence et de la vie, de référer donc le mouvement à une source plus profonde qui rende compte de ce redoublement interne par lequel il n'est dépassement vers le monde qu'en se dépassant en tant que mouvement purement vivant. Bref, comment définir ultimement l'intentionnalité en tant qu'en elle la vie est aussi existence ? Si l'on pense la vie, conformément à la tradition dominante, comme commandée par le maintien en vie du sujet vivant, c'est-à-dire comme conservation, on ne peut voir en ses mouvements autre chose

1. MEH, p. 106. Cf. également PP, p. 19, 108.

que l'expression de manques circonscrits, c'est-à-dire de *besoins*. Si ceux-ci peuvent sans doute dessiner un *Umwelt*, de tels mouvements ont pour terme le sujet vivant lui-même en tant que déjà constitué, en tant qu'étant : ce sont des mouvements de *reproduction*. Or, dire que le *Dasein existe*, c'est reconnaître qu'il y va en son être de cet être même, qu'il est en question pour lui-même. Loin que l'être du *Dasein* précède sa réalisation, le *Dasein* n'est que par et comme sa réalisation, ce qui signifie qu'il se rapporte à lui-même comme ce qu'il a à être, pour ainsi dire comme sa propre absence. La question se précise alors : comment penser le mouvement vivant de telle sorte qu'en lui le sujet du mouvement se constitue plutôt qu'il ne se reconstitue ? Un tel mouvement ne peut se terminer à aucun étant fini, il ne peut s'épuiser dans l'appropriation de quelque chose puisqu'aucun sujet préalable ne détermine *ce qui* lui manque. Il n'est donc besoin de rien puisque rien de constitué, c'est-à-dire *personne* ne sous-tend ce mouvement. Comment caractériser alors l'essence du mouvement vivant en tant que, incontestablement polarisé, il ne tend pourtant vers rien (de défini), en tant que ce qui l'anime excède tout étant fini susceptible de surgir dans son champ ? L'essence d'un tel mouvement réside dans le *Désir*. Le propre du Désir, par différence avec le besoin, est en effet que rien ne le satisfait, non pas au sens où il ne rencontre pas l'étant qui l'apaiserait mais en tant que ce qui l'apaise l'attise tout autant. Ce vers quoi le désir se porte et qui est censé le satisfaire se donne en même temps comme défaut, défaut de rien qui soit nommable et relance en quelque sorte le désir par une sorte de débordement interne où s'indique un autre que ce vers quoi il se portait d'abord. L'objet que désire le désir n'est jamais l'objet véritable de son désir, parce que, en vérité, celui-ci n'est pas objet, excède l'ordre même de l'objet. Le désir est insatiable dans la mesure où il n'est désir de rien, où, en tout objet, se dessine ce rien (d'objectif), cet invisible qui, seul, le comblerait. Comme le dit remarquablement Lacan :

> Le désir, fonction centrale à toute expérience humaine, est désir de rien de nommable. Et c'est ce désir qui est en même temps à la source de toute espèce d'animation. [...] L'être vient à exister en fonction de ce manque. C'est en fonction de ce manque, dans l'expérience de désir, que l'être arrive à un sentiment de soi par rapport à l'être. C'est de la poursuite de cet au-delà qui n'est rien, qu'il revient au sentiment d'un être conscient de soi, qui n'est que son propre reflet dans le monde des choses [1].

1. *Le séminaire* II. *Le moi dans la théorie de Freud et dans la technique de la psychanalyse*, Paris, Seuil, 1978, p. 262.

C'est bien dans le désir, qui n'est que l'autre nom de l'intentionnalité, que le sujet en vient à se constituer comme le corrélat de ce rien qui l'anime, c'est-à-dire comme étant en question pour lui-même. Parce que les mouvements vivants sont animés par le désir, ils excèdent leur pôle fini pour se porter vers ce rien dont dépend le sujet du désir et c'est en quoi ils se font mouvement existentiel, mouvement où le sujet est en question pour lui-même, c'est-à-dire se rapporte à lui-même sur le mode de l'avoir-à-être. Le désir est bien la vérité de l'intentionnalité, en tant que son mouvement vivant se dépasse toujours vers un horizon existentiel : en lui se fonde la coappartenance de l'existence et de la vie.

PREMIÈRE PARTIE

CHAPITRE PREMIER

LE PROBLÈME DE L'EXPÉRIENCE : PROXIMITÉ OU CORRÉLATION ?

BERGSON ET LA PHÉNOMÉNOLOGIE

Mon propos est à la fois immodeste et modeste. Immodeste car je voudrais confronter la philosophie de Bergson et la phénoménologie comme telles, dans leur intégralité, ou plutôt en leur geste fondamental sans me limiter à un aspect ou un point de vue particulier. Je voudrais donc tenter d'expliciter ce que recouvre le « et » de « Bergson et la phénoménologie », c'est-à-dire à la fois préciser ce qui justifie le rapprochement entre ces deux attitudes philosophiques fondamentales et définir en quoi consiste exactement leur différence ou leur divergence. Mais une telle ambition impose un vœu de modestie : je ne peux prétendre ici faire autre chose qu'esquisser une confrontation en indiquant quelques directions, sujettes à discussion. De surcroît, cette confrontation sera inévitablement partiale puisqu'elle adoptera le point de vue de la pensée phénoménologique, dans lequel je m'inscris. En raison de la diversité des auteurs et des courants de la phénoménologie, je serai conduit, là encore, à parler de *la* phénoménologie en n'en retenant que quelque chose comme le noyau théorique, permettant de circonscrire un espace qui va de Husserl à Patočka.

On pourrait dire que la question commune à Bergson et à la phénoménologie est celle de *l'expérience*, question qui sera aussi leur point de départ puisque, de cette expérience, il s'agira d'explorer toutes les potentialités. Ainsi, la dernière phrase de l'« Introduction à la métaphysique », qui définit la métaphysique comme » l'expérience intégrale » [1], fait écho au

1. *Œuvres*, Édition du centenaire, Paris, P.U.F., 1959, p. 1432.

mot d'ordre husserlien des *Méditations cartésiennes*, si souvent revendiqué par Merleau-Ponty : « c'est l'expérience pure et, pour ainsi dire, muette encore, qu'il s'agit d'amener à l'expression pure de son propre sens ». Bien entendu, il ne s'agit pas de confondre cette exigence avec la démarche empiriste au sens étroit, qui définit la réalité comme ce dont nous faisons l'expérience, elle-même réduite d'emblée à des contenus sensibles immédiatement donnés. Au contraire, chez Bergson comme chez Husserl, l'expérience est caractérisée comme accès l'Être, à un Être dont la teneur ontologique ne peut se réduire aux contenus d'expérience dont nous disposons : en ce sens, l'expérience peut être définie comme initiation à un Absolu, même si, comme nous le verrons, la signification de cet Absolu est, de part et d'autre, bien différente. Mais, et c'est là une autre différence avec l'empirisme historique, l'accès à l'immédiat, c'est-à-dire à l'originaire, n'est pas lui-même immédiat : l'expérience n'est pas donnée mais doit être conquise ou rejointe, ce qui signifie que l'Être auquel elle nous initie est un Être dont nous sommes d'abord séparés. C'est précisément pourquoi l'expérience n'est pas un point de départ mais un *problème*, problème dont la question ontologique est, chez Bergson comme chez Husserl, essentiellement tributaire. Merleau-Ponty voyait donc juste et esquissait assurément un espace commun avec la phénoménologie lorsqu'il disait que « tout Bergson est dans l'idée d'une unité, comme quelque chose qui va de soi et qui est primordial »[1] et précisait que cette unité est « plutôt un horizon dont nous sommes déjà bien loin, une indivision primordiale et perdue, une unité que les contradictions de l'univers développé nient et expriment à leur manière »[2]. L'expérience est bien recherche de proximité sur fond de distance ou de séparation, de sorte que confronter les deux pensées, c'est comprendre exactement comment, de part et d'autre, s'articulent la proximité et la distance – c'est saisir la nature de la séparation pour en inférer le sens possible de l'expérience.

Si l'expérience est l'acte de rejoindre ce qui s'est toujours déjà dérobé, philosopher consistera alors, selon la formule de Bergson, « à invertir la direction habituelle du travail de la pensée »[3]. Cette inversion se nomme « intuition » chez Bergson et « réduction » chez Husserl. De prime abord, il semble possible de poursuivre le parallèle au-delà de cette exigence commune d'une méthode donnant accès à l'expérience et donc d'assimiler formellement l'intuition bergsonienne et la réduction husserlienne. On pourrait dire en effet que, dans les deux cas, la condition d'accès à la réalité

1. *La Nature. Notes. Cours du Collège de France*, Paris, Seuil, 1995, p. 80.
2. *Résumés de cours. Collège de France 1952-1960*, Paris, Gallimard, 1968, p. 110.
3. *Œuvres*, p. 1422.

même en tant que réalité d'expérience, est de dépasser un plan d'*abstraction* – celui de l'attitude naturelle d'un côté, en tant qu'elle tend à rabattre le sens d'être de ce qui est sur celui de l'objet reposant en lui-même, celui de l'intelligence analytique et symbolique, de l'autre, en tant qu'elle spatialise ce qui, en son fond, est de nature temporelle. Mais, en vérité, cette comparaison est seulement formelle et si, dans les deux cas, on a bien affaire à un geste d'inversion de la pente naturelle de l'esprit, c'est-à-dire à un geste critique, le mouvement en est, de part et d'autre, *opposé*. C'est donc bien à partir de la distinction entre l'intuition et la réduction que l'on peut d'abord appréhender la différence entre les deux philosophies. L'« Introduction à la métaphysique » distingue une connaissance qui tourne autour de la chose et est tributaire des points de vue qu'elle adopte et des symboles qu'elle utilise, connaissance *relative* donc et, d'autre part, une connaissance qui traverse justement ces abstractions pour saisir l'objet *du dedans*, tel qu'il est en lui-même, connaissance qui, cette fois, nous met en rapport avec un absolu. Je cite Bergson :

> Il suit de là qu'un absolu ne saurait être donné que dans une *intuition*, tandis que tout le reste relève de l'*analyse*. Nous appelons ici intuition la *sympathie* par laquelle on se transporte à l'intérieur de l'objet pour coïncider avec ce qu'il a d'unique et par conséquent d'inexprimable. Au contraire, l'analyse est l'opération qui ramène l'objet à des éléments déjà connus, c'est-à-dire commun à cet objet et à d'autres. Analyser consiste donc à exprimer une chose en fonction de ce qui n'est pas elle [1].

Ainsi, à une donation de la réalité qui est relative à nous, c'est-à-dire à ce qui est anthropologiquement déterminé et qu'il résume sous le terme d'intelligence, Bergson oppose l'intuition, qui passe en quelque sorte à travers la plan symbolique et analytique pour rejoindre l'objet tel qu'il est en lui-même, bref un absolu. Connaissance symbolique et métaphysique, intelligence et intuition se distinguent donc comme une donation de l'objet *selon nous-mêmes* d'une donation de l'objet *selon lui-même*.

Or, tel n'est pas le mouvement de la réduction phénoménologique. Celle-ci est définie par Husserl comme inhibition, mise entre parenthèses ou neutralisation de l'attitude naturelle, elle-même définie par la position spontanée de l'existence en soi de l'objet. Autrement dit, l'attitude naturelle se caractérise par une *absolutisation* de ce qui est donné dans l'expérience, par une sorte de passage à la limite conduisant à scinder le monde paraissant de ce qui en est la condition de possibilité – à savoir justement nous-mêmes – pour le saisir comme reposant en lui-même.

1. *Ibid.*, p. 1395.

Alors que nous sommes ce à quoi le monde paraissant est nécessairement relatif, l'attitude naturelle va poser ce monde comme une réalité auto-suffisante dont nous dépendrions en dernière analyse. La réduction consiste alors à neutraliser cette thèse d'existence pour reconduire le monde à sa phénoménalité, à montrer que le sens d'être du monde réside dans l'élément de la subjectivité à laquelle il apparaît. L'existence en soi ne fait pas partie de l'être du monde : elle n'a de signification que négative puisqu'elle ne correspond qu'à l'oubli de soi de la subjectivité transcendantale. Ainsi, la réduction ne conduit pas d'un réel qui ne serait relatif qu'à nous-même vers un absolu ; elle neutralise au contraire l'être absolu du réel, qui lui est conféré par l'attitude naturelle, pour découvrir que le réel est essentiellement relatif à la conscience. C'est pourquoi la réduction est la voie d'accès à ce que Husserl nomme « *a priori* universel de corrélation », par quoi il définit le noyau de la phénoménologie et la tâche de toute sa vie : « tout étant se tient dans une telle corrélation avec les modes de donnée qui lui appartiennent dans une expérience possible [...] et tout étant possède ses modes de validation ainsi que les modes de synthèse qui lui sont propres » [1]. En d'autres termes, il appartient à l'essence de l'étant de se donner à une subjectivité selon un cours réglé d'apparitions, de sorte qu'un étant qui n'apparaîtrait pas, c'est-à-dire qui ne serait pas relatif à un sujet, ne serait tout simplement pas. L'*a priori* de corrélation énonce bien la relativité constitutive de l'étant à la subjectivité et, par là-même, la relativité essentielle de la subjectivité à l'étant, qui a pour nom intentionnalité.

Il est peu contestable que nous avons ici affaire à deux mouvements de sens contraire : l'un (l'intuition) rejoint la positivité de l'objet par-delà les déterminations de l'intelligence, qui ne sont relatives qu'à nous-mêmes, tandis que l'autre (la réduction) rejoint le phénoménal, c'est-à-dire l'être relatif de l'objet, à partir d'une suspension de sa positivité. Alors que l'intuition nous initie à une existence absolue, la réduction nous révèle l'essentielle relativité de l'étant. Mais encore faut-il ne pas se méprendre sur le sens de cette divergence. Il ne s'agit pas plus de faire du bergsonisme un réalisme naïf et une apologie de la fusion que de confondre la phénoménologie avec une forme d'empirisme idéaliste ou de scepticisme. Dans les deux cas, en effet, se fait jour la conviction que l'Être est à distance et qu'il ne peut pas plus se dissoudre dans la conscience que celle-ci se perdre en lui – ce qui revient à dire que l'expérience ne résorbe jamais vraiment la distance et que, en ce sens, l'Être pour nous et l'Être en soi ne font pas alternative. Chez Bergson, la durée ne se donne que dans une

1. *Die Krisis der europaischen Wissenschaften und die transzendentale Phaenomenologie*, trad. G. Granel, Paris, Gallimard, 1976, p. 188.

certaine expérience qu'il nomme intuition, tout comme, chez Husserl, la chose transcendante ne transparaît que dans le cours subjectif des esquisses. Il n'en reste pas moins qu'une différence fondamentale demeure. Chez Bergson, même si l'intuition n'est pas un abandon de l'expérience au profit de l'objet mais est au contraire requise comme telle par lui, elle délivre néanmoins un être *positif*, et c'est pourquoi la différence thématisée par Bergson entre une connaissance atteignant l'objet de l'extérieur et une connaissance du dedans peut faire sens. Ainsi, la distance de l'objet est l'envers d'une proximité possible car elle est distance d'un être positif – ce qui revient à dire que cette distance ne tient pas tant à l'essence de l'objet qu'à la limitation intrinsèque de l'humanité qui s'y rapporte.

Au contraire, l'analyse phénoménologique découvre que la distance est constitutive de l'objet apparaissant et qu'elle n'est donc pas l'envers d'une proximité possible. Parler d'*a priori* corrélationnel, c'est certes dire que l'étant est relatif à ses apparitions, mais c'est reconnaître par là-même qu'il ne se confond pas avec elles, c'est-à-dire qu'il ne se donne en elles que comme ce qui les transcende toujours. Pour la phénoménologie, la transcendance désigne le mode d'être même de l'apparaissant et elle ne se confond donc pas avec la distance d'un objet transcendant ; elle est, comme le dit Merleau-Ponty, une « transcendance pure, sans masque ontique »[1]. La chose apparaît à distance parce que cette distance est constitutive de son apparition, et c'est pourquoi elle est insurmontable. Ainsi, alors que, chez Bergson, la distance ne désigne que l'*écart* entre le réel et le sujet en tant que ce sujet est humain, c'est-à-dire voué à l'intelligence, chez Husserl, cette distance qualifie le *mode d'être* même de l'apparaissant. Bref, si, chez Bergson, la distance est *séparation*, elle est, chez Husserl, *ouverture*. C'est pourquoi, enfin, l'intuition bergsonienne peut-être définie comme pénétration dans l'objet alors que, chez Husserl, l'objet est toujours ce qui échappe à l'esquisse qui le présente. Chez Bergson, la distance demeure négation de la proximité ; chez Husserl, il n'y a de proximité que dans la distance. On peut donc certes dire que, dans les deux cas, l'expérience est initiation à un absolu, mais, chez Bergson, cet absolu est absous de toute relation à l'homme, tandis que chez Husserl, son absoluité, c'est-à-dire l'auto-suffisance qu'il manifeste, exige au contraire sa relativité au sujet.

Ce qu'il faut bien appeler, à la suite de Merleau-Ponty, le « positivisme » de Bergson, par quoi il se distingue radicalement de la phénoménologie, tient à l'orientation spécifique du questionnement initial. La réduction phénoménologique a pour fin d'interroger le sens d'être de ce qui est, et c'est ce qui la distingue du doute cartésien : il ne s'agit pas de

1. *Le visible et l'invisible*, Paris, Gallimard, 1964, p. 282.

rechercher *ce qui* existe véritablement et donc de se demander, comme Descartes, *si* le monde existe mais plutôt de comprendre *ce que signifie exister* pour le monde. La réduction conduit alors à contester le sens d'être spontanément accordé à la réalité mondaine, qui est celui de la *substantialité*, pour montrer que l'être du monde réside dans sa phénoménalité même. Or, même si, à travers la philosophie de l'intuition et, comme on le verra, sa théorie de la perception pure, Bergson pressent une détermination neuve du sens de l'être, il n'en reste pas moins qu'il demeure tributaire d'une approche substantialiste, c'est-à-dire « naïve » (d'un point de vue phénoménologique) de l'Être. En effet, sa question n'est pas tant : « quel est le sens d'être de ce qui est » ? que : « ce qui est véritablement, c'est-à-dire substantiellement, doit-il être nécessairement pensé sur le modèle de l'être logique, comme l'immobile, l'immuable, l'éternellement identique à soi-même » ? Dès lors, la découverte de l'Absolu comme durée ne consiste pas tant à renouveler le sens d'être de l'Être qu'à conférer un autre contenu à l'être substantiel. C'est ce que montre très clairement G. Lebrun : « Bergson reconnaît sans doute que la mobilité vraie – la durée – est différence avec soi, mais c'est pour la faire accéder à la dignité subtantielle dont Hegel félicite Zénon d'avoir délivré le mouvement. Le bergsonisme est donc moins une critique de la métaphysique qu'un déplacement de sa topique : l'Être n'a fait que changer de contenu »[1]. Telle est la source de l'ambiguïté du bergsonisme, qui ouvre un espace de confrontation avec la phénoménologie. D'un côté, définir l'Être comme durée, c'est-à-dire « différence avec soi », c'est bien, en un sens, introduire un nouveau sens d'être et, par là-même, modifier de fond en comble les conditions du problème de la connaissance et de l'expérience. Si l'Être est durée, l'expérience ne peut plus être appropriation ou adéquation à l'objet, elle implique une distance ou une déhiscence constitutives de la donation. C'est ce que Merleau-Ponty voit admirablement dans « Bergson se faisant », lorsqu'il commente la « coïncidence partielle » par laquelle Bergson caractérise mon contact avec moi-même :

> en tout cas, quand il s'agit de moi, c'est *parce que* le contact est partiel qu'il est absolu, c'est parce que je suis pris dans ma durée que je la sais comme personne, c'est parce qu'elle me déborde que j'en ai une expérience que l'on ne saurait concevoir plus étroite ni plus proche. Le savoir absolu n'est pas survol, il est inhérence. C'est une grande nouveauté en 1889, et qui a de l'avenir, de donner pour principe à la

1. *La patience du concept*, Paris, Gallimard, 1972, p. 240.

> philosophie, non un *je pense* et ses pensées immanentes, mais un Être-soi dont la cohésion est aussi arrachement [1].

Ainsi, en déplaçant la topique de la métaphysique du côté du devenir, Bergson ne laisse pas intact le sens de l'Être : il ouvre la perspective d'une donation à distance, d'une manifestation dans la transcendance, d'une expérience comme arrachement – et l'avenir de cette nouveauté, qu'évoque Merleau-Ponty, est bien la phénoménologie elle-même. On pourrait en effet montrer que, chez Husserl, l'ouverture originaire de l'expérience ou de la conscience renvoie en dernière instance à la *rétention*, en tant que s'y accomplit une saisie de soi du présent impressionnel dans cet écart à soi qu'est son être-passé. Pourtant, comme le révèle l'expression de « coïncidence partielle », dont Merleau-Ponty signale qu'elle fait problème, l'horizon de la coïncidence n'est pas abandonné. Il n'est pas abandonné parce que déplacer la topique de la métaphysique, ce n'est pas la critiquer, ce n'est pas accéder à la question du sens de l'Être est c'est donc demeurer finalement dépendant de l'Être substantiel ou positif.

Nous pouvons donc maintenant mesurer un peu mieux la distance entre Bergson et la phénoménologie sur le fond d'un problème commun. La phénoménologie interroge le sens d'être de l'Être et le détermine comme apparaître, c'est-à-dire comme unité déhiscente de l'apparition et de l'apparaissant, comme excès non positif de l'apparaissant vis-à-vis de l'apparition. En d'autres termes, il y a une déchirure irréductible au cœur de l'expérience : apparaître c'est, par essence, apparaître à distance. Pour Bergson au contraire, dès lors qu'il n'accède jamais pleinement à la question du sens d'être, l'Être qui est au bout de l'intuition est *positivement*, et par conséquent à une certaine distance, qui est mesurée par la spécificité anthropologique. De sorte que l'on doit pouvoir « aller chercher l'expérience à sa source, ou plutôt au-dessus de ce *tournant* décisif où, s'infléchissant dans le sens de notre utilité, elle devient proprement l'expérience *humaine* » [2]. Bref, l'expérience demeure séparation. Il s'ensuit enfin que, si pour la phénoménologie la distance propre à la corrélation demeure infranchissable parce qu'elle est constitutive, la séparation bergsonienne est vouée au contraire à être dépassée.

Il me reste maintenant, en un second temps, à déployer et, en quelque sorte, vérifier cette confrontation, dont je viens de donner les coordonnées générales, au triple plan de la perception, de la totalité matérielle et du vivant. Ce n'est pas par hasard si les phénoménologues ont toujours été particulièrement sensibles au premier chapitre de *Matière et mémoire*.

1. *Signes*, Paris, Gallimard, 1960, p. 231.
2. *Œuvres*, p. 321.

Bergson y tente en effet une description de la perception sans aucun présupposé, c'est-à-dire en neutralisant toute thèse d'existence et toute position concernant la conscience. On n'a donc pas eu tort de voir dans cette description de la perception « pure » le véritable équivalent bergsonien de l'*époké* phénoménologique et c'est précisément pourquoi une confrontation entre les deux pensées trouve dans ce chapitre son point de départ privilégié. Cette neutralité méthodologique ouvre accès au concept d'*image*, « existence située à mi-chemin de la chose et de la représentation »[1]. La détermination de la réalité à partir de l'image est, en vérité, la conséquence d'une lecture rigoureuse de l'« *esse est percipi* » berkeleyen. Si, rigoureusement, l'être est seulement l'être perçu, et non plus le percevoir, comme le voulait Berkeley, alors il faut dire que l'être perçu *est*, c'est-à-dire que l'image n'est plus une réalité dans la conscience (une « idée ») mais bien la réalité extérieure elle-même. En déterminant le réel par ce que l'on pourrait appeler sa perceptibilité intrinsèque, Bergson aperçoit incontestablement la co-appartenance essentielle de l'Être et de son apparition : il n'y a d'Être comme tel, c'est-à-dire transcendant, que par son apparition. Merleau-Ponty ne s'y trompe pas puisqu'il voit dans la théorie des images la formulation exacte du « paradoxe » de la perception auquel il consacre sa thèse et affirme que, par là, « Bergson veut signifier [...] qu'il y a de l'être antérieur à toute connaissance, et qui survient en même temps que la perception »[2]. Mais que signifie exactement l'identité de l'être et de l'être perçu? Comment penser la co-appartenance de l'être et de l'apparition ? Pour la phénoménologie, cette co-appartenance a une signification ultime, elle nomme la corrélation comme loi de l'apparaître. Autrement dit, l'identité de l'être et de l'être-perçu n'est pas une identité réelle, elle ne peut être reversée au compte de l'être : elle signifie au contraire qu'il n'y a d'être que comme ses propres apparitions toujours partielles, qu'il n'y a donc d'être que s'absentant de ce qui le présente, bref non pas Substance mais Ouverture originaire. L'identité de l'être et de l'être-perçu est déchirée par la profondeur de l'apparaissant, elle est identité déhiscente. Ainsi, dans le cadre phénoménologique, l'image ne peut être comprise que comme *esquisse*, ostension du transcendant et la relation du *percipi* à l'*esse* comme relation de *manifestation*.

Telle n'est pas la voie empruntée par Bergson. Au lieu de s'en tenir à cette unité déchirée de l'apparition et de l'apparaissant, c'est-à-dire à la phénoménalité même, il pense l'identité de l'*esse* et du *percipi* comme identité *subsistante*, il la verse au compte d'un être où seront prélevées les

1. *Ibid.*, p. 161.
2. *La Nature*, p. 84.

apparitions, ressaisissant ainsi comme *positivité* une situation de manifestation qui en est la négation pure et simple. En d'autres termes, la co-appartenance de l'être et de l'apparition est comprise comme *appartenance* de l'apparition *à* l'Être. Il s'ensuit que la manifestation est inévitablement pensée comme *scission* plutôt que comme *relation*. Plus précisément, saisi au plan d'un être positif, le rapport de la manifestation à l'être qu'elle manifeste ne peut être pensé que comme une certaine unité entre *appartenance* et *séparation*. Tel est exactement le sens de la description bergsonienne de la perception dans le premier chapitre. En raison de l'aptitude du corps vivant à retarder la réaction à une impulsion reçue, la continuité de l'image avec l'environnement, c'est-à-dire avec la réalité comme Tout des images, va se trouver interrompue : l'image se voit séparée de la totalité en tant que le corps vivant n'y circonscrit que ce qui intéresse ses besoins – et cette séparation est la *perception même*. Ainsi, la perception ouvre une distance entre les images au sein de la totalité originelle en tant que, par la sélection qu'elle opère, elle creuse un vide entre elles. Comme Frédéric Worms l'a très bien montré, si les images appartiennent à la réalité, elles s'en distinguent en tant qu'elles sont perçues, c'est-à-dire découpées par les besoins du vivant : par leur *contenu*, elles font partie intégrante de la totalité du réel, mais elles s'en distinguent par leur *forme*, qui est corrélative de notre vie. C'est pourquoi elles sont à la fois réelles et imaginaires. On le voit, la relation des images au réel, de l'apparition à l'apparaissant, n'est plus un rapport phénoménal de manifestation mais bien un rapport réel de séparation sur fond d'appartenance : l'image n'est plus esquisse mais *partie*. On peut donc difficilement se tromper plus que Goldschmidt lorsqu'il affirme, dans son cours sur Bergson, que l'inadéquation, qui caractérise le flux des apparitions chez Husserl, « c'est ce que Bergson appelait appauvrissement »[1]. En réalité, la divergence irréductible entre la théorie husserlienne et la théorie bergsonienne de la perception peut très précisément être formulée dans les termes de cette distinction entre *inadéquation* et *appauvrissement* : alors que, chez Husserl, l'être se donne inadéquatement dans l'apparition, chez Bergson, l'apparition se donne comme limitation, c'est-à-dire précisément appauvrissement de l'Être. Chez Husserl, un être irréductiblement distant se manifeste dans des apparitions qui, seules, sont « réelles »; chez Bergson, des apparitions se détachent comme imaginaires sur fond d'un être qui, seul, est réel. Merleau-Ponty, quant à lui, ne s'y était pas trompé lorqu'il écrivait dans son cours sur Bergson :

1. « Cours de Victor Goldschmidt sur le premier chapitre de *Matière et mémoire* », dans *Annales bergsoniennes I*, Paris, P.U.F., 2002, p. 106.

> Il n'y a pas d'en soi qui ne soit déjà un pour moi. Dans la voie ou s'engage Bergson tout *esse* est un *percipi*. Mais Bergson ne suit pas cette voie jusqu'à son terme : au réalisme des savants, il va substituer un autre réalisme, fondé sur la préexistence de l'être total. Le *percipi* se déduit de l'*esse* par dégradation et découpage. [...] Bergson déduit le perçu de l'être, au lieu d'admettre, comme il en avait été tenté, un primat de la perception, un type d'existence intermédiaire entre l'en soi et le pour soi [1].

Néanmoins, il est temps de préciser que cette détermination finalement négative de la perception – elle soustrait plutôt qu'elle ne donne – est elle-même corrélative d'une détermination restrictive du *sujet percevant*, qui est identifié, à ce stade de l'ouvrage, au vivant régi par des besoins organiques. Tout se passe donc sur le plan réel des images : mon corps vivant est une image parmi d'autres et il fait partie de la Totalité, loin que la Totalité soit *pour* lui. C'est donc parce que le sujet percevant n'est pas sujet *pour* la totalité mais partie *de* cette totalité que celle-ci est conçue comme totalité réelle, ou plutôt, c'est d'un même geste que Bergson reverse la transcendance apparaissante du côté d'une réalité positive et qu'il définit le sujet percevant comme un simple vivant commandé par les besoins. À un tel vivant, rien ne peut *apparaître* : tout ce qu'il peut faire, c'est découper des images dans le plein du réel en fonction de ses besoins. D'un point de vue phénoménologique, on dirait donc que l'inaptitude de Bergson à penser la transcendance dans son apparition, c'est-à-dire de manière non positive, est exactement corrélative de son incapacité à penser le sujet percevant comme sujet susceptible de faire apparaître, c'est-à-dire comme sujet *intentionnel*, bref, de son incapacité à saisir l'intentionnalité à même la vie. C'est ainsi qu'il faut comprendre les critiques adressées par Sartre, puis par Merleau-Ponty à la théorie bergsonienne de la perception, qui mettent l'accent sur l'absence de l'intentionnalité. Merleau-Ponty note, par exemple, à la suite du fragment cité plus haut : « Bergson ne voit pas, ne pose pas le problème du *cogito* : il pose l'être total et y découpe ma perspective. [...] Il y a donc cécité de Bergson à l'être propre de la conscience, à sa structure intentionnelle » [2]. Au contraire, du point de vue phénoménologique, la caractérisation de la transcendance à partir de son apparition est corrélative de la définition d'un sujet capable de porter cette transcendance : l'*a priori* corrélationnel signifie la relativité de l'étant à ses apparitions, mais aussi, par là-même, la relativité du sujet des apparitions à

1. *L'union de l'âme et du corps chez Malebranche, Biran et Bergson*, Paris, Vrin, 1978, p. 81.

2. *Ibid.*, p. 81.

l'étant transcendant, c'est-à-dire justement l'intentionnalité. Dès lors, la véritable question de la phénoménologie est celle du statut d'un sujet capable de la totalité, en tant que totalité apparaissante : à la différence de Bergson, la phénoménologie veut penser l'intentionnalité à même la vie.

Quoi qu'il en soit, la théorie bergsonienne de la perception pure est vouée à être dépassée, c'est-à-dire à être complétée. En effet, dès lors que l'être-perçu est reversé à un être réel et qu'il est pensé comme limitation de cet être réel plutôt que comme sa donation – bref, comme imaginaire – il reste à déterminer le statut de cet être réel. Alors que la phénoménologie de la perception est *ipso facto* ontologie puisque c'est bien le sens ultime de l'être qui est délivré dans son apparition, chez Bergson, la phénoménologie de la perception du premier chapitre appelle une métaphysique de la perception, objet du chapitre IV, qui délivre le statut véritable de la totalité des images. Le sens d'être ultime de la totalité réside, on le sait, dans la durée, dont la dimension spatialisante de la perception pure apparaît comme une abstraction. Alors que, pour le phénoménologue, l'Être, tel qu'il est délivré en son apparaître, est transcendance ou *Distance* irréductibles, l'Être bergsonien est saisi, *par-delà* son apparaître spatialisé, comme étant intrinsèquement *durée*. Corrélativement, du côté du percevant, le plan de la perception pure, instantanée, devra être dépassé au profit de la perception concrète, qui fait intervenir la mémoire, autre nom de la durée. De même que le plan des images renvoie à une totalité qui est essentiellement durée, la vie corporelle générique doit être dépassée au profit d'une vie qui est essentiellement temporelle. Ainsi, le niveau de la perception pure comme rapport actif d'un vivant aux images spatialisées est débordé de part et d'autre de lui-même par une matière et une conscience qui sont de nature temporelle. Telle n'est pas la position de la phénoménologie : elle ne double pas la vie perceptive d'une vie subjective mais tente au contraire de penser la subjectivité *dans* la vie, tout comme elle ne doublait pas l'apparition d'une transcendance réelle mais saisissait au contraire la transcendance *dans* l'apparition. Bref, pensée phénoménologiquement comme corrélation (de l'intentionnalité et de la transcendance apparaissante) la relation perceptive comprend *en elle* ce que Bergson posait *hors d'elle*, à savoir la totalité et la subjectivité. Il nous reste donc à préciser la confrontation au double plan de l'être de la totalité et de celui du sujet.

C'est dans le chapitre IV de *Matière et mémoire* que Bergson accède à une caractérisation temporelle du Tout des images, c'est-à-dire de la réalité matérielle. Cependant, l'horizon de la comparaison me conduit à m'appuyer plutôt sur la critique de l'idée de néant dans le chapitre IV de *L'évolution créatrice*, qui dévoile, à mes yeux, le ressort métaphysique du passage à une détermination temporelle de la Totalité. Soulignons d'abord que cette interrogation sur le statut de la totalité est commune à Bergson et à la phénoménologie. Patočka, par exemple, ouvre sa thèse de 1937 sur le monde naturel par l'affirmation suivante : « le problème de la philosophie, c'est le monde comme totalité »[1]. Mais, alors que la phénoménologie interroge *l'être de la totalité*, Bergson pose *la totalité comme être*, et c'est pourquoi il est contraint de la penser finalement à partir de la durée. C'est ce que montre très bien Frédéric Worms dans un ouvrage à paraître :

> Certes, si le tout doit être un ensemble de choses, on peut toujours supposer qu'il est encore environné par du rien ; mais si le tout est *un acte de création* ultime des parties que nous sommes, alors il ne rime à rien de chercher quelque chose au-delà. Il n'y a donc que deux possibilités, une régression à l'infini de chose en chose, des parties au tout ou du tout au néant, ou bien un retour d'acte en acte, qui trouve son terme dans l'idée d'un acte dont toutes choses ne pourraient être que des effets ou des résultats. Autrement dit, le tout, l'univers, peut être une conquête sur le néant ou l'effet d'une création[2].

Cependant, à bien y penser, ce passage à un acte producteur originaire, comme unique manière d'échapper à la position d'un néant préalable, a lui-même pour présupposé une certaine idée de la totalité. En effet, c'est seulement si on pense le Tout comme une Chose ou un ensemble de choses, bref sur un mode positif ou substantiel, que l'on est contraint de le reconduire à une acte de production dès lors que l'on veut échapper au néant. Un tout substantiel sera certes toujours bordé de néant, de sorte que, en effet, renoncer au néant impose de renoncer au Tout comme tel. Mais, justement, le Tout est-il substantiel ? Le concept de Totalité est-il compatible avec la positivité ? Par là-même, l'alternative est-elle entre un Tout positif et une Vie créatrice ?

En vérité, il y a une *troisième* voie. Dire que le néant n'a pas de réalité, c'est simplement reconnaître que tout étant fait toujours partie d'une Totalité déjà là. Or cette Totalité, par principe intotalisable, ne reconduit justement pas elle-même au néant car elle existe sur un mode *singulier*, qui n'est pas celui de la chose ou de la substance mais en porte au contraire la possibilité. Comme l'écrit Patočka, en s'inspirant de Fink, c'est :

> le cadre préalable, total, non individué, de toute individuation. Indivis, c'est lui qui à la fois sépare et relie tout ; il est un tout qui n'est pas composé de parties, qui est incommensurable avec chaque partie, tout en étant contenu tout entier dans chacune. Il n'est pas une chose

1. *Le monde naturel comme problème philosophique*, La Haye, Martinus Nijhoff, 1976, p. 5.

2. *Bergson et les deux sens de la* vie, « Quadrige », Paris, P.U.F. (à paraître).

étante, et ne peut être thématisé que dans les relations qu'offrent les objets en son sein [1].

C'est donc bien parce que Bergson manque l'être de la totalité, confondu avec les étants qui surgissent en son sein, qu'il est conduit à la dépasser au profit d'un acte temporel. Pour le phénoménologue, au contraire, qui reconnaît la singularité ontologique de la totalité, la critique du néant ne conduit pas de l'Être substantiel au devenir substantiel mais de l'Être objectif au champ phénoménal comme Totalité non-déployée et non-totalisable. Cette totalité non-déployée n'est autre que la Distance irréductible de l'apparaissant que nous avons évoquée plus haut, cet horizon de tous les horizons que Merleau-Ponty nomme, pour sa part, Invisibilité ou Profondeur. Dès lors, d'un point de vue phénoménologique, l'opposition topique du bergsonisme – entre un espace qui est encore du côté de l'imaginaire en tant qu'il renvoie aux exigences de la vie, et une durée qui caractérise le réel dans son absoluité – est elle-même une opposition *abstraite*, corrélative d'un mode de pensée positif, c'est-à-dire encore prisonnier de l'attitude naturelle. En effet, la Distance qui se manifeste en toute apparition ne peut plus être comprise comme spatiale en un sens étroit : en tant que profondeur de l'Être, la profondeur spatiale est en même temps temporelle. « L'immensité inapparente » qui sous-tend toute apparition, contient tout, c'est-à-dire aussi bien le passé et l'avenir. Autrement dit, penser la co-appartenance de l'Être et de l'apparition, c'est s'interdire de les distribuer, comme le fait Bergson, selon l'opposition du temporel et du spatial. C'est ce que Merleau-Ponty aperçoit dans *L'œil et l'esprit*, lorsqu'il définit la qualité visuelle comme « concrétion d'une unique visibilité, d'un unique Espace qui sépare et qui réunit, qui soutient toute cohésion (et même celle du passé et de l'avenir... » [2] et c'est ce que Patočka thématise magnifiquement dans un manuscrit des années 70 : « il doit y avoir quelque chose comme un mouvement par lequel le cœur du monde constitue son contenu contingent et dont l'espace-temps-qualité en totalité est un sédiment » [3].

Cependant, si le phénoménologue se refuse à penser la Totalité comme Vie, au motif que cette identification procède d'une conception naïve de la Totalité, il ne renonce pas pour autant à l'idée de vie : il y recourt au contraire afin de rendre compte de la *donation* de la Totalité. La vie corporelle qui, chez Bergson, ne pouvait donner lieu qu'à des images

1. *Le monde naturel et le mouvement de l'existence humaine*, Dordrecht, Kluwer, 1988, p. 100.

2. *L'œil et l'esprit*, Paris, Gallimard, 1964, p. 84.

3. *Papiers Phénoménologiques*, trad. E. Abrams, Grenoble, J. Millon, 1995, p. 157.

circonscrites, se rapporte, aux yeux du phénoménologue, à la totalité des images, ce qui revient à dire qu'elle est vie intentionnelle. En effet, si vraiment l'apparaissant est une totalité intotalisable, il ne peut se donner à une subjectivité transcendantale, qui n'a jamais affaire qu'à de l'objectif : seule la négativité intrinsèque du vivant peut répondre à l'inapparence de la Totalité, seule sa mobilité constitutive peut le porter vers la profondeur pure de l'apparaissant. Ainsi, la corrélation doit ultimement être pensée comme corrélation de la Totalité et de la Vie. Alors que Bergson pense la Vie comme vie *de* la totalité, la phénoménologie la comprend comme vie *pour* la Totalité. Comme le résume Patočka : « le monde en tant que totalité préalable et intangible » est « indissolublement lié au mouvement de la vie »[1]. Autrement dit, de même que la phénoménologie oppose à Bergson la co-appartenance de l'Être et de l'apparition, elle refuse, corrélativement, la distinction – mise en évidence de manière lumineuse par Frédéric Worms – entre une vie corporelle et générique, correspondant à la perception pure, et une vie de la conscience, singulière et temporelle, qui rendrait compte de la perception concrète. On ne peut pas plus séparer les mouvements corporels de la conscience que l'on ne peut poser l'apparaissant hors de son apparition. À l'unique Ouverture de l'apparaître correspond l'indivisibilité de la Vie et la vraie question est celle de la nature de cette Vie, en tant justement qu'elle est capable de se rapporter à la Totalité apparaissante.

On peut d'abord tenter d'y répondre négativement en se demandant pourquoi Bergson est conduit à doubler la vie corporelle générique d'une vie temporelle singulière, à poser la conscience hors de la vie, bref à refuser à la vie proprement dite un véritable pouvoir constituant. Il me semble que c'est parce qu'il ne met jamais en question la conception traditionnelle de la vie comme satisfaction des *besoins*. Vivre, c'est survivre, c'est se conserver, de sorte que le vivant ne peut jamais avoir affaire à autre chose qu'à ce qui vient combler un manque, c'est-à-dire finalement à lui-même. Si la vie est maintien de soi, elle ne peut ouvrir à l'Autre que soi, c'est-à-dire se faire intentionnalité, et c'est pourquoi Bergson doit recourir à une conscience distincte de la vie corporelle. Autrement dit, on ne peut être que frappé, chez Bergson, par l'absence totale d'une pensée du *Désir* : il n'y a de place que pour le besoin ou l'Amour. Or, c'est pourtant à partir d'une pensée de la vie comme Désir que l'on est susceptible de répondre à la question posée, c'est-à-dire de comprendre comment la vie peut être intentionnelle, constitutive de l'apparition comme apparition de la Totalité. Ce qui caractérise en effet le désir, c'est son infinité. Cela qui le

1. *Le monde naturel et le mouvement de l'existence humaine*, p. 48.

satisfait le déçoit et donc l'aiguise tout autant ; le désir vise l'au-delà de ce qu'il recherche : il désire toujours plus. En d'autres termes, le désir n'est désir de rien, car rien ne le comble et c'est pourquoi il veut Tout : en cela, le désir est relation à l'autre plutôt qu'à soi, son insatiabilité est en même temps pur accueil de tout ce qui peut survenir. Si nous établissions donc que le désir qualifie l'essence de la vie, nous serions véritablement en mesure de fonder le caractère intentionnel de la vie comme ouverture à la totalité. Seul le désir permet de rendre compte de l'unité véritable de la vie comme vie indistinctement corporelle et intentionnelle et de restituer par là même sa dimension constituante sans recourir à un autre plan de conscience.

Telle serait donc la dernière différence entre Bergson et la phénoménologie, sinon la racine de toutes les autres. En pensant la vie comme besoin, Bergson s'interdit de rendre compte de sa puissance de dévoilement et il doit donc la doubler d'une conscience temporelle ; mais la conséquence en est une scission, dans l'Être, entre l'imaginaire et le réel, le Relatif et l'Absolu. Au contraire, il me semble que l'horizon de la phénoménologie est de s'approprier une Vie qui, en tant qu'elle est essentiellement Désir, à savoir défaut essentiel de soi ou pure Insatisfaction, doit être comprise comme négativité concrète et est par là-même en mesure de rendre compte de l'apparaître comme excès irréductible de la transcendance sur l'apparition, inapparence de la Totalité.

CHAPITRE II

LA PHÉNOMÉNOLOGIE DE LA VIE CHEZ HANS JONAS

Je voudrais faire état à la fois d'une admiration et d'un embarras. Admiration devant une philosophie de la vie qui reconnaît l'originalité absolue du phénomène de la vie, qui tente de le décrire à partir de lui-même et, surtout, veut rendre compte de l'humanité même en partant de la vie, inversant ainsi la démarche de Heidegger, pour qui la vie n'est accessible qu'à partir du *Dasein*, sur le mode privatif. Jonas ouvre incontestablement la voie, originale, d'une phénoménologie de la vie. Mais cette admiration laisse place à une certaine déception. En effet, la description que Jonas propose du vivant à partir du métabolisme recouvre une vision réductrice de la vie comme besoin et auto-perpétuation, où on a du mal à reconnaître l'amplitude et la richesse des phénomènes vitaux, et dont on voit mal comment la dimension de l'esprit pourrait y trouver un fondement véritable, comme il le prétend. En ce sens, la mise en œuvre paraît comme en retrait sur le projet, comme si – c'est ce que j'essaierai de montrer – Jonas ne parvenait pas à se détacher complètement de l'ontologie et des présupposés dont il prétend se défaire. En d'autres termes, il me semble que sa phénoménologie de la vie demeure tributaire d'une certaine idée du sujet et, partant, d'une certaine idée de l'homme, qui lui interdit finalement de prendre pleinement la mesure de l'originalité du phénomène vital.

La phénoménologie jonassienne de la vie prend place et sens dans une réflexion d'ordre ontologique, qui procède elle-même d'une méditation sur l'histoire de la métaphysique et, tout particulièrement, du dualisme. On pourrait dire que Jonas relit l'histoire de la métaphysique à la lumière d'une expérience fondamentale, celle du corps propre, pour montrer l'inadéquation des positions métaphysiques, du dualisme comme des monismes, à ce que nous délivre cette expérience. Il faut d'abord souligner que l'expérience de ce qu'il appelle la totalité psycho-physique, qui est notre expérience de la vie, n'est pas une expérience parmi d'autres à laquelle il déciderait de mesurer la validité des partages métaphysiques : elle est l'expérience source, c'est-à-dire la racine de toute expérience, à laquelle doit donc être confrontée toute donation. En effet, le corps vivant est coïncidence d'une extériorité et d'une intériorité, c'est-à-dire donation d'une extériorité *comme telle* dans une intériorité et, tout autant, surgissement d'une intériorité *à même* l'extériorité. Il est, en cela, l'expérience originaire : dans l'épreuve que nous faisons de notre vie, nous est donné quelque chose qui, à ce titre, ne se confond pas avec nous-mêmes – est c'est pourquoi nous parlons de corps ou d'organisme – mais que nous sommes pourtant et que nous pénétrons donc de part en part. Notre corps est une extériorité que nous sommes et qui nous demeure donc intérieure, une altérité sans distance : l'unité réalisée du concret et du connu. C'est pourquoi Jonas peut écrire que « le corps vivant est l'archétype du concret et [...] étant *mon* corps, il est, dans son immédiateté d'intériorité et d'extériorité unifiées, le *seul* concret pleinement donné de l'expérience en général »[1]. D'autre part, dans la mesure où le corps est un corps organique ou vivant, cette expérience est aussi celle de l'identité réalisée de la vie et de la conscience de la vie. Il ne faut pas seulement entendre par là qu'en nous la vie accéderait à la connaissance d'elle-même mais bien que notre expérience est celle d'un lien intime et essentiel entre la vie et l'intériorité, de sorte que la vie, quel qu'en soit le degré de développement, implique quelque chose comme un rapport à soi. C'est cette unité duelle de la vie et de l'intériorité, corrélative de l'expérience du corps propre choisie comme expérience témoin qui, à mon sens, sera source d'ambiguïté. Quoi qu'il en soit, on voit comment cette expérience du corps – extériorité sans distance, et donc différence sans dualité – déjoue les partages de la métaphysique. Jonas montre que c'est l'expérience de la mort et, à travers elle, de l'appartenance du corps à un ordre autre que celui de la vie qui conduit au dépassement de l'ontologie universelle de la vie, c'est-à-dire du monisme vitaliste qui caractérise la pensée en ses formes primitives. Il est donc clair que, pour Jonas, il y a une vérité du dualisme, qui réside dans cette tension ou cette polarité, au sein de la totalité psycho-physique, entre l'épreuve de la vie et celle de son inéluctable abolition. Mais, s'il y a une vérité du dualisme, elle n'est en aucun cas exprimée dans le dualisme historique, c'est-à-dire cartésien, qui apparaît comme une étape à la fois nécessaire et provisoire. En effet, l'unité psycho-physique n'est pas une juxtaposition ; elle recouvre une référence esentielle de chaque terme à l'autre, une « auto-

1. *The Phenomenon of Life*, trad. D. Lories, Bruxelles, De Boeck, 2001, p. 34. Noté PL.

transcendance » de chaque terme dans l'autre, ce qui signifie que c'est en tant qu'intériorité que le corps implique une référence à l'extériorité et inversement, ou, pour reprendre des termes de Jonas sur lesquels je reviendrai, c'est en tant qu'organisme et causalité qu'il implique l'ipséité et la finalité. Mais, si le dualisme substantiel repose sur la méconnaissance de cette situation originaire, les monismes post-dualistes, qui tentent de rendre compte de la totalité de l'étant à partir de l'une de ses régions, échouent tout autant devant l'expérience du corps vivant. Le surgissement de l'intériorité au sein de l'organisme met en question le dogme matérialiste de la réduction de la réalité à l'étendue et, de la même manière, l'appartenance de la conscience au corps remet en question la thèse idéaliste selon laquelle toute réalité, y compris le corps, est un objet devant et pour la conscience. Ainsi, en tant qu'unité polarisée ou différence non duelle, le corps vivant met en question également le monisme et le dualisme; il échappe aux partages ontologiques classiques. Comme l'écrit Jonas :

> Tout comme ce fut d'abord le corps qui, dans le fait de la *mort*, manifesta cette antithèse de la vie et de la non-vie dont la pression sans relâche sur la pensée détruisit le panvitalisme primitif et causa une scission dans l'image de l'être, de même c'est, à l'inverse, sur l'unité concrète manifeste dans la *vie* du corps, qu'à son tour vient échouer le dualisme des deux substances. [...] Ainsi le corps organique signifie-t-il la crise de toute ontologie connue et le critère de « toute ontologie future qui pourra se présenter comme science » [1].

Ainsi, au lieu de tenter de situer le corps dans le cadre ontologique traditionnel, ce qui conduit nécessairement à un échec, ou tout au moins à une réduction, il faut reposer la question de l'Être à la lumière de cet étant singulier qui nous est délivré dans l'expérience la plus originaire, à savoir le corps vivant : c'est en ce sens que la philosophie de Jonas est bien une *ontologie de la vie*. Il le dit on ne peut plus clairement :

> Le corps vivant qui peut mourir, qui a un monde et appartient lui-même au monde, qui ressent et peut lui-même être ressenti, dont la forme extérieure est organisme et causalité et dont la forme intérieure est ipséité et finalité, ce corps est le rappel de la question ontologique non encore résolue : « qu'est-ce que l'être ? » et doit être le canon des tentatives à venir pour la résoudre [2].

S'il y a donc une interrogation sur l'Être chez Jonas, elle s'incrit dans une démarche qui est aux antipodes de celle de Heidegger : alors que chez

1. PL, p. 29.
2. PL, p. 30.

celui-ci l'interrogation sur le *Dasein* est commandée par la question de l'Être, en tant que le *Dasein* est l'étant pour lequel il y va en son être de cet être même, Jonas aborde la question de l'Être depuis l'expérience d'un étant singulier, qui est aussi un étant que nous sommes, à savoir l'être vivant. Ainsi, alors que chez Heidegger la dimension vivante du *Dasein* se trouve occultée par le fait qu'il est abordé depuis la question de l'Être, chez Jonas au contraire, la question de l'Être est posée à partir de la reconnaissance du caractère originairement vivant du *Dasein*. Le problème est donc le suivant : quel est le sens d'être de l'Être en tant que l'être vivant peut y prendre place ?

Cependant, il faut ajouter ici que si l'interrogation sur la vie est ontologiquement justifiée, en tant que l'expérience de notre vie délivre un sens d'être appelant une compréhension spécifique, elle l'est également épistémologiquement en tant qu'elle est requise par l'intelligibilité du monde comme nature. En effet, Jonas s'oppose rigoureusement à la critique humienne et kantienne de la causalité, selon laquelle le lien causal comme tel ne peut être donné dans l'expérience, de telle sorte qu'il relèverait d'un « ajout mental », selon les termes de Jonas, sur la base d'une succession dans certaines conditions. Selon lui, la liaison causale entre deux événements et donc l'idée de nature ne peut être pensée sans le recours à la *force*. D'autre part, s'il reconnaît comme Hume que la force n'est pas une donnée de l'expérience, il conteste le présupposé selon lequel il n'y a d'expérience que d'un *donné* : nous avons une expérience originaire de la force dans l'*effort*, c'est-à-dire dans la force que *nous* exerçons, et c'est cette expérience qui conditionne la reconnaissance de forces dans la nature et, partant, la possibilité d'une nature. Comme l'écrit Jonas : « Mais de quelque causalité qu'il s'agisse, la critique humienne avait raison de dire qu'on ne la rencontre dans aucune perception et que le lien entre les données n'est pas lui-même une donnée – ce n'est pas un contenu de perception. La force en effet n'est pas une donnée, mais un "agi" humainement présent dans l'effort » [1]. Une seconde fois, une interrogation sur la vie, en tant que nous en faisons l'expérience, est requise comme condition de possibilité de l'intelligibilité d'une nature : à travers la vie, c'est bien le sens d'être de la nature qui est en question. Cependant, il faut noter que ces deux justifications d'une ontologie de la vie, l'une directe, l'autre indirecte, conduisent à mettre l'accent sur des dimensions différentes de la vie. L'expérience de la vie est fondamentalement celle d'une unité de l'intériorité et de l'extériorité alors que la question de l'origine de la force conduit à mettre en évidence une autre dimension, celle de l'effort. Or, Jonas ne thématise pas la relation

1. PL, p. 34.

entre ces deux dimensions, de sorte que l'on ne sait pas si, comme c'est le cas chez Maine de Biran, la conscience ne se constitue que dans et par l'effort, ou s'il existe une intériorité précédant un effort dont elle serait alors la source. En réalité, l'absence d'interrogation montre, comme nous le verrons plus loin, que Jonas s'inscrit dans la seconde perspective et c'est pourquoi il décrit le corps vivant comme ce dont la forme extérieure est organisme *et* causalité et dont la forme intérieure est ipséité *et* finalité : comme l'organisme et la causalité, l'ipséité et la finalité demeurent extérieures l'une à l'autre.

On le voit, Jonas part d'une reconnaissance de la spécificité du corps vivant et du constat de l'inadéquation de son mode d'être vis-à-vis des partages ontologiques classiques pour formuler le projet d'une ontologie de la vie qui prend l'être vivant pour le témoin privilégié du sens d'être de l'Être. En un renversement remarquable, au lieu de tenter de situer la vie au sein de la division préalable de la matière et de l'esprit, il veut rendre compte de l'être de la matière et de celui de l'esprit à partir de celui de la vie. Ainsi se comprend la revendication d'un *anthropocentrisme* positif qui, à ce stade, est un biocentrisme, dès lors que l'expérience humaine dont il part est celle de son unité vitale :

> peut-être, si on l'entend correctement, l'homme *est*-il après tout la mesure de toute chose – non pas il est vrai de par la législation de sa raison mais de par le modèle constitué par sa totalité psycho-physique qui représente le maximum de complétude ontologique connue de nous ; une complétude *à partir de laquelle*, par réduction, on devrait pouvoir déterminer la spécificité de l'être au moyen d'une soustraction ontologique progressive jusqu'au minimum de la simple matière élémentaire [1].

Pour ce qui est de la matière, Jonas est animé par l'idée selon laquelle, sauf à penser l'homme comme le jeu des lois physiques et donc comme indifférent à lui-même, l'intériorité vitale, qui est toujours une intériorité finale (*purposive*), est un témoignage valide quant à la nature de la réalité plus vaste qui la laisse émerger [2], de telle sorte que quelque chose de la vie doit être préfiguré dans la matière prétendument inerte. On pourrait dire que, chez Jonas, c'est la physique qui est privative comme la zoologie l'est chez Heidegger, en tant qu'il aborde la matière par abstraction à partir de la vie, conçue comme maximum de complétude ontologique. Mais, d'autre part, ce biocentrisme conduit, symétriquement, à penser le mode d'être de l'esprit à partir de celui de la vie. Telle est la prise de position initiale de

1. PL, p. 33.
2. PL, p. 49.

Jonas, dirigée presque explicitement contre Heidegger. Dès l'Avant Propos du *Phénomène de la vie*, Jonas souligne d'abord sa volonté de proposer une interprétation existentielle des faits biologiques, ce qui le situe dans la perspective ouverte par Heidegger. C'est là une autre manière de reconnaître que la vie est irréductible au mode d'être de la matière comme à celui de l'esprit, et c'est pourquoi il faut faire porter l'interrogation sur le sens d'être de la vie, c'est-à-dire penser la vie non pas comme un épiphénomène de la matière, ni comme l'effet de la présence d'une substance spirituelle, mais bien comme un mode d'exister spécifique. Mais il ajoute aussitôt :

> L'existentialisme contemporain, obsédé par l'homme seulement, a l'habitude d'attribuer à celui-ci comme son privilège et sa situation uniques une bonne part de ce qui s'enracine dans l'existence organique comme telle : ce faisant, il refuse au monde organique la pénétration de vue qu'est censée enseigner la prise de conscience de soi [1].

Cette critique à peine voilée de Heidegger conduit donc à affirmer une continuité là où Heidegger voit un abîme, et donc une préfiguration de la « pénétration de vue », qui est attestée dans la prise de conscience de soi, au sein même du monde organique. Il s'ensuit, en d'autres termes, que le mode d'être de l'esprit doit être ressaisi à partir de celui de la vie, ce qui revient à dire aussi que l'esprit est préfiguré dans la vie comme il l'est déjà dans la matière :

> Une philosophie de la vie englobe la philosophie de l'organisme et la philosophie de l'esprit. Ceci même est une première proposition de la philosophie de la vie [...]. Car spécifier l'étendue de ce champ, c'est n'exprimer pas moins que la thèse selon laquelle l'organique, même dans ses formes les plus inférieures, préfigure l'esprit, et l'esprit, même dans ce qu'il atteint de plus haut, demeure partie intégrante de l'organique [2].

La distance par rapport à Heidegger est ici aussi importante que possible car Jonas, loin de penser privativement la vie à partir du *Dasein*, pense le *Dasein* à partir de la vie conçue comme un mode d'être positif : alors que, pour Heidegger, l'ontologie de la vie « détermine ce qui doit être [c'est-à-dire ce que le *Dasein* doit être] pour que puisse être quelque chose qui ne serait "plus que vie" » [3], pour Jonas, elle doit nous dire ce que doit être la vie pour que soit possible quelque chose qui serait « plus que vie »

1. PL, p. 9.
2. PL, p. 13.
3. *Sein und Zeit*, trad. E. Martineau, Authentica, 1985, p. 59.

proprement dite, à savoir justement le *Dasein*, ou ce que Jonas appelle l'esprit. On pourrait dire que Jonas veut substituer à la zoologie privative de Heidegger une anthropologie « additive », si le terme ne prêtait pas à confusion. Car le projet de Jonas n'est pas de revenir à la détermination de l'homme comme animal rationnel, tant critiquée par Heidegger : l'homme ne procède pas de l'animalité par ajout d'une différence, il s'inscrit dans la vie comme sa possibilité la plus profonde, annoncée dans ses formes les plus primitives.

Cependant, si ce projet, tel que nous l'avons ressaisi en l'inscrivant dans l'histoire de l'ontologie, ouvre incontestablement la voie d'une authentique philosophie de la vie, sa mise en œuvre ne peut que susciter des inquiétudes. La vie apparaît comme un mode d'être irréductible aux dualités classiques et on voit clairement comment elle appelle une réforme ontologique, réforme qui a naturellement pour condition préalable une caractérisation plus approfondie de la vie en sa spécificité, c'est-à-dire une phénoménologie de la vie. Or, nous l'avons dit, l'expérience originaire de la vie, au nom de laquelle Jonas ressaisit l'insuffisance de l'ontologie, est source d'ambiguïté. En effet, puisque l'expérience du corps propre, unité de l'intériorité et de l'extériorité, révèle une identité de la vie et de la conscience de la vie, deux attitudes sont possibles vis-à-vis de cette expérience. On peut interpréter cette unité comme la manifestation d'un mode d'être absolument original et, par conséquent, comme une invitation à renoncer au vocabulaire, encore dualiste, de l'intérieur et de l'extérieur. Alors, la phénoménologie de la vie devrait partir de la vie non seulement telle qu'elle nous est donnée mais telle qu'elle est donnée devant nous, c'est-à-dire dans une sorte de neutralité vis-à-vis du partage entre le point de vue intérieur et le point de vue extérieur. Mais, on peut aussi considérer que l'expérience que nous faisons de notre propre vie, expérience qui, en tant que telle, révèle nécessairement une intériorité dans l'extériorité, est un accès privilégié au vivant, à partir duquel le mode d'être de tout vivant doit pouvoir être pensé. Telle est précisément la position de Jonas. L'expérience que nous faisons de notre vie, comme unité d'une intériorité et d'une extériorité, est irréductible; loin de devoir être dépassée, elle délivre le mode d'être propre au vivant et tient donc lieu de témoin ou de référence méthodologique pour la déterminaton de la vie en général. Rappelons en effet que, si Jonas récuse le dualisme, il refuse tout autant l'idée d'un monisme radical et c'est notamment ce qui explique sa réserve vis-à-vis de Whitehead. Cela signifie pour lui que la description du vivant ne peut renoncer à la polarité et donc au vocabulaire de l'intérieur et de l'extérieur, même si c'est pour en constater l'unité. Il s'ensuit que l'expérience du corps propre donne bien lieu à un biocentrisme sur le plan ontologique mais débouche sur un véritable anthropocentrisme au plan méthodologique ou phénoménologique : c'est bien à partir de notre expérience du corps propre, c'est-à-dire de *notre* vie, que la vie est abordée. Comme le voit très bien Nathalie Frogneux [1], s'il s'agit bien, ontologiquement, de penser le *Dasein* à partir de la vie, il n'en reste pas moins que, méthodologiquement, Jonas, tout comme Heidegger, aborde la vie à partir du *Dasein* : c'est depuis l'expérience de notre propre vie que quelque chose peut être dit de la vie en tant que fondement du *Dasein*. Ce qui conduit à poser la question suivante : ces deux approches de sens contraire sont-elles compatibles, ce décalage entre l'ordre ontologique et l'ordre méthodologique est-il pensable ? Peut-on réellement atteindre le sens d'être de la vie, en tant que sol pour une détermination ultérieure du *Dasein*, si l'on ressaisit la vie à partir du *Dasein*, c'est-à-dire la vie de l'animal à partir de la vie en nous ? La position heideggerienne, qui assume au plan ontologique les conséquences de la contrainte méthodologique en n'acceptant de zoologie que privative, n'est-elle pas plus conséquente ? Ainsi, l'anthropomorphisme positif revendiqué par Jonas, en vertu duquel *notre* expérience de la vie est une fenêtre sur le Vie et même sur l'Être en général, ne risque-t-il pas de se retourner en un anthropomorphisme vulgaire qui projette sur la vie des déterminations humaines et la recouvre par là-même ? Le fait de prendre son point de départ en nous, c'est-à-dire dans une expérience de la vie qui est nécessairement épreuve d'une intériorité, ne conduit-il pas à une occultation de l'être véritable de la vie ? Bref, un biocentrisme ontologique ne devrait-il pas exiger un biocentrisme méthodologique qui partirait de la vie en faisant abstraction de notre expérience qui est toujours aussi expérience de plus, voir d'autre chose que la vie ? Il me semble qu'en prenant son point de départ, y compris pour la détermination de la vie animale, dans notre expérience du corps propre, Jonas s'expose à ce risque.

C'est à partir du concept de *métabolisme* que Jonas caractérise la spécificité de l'existence vitale. Il a en vue, sous ce terme, le processus par lequel une forme se maintient identique par un renouvellement continuel de sa matière. À deux instants suffisamment éloignés dans le temps, on ne retrouve aucun élément matériel identique alors même que la forme, c'est-à-dire la configuration organique et l'individualité vivante dont cette configuration est l'expression, demeure identique. Inversement, si à deux instants suffisamment distants, on retrouve le même contenu matériel, alors on peut affirmer que l'organisme est mort. Le métabolisme révèle donc une situation singulière : celle d'une liberté dans la nécessité ou comme nécessité, c'est-à-dire d'une liberté dialectique. En effet, la forme

1. *Hans Jonas ou la vie dans le monde*, Bruxelles, De Boeck, 2001, p. 162.

ne maintient son indépendance vis-à-vis de la matière – et le vivant ne maintient donc son individualité – que par la matière, c'est-à-dire en se donnant une matière toujours neuve. Or la question qui se pose est la suivante : cette description est-elle suffisante pour rendre compte de la vie en sa spécificité, c'est-à-dire en tant qu'elle est phénoménalement irréductible à tout autre type d'événement ou de processus physique ? Ce qui revient à se demander si ce métabolisme, comme tel, échappe au champ et aux lois de la matière, de telle sorte qu'un Dieu seulement physicien serait en mesure de repérer les zones de la matière où il y a de la vie. Or la réponse est négative : le métabolisme, en tant que tel, ne permet pas de rendre compte de la vie. En effet, il existe d'autres types d'événements physiques, par exemple la vague, qui répondent à cette description et tombent sous le coup de l'explication physique : en toute rigueur, l'indépendance de la forme vis-à-vis de la matière signifie le maintien d'un certaine configuration par un renouvellement des parties matérielles, renouvellement qui est le produit des lois physiques régissant ces parties matérielles. L'organisme ne se distinguerait alors de la vague que par son degré de complexité. Il est vrai que c'est un système physiquement improbable mais, ajoute Jonas avec profondeur, « l'improbable, quand il se produit, est tout aussi nécessaire que le cas le plus probable »[1]. Dans cette perspective, la persistance de la forme est un effet du déplacement des particules matérielles ; l'organisme apparaît comme une fonction du métabolisme et non le métabolisme comme une fonction de l'organisme. À ce titre, la permanence configurative par remplacement, c'est-à-dire la continuité du Tout apparaît comme une abstraction, et c'est pourquoi, pour un Dieu physicien, rien ne signalerait le vivant dans le tissu des événements matériels.

On pourrait s'en tenir à cette position, qui est peu ou prou celle de la biologie et qui revient à admettre que la vie, qui n'a pas de réalité hors du vivant, n'est rien d'autre qu'une propriété de la matière. Or, aux yeux de Jonas, une telle position bute sur au moins deux difficultés, articulées. D'une part, cette conception de la vie a pour condition de possibilité la vie du savant, qui se donne à lui sous une tout autre forme que celle à quoi il veut par ailleurs la réduire : « l'entreprise scientifique elle-même est un acte de vie et [...] le savant est un être vivant, donc préservé par son expérience originelle de la vie de l'oubli qu'en celle-ci il y va de "quelque chose d'autre" »[2]. D'autre part, afin de pouvoir travailler sur le vivant, le savant doit auparavant le reconnaître et, pour ce faire, il doit faire usage d'une évidence qui est d'un autre ordre que celle à laquelle il aboutit au terme de

1. PL, p. 96.
2. PL, p. 96.

son analyse : il y a un phénomène de la vie qui est la condition de possibilité de la connaissance scientifique et qui est donc par principe irréductible à ses résultats. Or, cette évidence de la vie dans le monde, ou vie phénoménale, s'enracine dans la première évidence du savant, c'est-à-dire dans l'expérience de la vie en lui. Autrement dit, notre expérience de la vie, ou plutôt notre accès à la vie repose sur ce que Jonas appelle une *inférence* ou une interpolation, par laquelle, sur la base de certains traits morphologiques, je pose un type d'unité comparable à celle que j'éprouve en moi, unité interne et non plus externe. Il ne faut évidemment pas entendre par là que l'expérience de la vie serait l'effet d'une projection de ma propre vie sur certaines configurations et dire que l'idée de la vie comme intériorité serait finalement l'effet d'une illusion anthropomorphique. Il faut comprendre au contraire qu'il y a des *conditions* de la *reconnaissance* de la vie et de la connaissance de son être, conditions qui ne sont autres que le fait d'être vivant. « L'observateur de la vie doit être préparé par la vie » conclut Jonas et, retrouvant Canguilhem sans le savoir, « la vie ne peut être connue que par la vie »[1]. Dès lors, la vie ne consiste pas tant dans le métabolisme que dans l'identité intérieure dont il est la manifestation. Comme l'écrit très clairement Jonas : « L'introduction du terme "soi", inévitable dans n'importe quelle description de l'exemple le plus élémentaire de vie, indique l'émergence, avec la vie comme telle, de l'identité interne – et par là également, ne faisant qu'un avec cette émergence, de son auto-isolement par rapport à tout le reste de la réalité » – et il précise que « c'est seulement par cette interpolation d'une identité interne que le simple *fait* morphologique (comme tel dépourvu de signification) de la continuité métabolique est compris comme un *acte* incessant; c'est-à-dire que la continuité est comprise comme perpétuation de soi »[2]. Le propre de la vie n'est pas le métabolisme mais bien plutôt le fait, seulement accessible à un vivant, que l'organisme a pour être sa propre perpétuation, de sorte que le métabolisme apparaît comme une fonction de l'organisme plutôt que l'inverse et le renouvellement de la matière l'effet plutôt que la condition de l'identité formelle. C'est en ce sens que la liberté du vivant est une liberté dans la nécessité : l'indépendance de la forme par rapport à tel état de la matière implique une dépendance vis-à-vis de celui qui le remplacera et donc de la succession des états. Ainsi, sur la base d'une inférence à partir de notre expérience de la vie comme épreuve d'une intériorité, la vie, ressaisie au sein du métabolisme, ne peut être comprise que comme *l'acte* incessant par lequel un individu se maintient en vie au moyen d'un renouvellement

1. PL, p. 92, 99.
2. PL, p. 92.

permanent de sa matière, par lequel il fait face au risque permanent de la mort comme retour à l'identité matérielle : la vie ne peut finalement être comprise que comme *besoin*. C'est à partir de cette théorie du besoin que Jonas rend compte de l'intentionnalité proprement vitale : en effet, afin de renouveler sa propre matière, la forme vivante doit entretenir un rapport originaire à l'extériorité. La transcendance de la forme vis-à-vis de la matière, en tant qu'elle exige le renouvellement de celle-ci, implique une transcendance vers le monde.

Comme nous l'avions pressenti, l'anthropomorphisme méthodologique qui caractérise l'approche jonassienne de la vie grève lourdement la description de l'existence vitale. Abordée d'abord sur le plan physique du métabolisme, elle n'est pensée dans sa différence qu'*à partir* de l'intériorité dont témoigne notre vie, c'est-à-dire aussi *comme* intériorité : c'est l'identité interne, telle qu'elle s'atteste en nous, qui caractérise le vivant. Il s'ensuit que, le vivant se trouvant d'emblée doué d'ipséité, l'activité vitale proprement dite, c'est-à-dire finalement la vie ne peut consister qu'en une « préoccupation de soi », c'est-à-dire en un mouvement de perpétuation de l'ipséité donnée, d'auto-conservation. De là la dualité, que nous avons signalée, de l'intériorité et de l'effort, de l'ipséité et de la finalité : cette dualité ne peut être résorbée car, la vie étant définie par l'identité interne, celle-ci n'a pas à être constituée et l'effort ne peut donc que lui demeurer extérieur, sous la forme d'une tendance à la conservation. Autant dire que le vivant est caractérisé par la tension entre l'être et le non-être : « qualifié au plus intime par la menace de sa négation, l'être doit ici s'affirmer, et l'être qui s'affirme est existence en tant que demande. Ainsi, l'être lui-même, au lieu d'un état donné, est devenu une possibilité constamment à réaliser, sans cesse à regagner sur son contraire sans cesse présent, le non-être, qui finira inévitablement par l'engloutir »[1]. Comme on pouvait le craindre, l'ordre méthodologique – partir de notre expérience de l'ipséité pour accéder au vivant – *finit par déteindre sur l'ordre ontologique* : on a le sentiment d'avoir affaire à une transposition et à une simplification de l'existence humaine sur le plan vital plutôt qu'à une prise en considération de la spécificité de la vie. Tout se passe comme si, tout en partant comme Heidegger du *Dasein*, Jonas transgresssait la clause heideggerienne de réserve concernant la possibilité de parler positivement de l'animal et donnait de l'existence animale une sorte d'image simplifiée construite à partir de notre existence telle qu'elle est éprouvée. C'est pourquoi je suis en plein accord avec N. Frogneux lorsqu'elle souligne la dépendance

1. *Philosophische Untersuchungen und metaphysische Vermutungen*, trad. sous le titre *Évolution et liberté*, par S. Cornille et P. Ivernel, Paris, Rivages, 2000, p. 30.

maintenue de Jonas vis-à-vis de Heidegger et note que « Jonas s'inscrit moins en faux contre la structure du *Dasein* heideggerien que contre sa désincarnation »[1].

Ce diagnostic finalement assez critique appelerait deux prolongements, que je me contenterai de mentionner. Tout d'abord, il faut noter que, paradoxalement, alors même que la détermination jonassienne de l'exister animal demeure tributaire de l'exister humain, elle ne nous donne pas les moyens d'accomplir le programme revendiqué d'une genèse de l'esprit à partir de la vie : on voit mal en effet comment passer d'une liberté dans la dépendance à une liberté véritable, du besoin à la connaissance, d'un rapport « alimentaire » à l'extériorité, où l'autre est d'emblée saisi comme partie de l'animal, c'est-à-dire comme soi, à un rapport désintéressé où l'autre est saisi comme autre. En second lieu, le mérite de la tentative jonassienne est aussi de nous permettre d'esquisser les conditions d'une authentique phénoménologie de la vie. La première d'entre elles est de renoncer à l'idée que le vivant serait d'emblée individué et doué d'identité intérieure, idée qui provient d'une projection de notre mode d'existence sur la vie. Il faut concevoir la vie, non pas comme une propriété d'un vivant déjà constitué mais comme l'acte par lequel il se constitue et s'individue : c'est seulement à cette condition que l'on pourra se défaire de l'idée encore naïve de la vie comme perpétuation de soi. Mais, on le comprend, cette perspective a elle-même pour condition d'aborder la vie à partir d'elle-même et non plus à partir de l'expérience, ruineuse, de notre intériorité psychique, même incarnée : le biocentrisme méthodologique est la véritable condition du biocentrisme ontologique.

1. *Op. cit.*, p. 169.

CHAPITRE III

DÉSIR ET TOTALITÉ

SUR L'ONTOLOGIE SARTRIENNE

La philosophie de Sartre est peut-être celle qui pense le plus radicalement la possibilité de l'intentionnalité, qu'il comprend comme néantisation et, partant, la possibilité même de la phénoménalité. En effet, il subordonne la structure de l'apparaître à un rapport d'être entre le pour-soi et l'en-soi et fonde la néantisation du pour-soi sur un défaut d'être : la réalité humaine est définie par le manque. En d'autres termes, il aperçoit que, pour être comprise en sa possibilité même, l'intentionnalité doit être pensée comme désir. Seulement, il me semble que cette théorie, centrale, du désir est marquée par une difficulté, où vient en quelque sorte culminer la tension qui, à mes yeux, traverse de bout en bout *L'Être et le Néant*. Cette difficulté consiste en un décalage ou une incohérence entre, d'une part, ce qui impliqué par la théorie du désir et, particulièrement, le concept de totalité appelé par cette théorie et, d'autre part, les prémisses fondamentales de l'ontologie sartrienne. Il me semble que, rigoureusement conduite, l'analyse du désir ne peut être adossée à une ontologie de l'en-soi et du pour-soi, que, au contraire, cette ontologie compromet la possibilité même du désir, ce que je montrerai en premier lieu. Il s'ensuit qu'une philosophie qui inscrit l'intentionnalité dans le désir appelle une autre ontologie, ou une autre métaphysique, qui serait comme la métaphysique de la phénoménologie.

C'est dans le chapitre « Le pour-soi et l'être de la valeur », auquel fait écho l'essentiel de la conclusion (« En-soi et pour-soi : aperçus métaphysiques »), que Sartre aborde la question de l'être du pour-soi, en tant qu'il a été caractérisé comme néantisation. Plus précisément, la question est, à ce stade de l'analyse, celle de la possibilité d'un élargissement ou d'une sortie du *cogito* : il s'agit de montrer que la néantisation est à l'origine de la transcendance, conçue comme lien originel du pour-soi avec l'en-soi. En effet, comme l'écrit Sartre, « le pour-soi ne peut soutenir la néantisation sans se déterminer lui-même comme défaut d'être », ce qui revient à dire « qu'il se fait déterminer en son être par un être qu'il n'est pas »[1]. En d'autres termes, le mouvement de la néantisation doit être compris à partir de la relation du pour-soi à son être en tant qu'elle est marquée par l'absence ou la distance, c'est-à-dire en tant que manque : dire que le pour-soi n'est pas ce qu'il est et est ce qu'il n'est pas revient à dire simplement qu'il manque de lui-même, de son être. Or, cette détermination de la réalité humaine comme manque est précisément attestée par l'existence du désir, dont Sartre fait une analyse extrêmement rigoureuse. Le désir ne saurait être confondu avec un état psychique qui, en lui-même, se suffit à lui-même et ne comporte pas le moindre « appel vers autre chose », pas plus qu'avec un *conatus* qui est « producteur d'états » et non « appel d'états ». Bref, les théories classiques du désir ont généralement méconnu la négativité qui en est constitutive. Or, le désir, en tant qu'il se porte sur ce qu'il n'est pas, en tant qu'il est échappement à soi vers l'objet désiré, doit être caractérisé comme manque. Encore faut-il s'entendre ici sur le sens de ce manque. Il ne doit pas être compris comme une absence objective, de telle sorte que le désirant serait privé de quelque chose qui est constitutif de son être. Dans ce cas, le sujet éprouve un sentiment qui le conduit à rechercher ce qui lui fait défaut : on a affaire à un besoin et non à un désir. Le propre du désir n'est pas de manquer mais d'exister sur le mode du manque, ce qui revient à dire que le désir est défaut d'être, que c'est de lui-même dont manque le désirant. Désirer c'est être privé de son propre être, c'est exister sur le mode du n'être pas ce que l'on est, et c'est d'ailleurs pourquoi, dans le désir, il n'y a pas d'alternative entre le désir de soi et le désir de l'autre. Comme l'écrit Sartre, « le désir est manque d'être, il est hanté en son être le plus intime par l'être dont il est désir »[2].

Or, le manque peut être décrit selon une structure ternaire : ce qui manque, le *manquant*, ce à quoi manque ce qui manque, c'est-à-dire le sujet du manque, que Sartre appelle l'*existant*, et, enfin, relevons ici les termes de Sartre, « une totalité qui a été désagrégée par le manque et qui serait restaurée par la synthèse du manquant et de l'existant », qu'il nomme le *manqué*. Ainsi, ce dont l'existant manque, le manquant, c'est ce qui, ajouté à l'existant, constituera ou reconstituera le manqué. La question est alors la suivante : comment définir, dans le cas du désir humain, chacun

1. *L'Être et le Néant*, Paris, Gallimard, p. 128, 129. Noté EN.
2. EN, p. 131.

des termes de la structure ternaire et, plus particulièrement, le manqué en tant qu'il est finalement l'être de l'existant ? Sartre souligne le fait que si ce qui manque est si profondément présent, en son absence même, au cœur de l'existant, c'est parce que l'existant et le manquant sont des moments d'une totalité au sein de laquelle ils se dépassent :

> ainsi, le manque est apparition sur fond d'une totalité. Il importe peu d'ailleurs que cette totalité ait été originellement donnée et soit présentement désagrégée (« les bras de la Vénus de Milo manquent ») ou qu'elle n'ait jamais encore été réalisée (« il manque de courage »). Ce qui importe, c'est seulement que le manquant et l'existant se donnent ou soient saisis comme devant s'anéantir dans l'unité de la totalité manquée [1].

En d'autres termes, la totalité est une totalité non additive ou juxtapositive (Sartre parle d'une « grande forme ») : elle constitue un être autonome vis-à-vis duquel l'existant et le manquant apparaissent comme des moments dépendants ou abstraits, et ceci est cohérent puisqu'elle constitue précisément l'être de l'existant, c'est-à-dire du désirant. Ainsi, non seulement elle est possible mais elle est ce qu'il y a de plus réel, même si elle n'a jamais été effectivement réalisée, au sens où elle est ce qui *est* véritablement et au regard de quoi manquant et existant jouissent d'un moindre être en tant que moments voués à être dépassés dans cette totalité.

Il est alors possible de caractériser le manqué. En tant que rapport primitif à soi, la réalité humaine n'est pas ce qu'elle est et, à ce titre, elle tire son sens d'un rapport à soi qui serait un rapport d'identité, c'est-à-dire d'un pour-soi qui serait ce qu'il est, tout en demeurant pour-soi. Le manqué, c'est rigoureusement le pour-soi en tant qu'étant, c'est-à-dire en tant qu'en-soi. Ainsi, écrit Sartre :

> cet être perpétuellement absent qui hante le pour-soi, c'est lui-même figé en en-soi. C'est l'*impossible synthèse* du pour-soi et de l'en-soi : il serait son propre fondement non en tant que néant mais en tant qu'être et garderait en lui la translucidité nécessaire de la conscience en même temps que la coïncidence avec soi de l'être en soi. [...] Ainsi, la réalité humaine surgit comme telle en présence de sa propre totalité ou soi comme manque de cette totalité. Et cette totalité *ne peut être donnée par nature*, puisqu'elle rassemble en soi les caractères incompatibles de l'en-soi et du pour-soi [2].

1. EN, p. 131.
2. EN, p. 133. Je souligne.

Ainsi, le manqué, polarisant la dynamique du désir, c'est l'impossible unité du pour-soi et de l'en-soi, l'existant, c'est le pour-soi lui-même, et, enfin, le manquant est le type de pour-soi requis pour réaliser le soi comme unité de l'en-soi et du pour-soi, ce que Sartre nomme le possible. Avant de discuter cette solution, il faut noter l'importance de l'analyse du manque mise en place ici. Elle permet de rendre compte de ce que Sartre nomme les trois ek-stases du pour-soi, à savoir, la présence à soi, la réflexion et l'être pour autrui [1]. Chaque niveau apparaît comme une tentative, nécessairement avortée, pour réaliser le soi, c'est-à-dire finalement pour combler le manque qui est à la racine du pour-soi. Chaque tentative se donne comme une négation ou un arrachement qui, loin de réaliser la coïncidence qu'il vise à être en même temps, creuse en quelque sorte l'écart entre la conscience et elle-même, au point que celle-ci non seulement se réfléchit mais se scinde d'elle-même sous la forme de la relation moi-autrui. Ce désir inassouvissable est bien la stucture permettant d'unifier les différents plans de *L'Être et le Néant* et de rendre compte du passage de l'un à l'autre.

Cependant, comme je l'ai déjà suggéré, il y a un décalage incontestable entre la description de la structure générale du désir et la détermination précise des termes en jeu, tout particulièrement du manqué, dans le cas de la réalité humaine. Nous avons souligné, à la suite de Sartre, que si le manque est si profondément inscrit dans l'existant, bref, s'il est manque véritable, c'est parce que l'existant et ce qui lui manque sont des moments d'une totalité – le manqué – qui seule est véritablement : l'existant est privé de ce qui lui permettrait d'être vraiment lui-même et c'est pourquoi il existe sur le mode du désir, qui est négativité concrète et, en ce sens, moindre être. Or, d'autre part, le manqué est déterminé comme le soi, c'est-à-dire comme l'unité impossible de l'en-soi et du pour-soi. Sartre dit clairement que les caractères de l'en-soi et du pour-soi sont incompatibles en nature et ne peuvent donc en aucun cas constituer une totalité au sens où elle a été caractérisée plus haut, à l'occasion de la définition du manqué. Comment donc penser ce désir en tant que polarisé par une totalité irréalisable par principe ? Comment le manque peut-il pénétrer profondément au cœur de l'existant si le manqué n'a pas de véritable réalité et si, par conséquent, l'existant (et le manquant) apparaît comme plus réel que ce qui est manqué ? Comment l'existant peut-il exister comme n'étant pas ce qu'il est, c'est-à-dire comme à la poursuite de son propre être si ce qui le constituerait en propre, à savoir l'en-soi-pour-soi, est irréalisable et contradictoire ? Comment le pour-soi peut-il exister comme négation si la

1. Voir EN, p. 359 et 714.

position dont il est la négation, le soi, est dépourvue de réalité, de sorte que l'existant est plus réel que ce dont il est la négation ?

Il est vrai que, dans le désir, la totalité est ce qui manque et que – c'est ce qui distingue le désir du besoin – elle ne peut être effectivement réalisée : si la totalité était donnée, c'est-à-dire si le désir était comblé, la dynamique qui définit le pour-soi et, partant, le pour-soi lui-même, s'effondreraient. Il ne s'agit donc pas de nier que le manqué est marqué par une absence ou une irréalisabilité, qui ne sont pas accidentelles et donc pas surmontables. Toute la difficulté d'une théorie du désir est de saisir ou de fonder cette absence ou ce manque au niveau adéquat. Or, il n'est pas sûr que la détermination du manqué comme ce qui est impossible, ontologiquement et logiquement, satisfasse aux conditions de la théorie du manque. En effet, et c'est le point capital, le manque en quoi consiste le désir est manque de soi, de sorte que l'être de l'existant, ici du pour-soi, réside dans ce qui est manqué. Or, dire que *l'être* du pour-soi réside dans ce qui est manqué, c'est reconnaître que ce qui est manqué peut *être*. En tant précisément que le manque est un rapport d'être, le manqué doit être situé sur le plan de l'être et jouir d'au moins autant de dignité ontologique que l'existant affecté par le manque. Il est vrai que le manqué manque, mais si le manqué ne peut *être*, il ne peut *y avoir* de manque et, avec lui, s'effondre donc l'existence même du pour-soi. On peut le dire autrement. Le désir est aspiration, ce qui signifie que sa réalisation est un accomplissement qui a une signification ontologique. Il y a quelque chose de définitif dans la perspective aristotélicienne : désirer, c'est tendre vers un surcroît d'être et c'est pourquoi ce qui est désiré est plus pleinement que ce qui désire ; on voit mal comment une aspiration pourrait tendre vers le néant ou l'impossible. Bref, même s'il comporte une dimension d'absence irréductible, le manqué est caractérisé par une supériorité ontologique vis-à-vis de l'existant, l'être dont manque le désir est plus pleinement que l'être qui désire, et c'est ce que Sartre reconnaît lorsqu'il parle de totalité (« le manque est apparition sur le fond d'une totalité »). Il est donc difficile de nier que la caractérisation du manqué comme synthèse *impossible* de l'en-soi et du pour-soi contredit et menace toute la théorie du désir : si vraiment la synthèse est impossible, c'est-à-dire ne peut *être*, alors elle ne peut en aucun cas constituer l'être dont manque l'existant, elle ne peut qualifier l'être du pour-soi. Tout se passe comme si Sartre ne pouvait saisir ici la distance inhérente au manque que comme impossibilité absolue, irréalisabilité de droit, c'est-à-dire contradiction. Autrement dit, Sartre ne parvient pas à disjoindre la dimension d'*être*, exigée par le manque en tant qu'il est manque de soi ou manque d'être et se distingue ainsi d'un besoin quelconque, de la dimension d'*absence* exigée par le manque en tant qu'il se distingue de la satisfaction ou de la plénitude.

L'absence constitutive du manque est identifiée à une sorte de non-être, c'est-à-dire d'impossibilité ontologique, elle est absence de rien qui soit concevable, de sorte qu'elle ne peut finalement polariser aucun manque. Bref, Sartre ne parvient pas à concilier la distance du manqué avec la plénitude ontologique qui lui correspond en tant qu'objet de désir.

Or, cette discordance entre ce qui est exigé par le manque et la caractérisation du manqué n'est pas accidentelle : elle procède directement des prémisses de l'ontologie sartrienne. Il y a bien, en ce sens, une tension irréductible entre la détermination de la réalité humaine comme désir, qui requiert l'horizon d'une totalité première dont le pour-soi ne serait qu'un moment, et, d'autre part, la détermination de l'Être à partir de l'en-soi qui, on va le voir, exclut toute totalité de cette nature. En effet, le sens premier de l'Être est l'en-soi et, dit Sartre :

> l'apparition du pour-soi ou événement absolu renvoie bien à l'effort d'un en-soi pour se fonder ; il correspond à une tentative de l'être pour lever la contingence de son être; mais cette tentative aboutit à la néantisation de l'en-soi, parce que l'en-soi ne peut *se* fonder sans introduire le *soi* ou renvoi réflexif et néantisant dans l'identité absolue de son être et par conséquent sans se dégrader en pour-soi [1].

En d'autres termes, l'en-soi n'a pas la force de se faire cause de soi – il n'est pas Dieu – et son effort ne peut aboutir qu'à être pour-soi. Autant dire que, en commençant par l'en-soi, Sartre se condamne à ne penser la totalité que comme *totalité manquée*. Si la totalité manque au désir, c'est bien parce qu'elle *manque à l'Être*, parce qu'elle est incapable d'être, et ce en vertu du point de départ, qui est la détermination de l'Être comme en-soi. La visée constitutive du pour-soi, réaliser le soi, se précède en quelque sorte dans l'effort de l'en-soi pour se faire cause de soi : ce qui revient à dire que l'Être même est effort vers une totalité qu'il n'est pas, bref que la totalité *manque à l'Être*. Or, manquant à l'Être, la totalité ne peut être, et ne pouvant être, elle ne peut être véritablement constitutive du pour-soi ; autant dire qu'elle ne peut être désirée et, par conséquent, en même temps que la dynamique du désir, c'est le pour-soi qui s'effondre. Nous sommes ici au cœur de la contradiction : l'impossibilité de la totalité (*causa sui*), qui fait retomber l'effort de l'en-soi sur un simple pour-soi est aussi l'impossibilité du pour-soi lui-même comme être qui est son propre manque, faute d'une totalité dont il puisse manquer. En commençant par l'en-soi, et en se condamnant ainsi à la simple dualité avec le pour-soi, Sartre s'interdit de découvrir un sens de l'Être qui soit adéquat à sa description de l'intentionnalité comme désir.

1. EN, p. 127. Voir aussi p. 713, 715.

On rétorquera que Sartre n'a pas ignoré la difficulté. Après avoir affirmé que la totalité sur fond de laquelle surgit le manque rassemble des caractères incompatibles, il pressent l'objection et ajoute : « qu'on ne nous reproche pas d'inventer à plaisir un être de cette espèce : lorsque la totalité dont l'être et l'absence absolue est hypostasiée comme transcendance par-delà le monde, par un mouvement ultérieur de la méditation, elle prend le nom de Dieu »[1]. Ici, Sartre s'affaiblit en croyant se renforcer puisque, en disant que cette synthèse serait à peu près le mode d'être d'un Dieu transcendant, il reconnaît par-là même qu'elle est étrangère à l'Être. C'est pourquoi il reprend un peu plus loin la question du mode d'être du soi, qu'il résoud par le concept de valeur ; mais la réponse accuse la difficulté au lieu de la résoudre :

> la valeur, en effet, est affectée de ce double caractère, que les moralistes ont fort incomplètement expliqué, d'être inconditionnellement et de n'être pas. En tant que valeur, en effet, la valeur a l'être ; mais cet existant normatif n'a précisément pas d'être en tant que réalité. Son être est d'être valeur, c'est-à-dire de n'être pas être. Ainsi l'être de la valeur en tant que valeur, c'est l'être de ce qui n'a pas d'être[2].

On ne peut mieux dire que la synthèse de l'en-soi et du pour-soi ne peut *être* alors même que son être est par ailleurs exigé par le pour-soi comme *manque*.

Ainsi, c'est bien de deux choses l'une : ou bien on prend au sérieux l'ontologie sartrienne, mais alors la théorie du désir et, partant, celle du pour-soi ne peut se soutenir de manière satisfaisante ; ou bien on part du désir comme trait constitutif de la conscience en tant qu'elle est conscience de quelque chose, mais alors est requise une autre ontologie, qui respecte la détermination du manqué comme totalité. On l'a suggéré, toute la difficulté est de rendre compte de la double dimension du manque, celle de la consistance et même de la supériorité ontologique du manqué, en tant qu'il est l'être de l'existant, et son absence irrémédiable et tant que, précisément, il manque. Il s'agit donc de penser un être qui soit sa propre absence ou dont la dimension d'absence irrémédiable n'en menace pas la plénitude ontologique. Or, on l'a dit, la difficulté chez Sartre tient à ceci qu'il ne peut penser l'absence du manqué que comme sa propre impossibilité ontologique. Cependant, ce passage par la métaphysique sartrienne, qui repose sur l'idée d'un effort de l'en-soi pour se faire cause de soi permet de préciser les données du problème, ou plutôt, de saisir la difficulté à sa source. En effet, Sartre caractérise l'Être comme en-soi et nomme *« événement absolu »* le surgissement du pour-soi en tant qu'il procède d'un effort de

1. EN, p. 133.
2. EN, p. 136.

l'en-soi. En d'autres termes, l'Être est caractérisé par l'unilatéralité et la scission alors que l'aspiration à la totalité relève de l'événement, c'est-à-dire de ce qui advient à l'Être mais *n'est pas* l'Être. Or, même si l'usage qu'en fait Sartre est discutable, cette distinction de l'Être et de l'événement mérite d'être retenue car elle permet de saisir à sa racine la tension qui traverse l'œuvre. On peut dire en effet que l'incapacité de Sartre à rendre compte de la réalité du manqué tient à ceci qu'il *situe la totalité du côté de l'événement plutôt que de l'Être* : l'Être, c'est l'en-soi, et l'effort de fondation, d'où surgira le pour-soi ainsi que l'horizon d'une impossible synthèse, est un événement affectant l'en-soi. Bref, la totalité manque à l'Être car elle n'est que ce qui polarise l'événement; l'absence de la totalité au désir est aussi absence de la totalité à l'Être et c'est pourquoi elle ne peut consituer l'être du désirant. On peut en conclure qu'une ontologie adéquate à la théorie du désir doit inverser ces prémisses métaphysiques en situant *la totalité du côté de l'Être et la scission du côté de l'événement absolu*. Alors, seulement, on pourra respecter la double dimension du manque : il renvoie à une totalité qui est, qui est même le sens propre de l'Être, mais qui a été affectée par l'événement abolu de la scission ou de la séparation, de telle sorte que le manqué ne peut *en fait* être reconstitué. En pensant la scission comme événement advenant au Tout plutôt que comme le sens premier de l'Être, on parvient à concilier la dimension d'être et la dimension d'absence inhérentes au désiré. Ici, les catégories sartriennes sont utiles car elles nous permettent de comprendre que la totalité visée par le désir et sa détotalisation ne sont pas situées au même niveau : la totalité appartient à l'Être alors que la détotalisation est un événement. Bref, l'absence propre au désiré serait l'effet d'une scission métaphysique contingente au sein d'une totalité qui est le sens premier de l'Être. En inversant la place de l'Être et de l'événement, on découvre une ontologie adéquate à l'essence du désir : le désiré n'est pas une synthèse impossible mais une totalité affectée d'une scission ou d'une négation. Cela signifie qu'une théorie phénoménologique du désir qui se veut rigoureuse appelle une métaphysique que la philosophie de Sartre nous aide à préciser, en quelque sorte *a negativo*. Celle-ci verra dans la Totalité même que le sujet constitue avec ce qui est, c'est-à-dire finalement dans le Tout de ce qui est, l'objet propre du désir; elle concevra nécessairement par là-même le désir comme désir de réconciliation, de dépassement de la scission avec le monde qui le caractérise en tant qu'individu, résolution du conflit anthropo-cosmique, comme dit Minkowski. Il incombera alors à cette métaphysique de penser le Tout, seul sens possible de l'Être, de telle sorte que puisse prendre place en son sein l'événement absolu de la scission, par laquelle quelque chose comme un en-soi et un pour-soi, un sujet et un objet peuvent paraître.

Quoi qu'il en soit, on voit plus clairement les raisons de l'inadéquation fondamentale de la théorie sartrienne du désir, notamment quant à la caractérisation du manqué. Si vraiment, comme il le reconnaît, « ce qui se constitue soi-même comme manque ne peut le faire qu'en se dépassant vers une grande forme désagrégée »[1], de sorte que le manque est apparition sur fond d'une totalité, alors il faut penser l'Être comme totalité (plutôt que comme en-soi) et la totalité comme Être et, corrélativement, il faut saisir le pour-soi comme un moment dérivé de cette totalité, moment dont l'être réside dans la totalité, même si, en vertu de l'événement absolu de la scission, l'existant ne peut en fait rejoindre son être et demeure dans le manque, c'est-à-dire désire.

Cependant, il serait sans doute injuste vis-à-vis de Sartre d'en rester là et il est donc nécessaire de faire une dernière remarque en guise de conclusion. Ces considérations sont du ressort de ce qu'il appelle l'ontologie et les limites que nous avons signalées peuvent être mises au compte des contraintes propres au point de vue ontologique. Il écrit en effet que « pour l'ontologie, les seules régions d'être qui peuvent s'élucider sont celles de l'en-soi, du pour-soi et la région idéale de la cause de soi »[2]. Cette perspective est celle d'un sujet qui est engagé dans l'Être, inscrit dans la totalité, et tente d'expliciter des régions d'être. Elle n'a donc pas nécessairement une valeur définitive et c'est pourquoi elle se formule sur le mode hypothétique : « tout se passe comme si le monde, l'homme et l'homme-dans-le-monde n'arrivaient à réaliser qu'un Dieu manqué »[3]. Mais Sartre montre que nous avons également une conscience exhaustive de la totalité, concept qui n'est pas du ressort de l'ontologie mais de la métaphysique. C'est pourquoi il peut ajouter, laissant ouverte la porte pour une perspective telle que celle que nous lui opposons : « C'est à la métaphysique de décider s'il sera plus profitable à la connaissance [...] de traiter d'un être que nous nommerons le *phénomène*, et qui serait pourvu de deux dimensions d'être, la dimension en-soi et la dimension pour-soi [...]; ou s'il demeure préférable malgré tout de conserver la vieille dualité "conscience-être" »[4]. J'ai voulu montrer que la phénoménologie du désir conduit à trancher en faveur du premier sens, moniste, de la métaphysique. Néanmoins, il me semble qu'il y a chez Sartre une énigme de la distinction et de la relation entre ontologie et métaphysique et c'est à cette énigme que renvoie ultimement la difficulté que j'ai tenté de mettre en évidence.

1. EN, p. 131.
2. EN, p. 719.
3. EN, p. 717.
4. EN, p. 719.

CHAPITRE IV

AFFECTIVITÉ ET MOUVEMENT

LE SENS DU SENTIR CHEZ ERWIN STRAUS

La question de l'affectivité n'est que rarement abordée par Straus de manière thématique, non pas parce qu'elle est une question secondaire mais au contraire parce qu'elle occupe, sous l'espèce du Sentir, le centre de son œuvre. Loin de désigner un ensemble circonscrit de vécus, l'affectivité ne peut être saisie qu'à même la relation originaire du vivant à son monde, que Straus nomme Sentir. Il s'ensuit que l'approche straussienne de l'affectivité est absolument originale. En effet, au lieu de confiner l'éprouver affectif à la sphère d'immanence et de le réduire à l'appréhension d'états de moi-même ou du monde selon son seul retentissement vital, Straus le pense comme le mode même selon lequel le monde se donne orginairement, selon lequel quelque chose surgit comme « là ». À rebours d'une tradition dominante, l'affectivité n'est pas « subjective » au sens où elle relèverait d'une intériorité psychique ou corporelle scindée du monde; sa « subjectivité » ne fait pas alternative avec l'ouverture à un monde puisqu'elle est au contraire la condition même de l'appréhension de la transcendance. L'affectivité ne recouvre pas un mode singulier de sentir, celui que recueille le « sentiment » en sa différence avec la « sensation » : elle ne se distingue pas du sentir en sa modalité originaire. Bien entendu, une telle affirmation n'a de sens que sur le fond d'une transformation radicale du sens de la subjectivité. Ainsi, la caractérisation de l'affectivité chez Straus, dont on verra qu'elle entretient une relation constitutive avec le mouvement, ainsi que de la subjectivité originale qui la sous-tend, exige une reprise de la question du Sentir selon son double versant, critique et constructif.

Le problème du sens de l'expérience sensible est au centre de l'interrogation straussienne et en est, en vérité, l'unique objet. Or, la conquête du point de vue permettant de déterminer le sens véritable de cette expérience, recueillie sous le terme de sentir, suppose une critique radicale de la théorie de la sensation, à quoi se résume, dans la tradition philosophique dominante, l'expérience sensible. Plus précisément, la mise au jour du sentir comme véritable expérience, c'est-à-dire comme un mode de relation du sujet au monde, exige une caractérisation rigoureuse des décisions théoriques qui commandent la méconnaissance de l'expérience sensible, dont témoigne le recours au concept de sensation. Ainsi, il y a bien, chez E. Straus, une réduction phénoménologique, qui prend la forme d'une critique du présupposé entraînant un aveuglement à l'égard du sentir, aveuglement partagé par le sens commun et la tradition philosophique : ce présupposé se résume dans l'affirmation de l'*extramondanéité du sujet*[1]. Cependant, la réduction de cette attitude naturelle que l'on pourrait également qualifier d'objectiviste, prend la forme d'une critique extrêmement précise du cartésianisme, qui apparaît à la fois comme la source historique et la matrice d'un mode de pensée qui caractérise également l'empirisme et la psychologie proprement dite. La démarche cartésienne, inaugurée par le doute, a pour conséquence de faire éclater l'unité de notre existence, de vider de son sens l'existence en tant qu'existence humaine. Par la négation de l'existence du monde et, partant, de ma propre existence corporelle, le doute débouche, au titre de première certitude, sur un sujet privé de monde, sujet qui contemple le monde selon une absolue extériorité : un tel sujet, étant par essence étranger au monde, est absolument impassible, sans devenir. Rien ne peut lui « arriver » car tout ce qui peut arriver est du côté du monde : il ne peut donc que connaître. Ainsi, aux yeux de Straus, l'erreur initiale du cartésianisme est la scission de l'existence humaine selon la dualité substantielle de la pensée et de l'étendue : en effet, dans cette perspective, il n'y a d'événements et de devenir que naturels, c'est-à-dire relevant tout entiers de l'étendue et du mouvement, et il n'y a d'éprouver que comme penser, par conséquent étranger au monde. Bref, pour Descartes, « être vivant n'est pas un mode d'être propre »[2]; la vie, comme unité d'un éprouver et d'un devenir ou d'un événement corporel, ne peut pas être pensée. Il suit de là que l'expérience sensible n'a aucun statut spécifique et se trouve donc d'emblée occultée. En effet, en tant que subjective, la sensibilité relève nécessairement de ce *cogito* extramondain et ne peut être par conséquent qu'une *modalité du connaître*. Tel est le

1. *Vom Sinn der Sinne*, trad. G. Thinès et J.-P. Legrand, Grenoble, J. Millon, 1989, p. 32, 34, 611.

2. *Ibid.*, p. 33.

présupposé fondamental, tellement profond qu'il n'est pas même thématisé, qui commande toute l'approche classique de l'expérience sensible : la sensation est un mode de connaissance. Ceci vaut bien sûr pour le cartésianisme mais aussi pour l'empirisme, où la sensation se voit pourtant attribuer une dignité qu'elle n'a pas chez Descartes. Comme l'écrit très bien E. Straus, « le sensualisme n'acquiert la possibilité de faire dériver la connaissance de la sensation qu'en assimilant tacitement et préalablement le sentir au connaître »[1]. Quoi qu'il en soit, puisque le sujet cartésien n'est pas un homme vivant, l'appartenance de la sensation au sujet signifie son assimilation à une connaissance. Cependant, bien qu'elles appartiennent à l'esprit, les sensations ne possèdent pas la transparence de la connaissance intellectuelle puisqu'elles sont produites par le corps, ou plutôt par le monde au moyen du corps. Avec le système cartésien, l'unité de l'expérience sensible se voit démembrée selon la dualité d'un mouvement objectif, étranger à la conscience et d'un vécu, appartenant à la conscience mais néanmoins confus, en vertu de cette relation, qui ne peut être que causale, avec le monde de la *res extensa*. La sensation est une connaissance de rang inférieur car si elle renvoie, à titre d'effet, à la réalité extérieure, elle ne la représente pas conformément à ce qu'elle est : la sensation est trompeuse car nous l'interprétons spontanément comme douée de valeur objective alors qu'elle n'exprime que la manière dont notre corps réagit au monde. En vérité, cette caractérisation de la sensation, connaissance obscure et confuse, procède de son statut bâtard ; elle témoigne de l'action du corps au sein de l'esprit sans que cette action puisse se voir attribuer un statut spécifique, c'est-à-dire être pensée comme relation. Les sensations, écrit Straus, « ne sont en communication immédiate ni avec le Je ni avec le monde »[2] : extérieures au monde en tant qu'elles relèvent de la conscience, elles demeurent étrangères au sujet en tant qu'elles ne peuvent être confondues avec la pensée, qui en est l'attribut essentiel : il n'y a pas de place, chez Descartes, pour une pensée du sentir en sa spécificité, car la relation originaire et irréductible d'un sujet au monde, c'est-à-dire un mode d'existence précédant la dualité des substances, ne peut être reconnue. À l'inverse, chez Straus, une détermination authentique du sentir aura pour condition la reconnaissance d'un sujet existant précisément sur le mode de la relation avec le monde : le sujet cartésien a des sensations, le sujet straussien a le monde par le sentir. Bref, définir la sensation comme connaissance obscure ou inférieure, c'est la situer au carrefour d'une double négation, c'est dire qu'elle ne peut appartenir à un sujet extra-mondain,

1. *Ibid.*, p. 36.
2. *Ibid.*, p. 32.

sans pour autant faire partie du monde objectif. On comprend ainsi, dès maintenant, le rôle central que Straus confère à l'articulation entre sentir et se mouvoir : si, pour ouvrir la voie à la physique mathématique, « il avait fallu consommer la dichotomie des substances et admettre, par voie de corollaire, la réduction des sensations à des qualités extra-mondaines et à des mouvements dépourvus de qualité, la compréhension de la condition humaine exigeait leur réunion avec une force égale »[1]. De cette détermination de l'expérience sensible procède sa caractérisation, à laquelle nous avons déjà eu recours, en termes de « sensations ». Dès lors que le sentir ne peut être reconnu comme un mode de relation ou de communication avec le monde, il sera nécessairement réduit à un ensemble de contenus discrets. En effet, ne relevant pas de l'acte « inactif » (celui d'une *lumière* naturelle) de la pure pensée, la sensation est le résultat d'un processus physiologique, l'effet de l'action du monde sur la conscience et elle a donc, dit Straus, « le caractère de la chose finie, de l'objet défini »[2]. Ce n'est pas une expérience ou une relation, c'est un contenu : privé de la vie propre qui l'anime, le sentir devient un matériau mort. En d'autres termes, puisque la sensation ne peut être inscrite dans un mode d'exister spécifique, doué d'une temporalité propre, elle va hériter du mode d'exister de la *res extensa* où réside sa cause : l'espace et le temps objectif sont son principe d'individuation, elle existe sur le mode de la chose. En particulier, faute d'être référée à un mode d'exister, c'est-à-dire à un mode de temporalisation spécifique, l'expérience sensible est soumise à une conception abstraite, discontinuiste, du temps, de sorte que cette expérience se résoud en une succession de sensations atomiques. Selon un mouvement caractéristique de la pensée naturelle, les conditions d'apparaître de l'objet sont décrites sur le mode de l'objet dont elles sont la condition, la sensation est construite à partir des traits du senti. On le voit, faute de pouvoir reconnaître le sentir comme mode d'exister spécifique, Descartes ne peut lui attribuer que le mode d'être du monde objectif. Ainsi, la position d'un sujet extra-mondain, la caractérisation du sentir comme connaissance inférieure et sa détermination sous forme de contenus sensibles atomiques sont les trois aspects d'une même décision théorique.

De cette analyse procède la perspective d'E. Straus. Chez Descartes, le sentir était saisi comme un mode de connaissance et, finalement, comme un ensemble de contenus, dans la mesure exacte où le sujet en était caractérisé comme un être extra-mondain, c'est-à-dire tel que la relation à son corps et au monde demeurait étrangère à son essence. Pour un sujet

1. *Ibid.*, p. 312.
2. *Ibid.*, p. 38.

coupé de la vie, la seule relation pensable au monde est celle, extérieure et pour ainsi dire passive, de la connaissance : pour l'esprit, il n'y a d'exister que comme connaître si bien que, de manière assez peu compréhensible, l'acte même par lequel le monde surgit est dérivé du connaître. Ainsi, de la détermination du « qui » du sentir dépend la définition de celui-ci. C'est pourquoi Straus prend pour point de départ cela même dont Descartes avait ignoré l'existence, à savoir *l'homme vivant* : la pensée de Straus, comme celle de Goldstein, s'enracine dans la reconnaissance de l'irréductibilité et, partant, de l'indivisibilité du vivant. Loin que le vivant puisse être conçu comme l'union d'une conscience et d'un corps, conscience et corps sont des moments dérivés, c'est-à-dire des modalités d'exister du vivant. Toute la théorie straussienne de la sensibilité procède de cette décision initiale : « nous concevons le sentir comme un mode de l'être-vivant »[1]. La sensibilité ne se construit pas à partir de sensations, selon l'exigence logique d'aller du simple au complexe ; elle doit être appréhendée, conformément à l'exigence phénoménologique de respect des phénomènes, sous la forme du sentir, entendu comme mode de relation spécifique, communication du vivant avec un monde. Le sentir est le mode selon lequel le vivant *comme tel* se relie au monde (c'est pourquoi il définit un plan commun à l'homme et à l'animal) ; il désigne la modalité d'existence originaire du vivant. On le voit, l'originalité de Straus consiste à aborder l'expérience sensible d'un point de vue *existential*. Au lieu de tenter de rendre compte de cette expérience à partir d'étants déterminés, pensée et étendue, ce qui revient à dissoudre le sentir dans la connaissance, Straus porte l'interrogation sur le *mode d'exister* spécifique auquel renvoie la sensation – ce qui supposait d'abord d'en mettre au jour le sujet propre : de quel type d'exister, c'est-à-dire de quel type de relation avec le monde, s'agit-il avec le sentir ? Ce qui est d'ores et déjà certain, sans préjuger de la nature de ce mode d'exister, c'est qu'il s'agit là d'une relation originaire au sens où en lui est délivré un monde et où, par conséquent, le connaître le présuppose. Ainsi, la pensée de Straus correspond à une radicalisation de l'approche phénoménologique en ceci, comme le remarque Maldiney, qu'elle « commence là où finit l'analyse intentionnelle de Husserl, à cette hylétique qu'il a nommée sans pouvoir l'édifier »[2].

La première conséquence de cette décision, c'est que, pour la première fois peut-être, le sentir se trouve absolument *désolidarisé du connaître* : sentir n'est pas un mode de connaître, ni d'ailleurs le connaître un mode du sentir. En effet, le connaître lui-même doit être saisi au plan existential, à

1. *Ibid.*, p. 46.
2. *Regard Parole Espace*, Lausanne, L'Âge d'Homme, 1973, p. 134.

sentir. En effet, le connaître lui-même doit être saisi au plan existential, à savoir comme un autre type de communication avec le monde. Ainsi, loin que sentir et connaître puissent être ressaisis l'un à partir de l'autre, tous deux sont des modalités spécifiques et indépendantes de l'homme vivant, c'est-à-dire deux manières de se relier au monde. Straus les nomme respectivement mode *pathique* et mode *gnosique*; leur dualité correspond à celle du sentir et du percevoir, comme premier moment du connaître, c'est-à-dire encore à la distinction de l'espace de paysage et de l'espace géographique. Il les définit ainsi :

> par moment pathique, nous entendons la communication immédiate que nous avons avec les choses sur la base de leur mode de donation sensible changeant. Nous ne rapportons donc pas le moment pathique [...] aux objets avec leurs propriétés fixes ou changeantes qui pourraient, en raison même de ces propriétés, nous attirer, nous effrayer, nous oppresser [...]. Le moment gnosique fait seulement ressortir le *quoi* de ce qui est donné objectalement, et le moment pathique, le *comment* de l'être-donné [1].

Si nous voulons essayer de rendre compte de leur différence par référence aux phénomènes particuliers, nous pouvons penser, note Straus, « à la différence entre voir et dévisager, entre le regard d'un complice et celui d'un observateur, entre la caresse amoureuse et le palper médical » [2]. Ainsi, en adoptant une perspective existentiale, Straus creuse l'écart entre le sentir et le percevoir que la tradition avait tendance à situer en continuité, voire, dans le cas de l'empirisme, à identifier. Cependant, au lieu de les distinguer comme un matériau immanent et l'appréhension d'un objet transcendant prenant appui sur ce matériau, conformément à la leçon husserlienne, Straus les distingue comme deux modes de relation à l'extériorité. D'autre part, comme le confirment les exemples choisis, en désolidarisant le sentir du connaître, Straus le situe du côté de ce que l'on a coutume d'appeler l'affectivité, ou plutôt, il parvient à redéfinir le champ de ce qui, distinct de la relation de connaissance, est communément caractérisé comme affectivité. Loin de correspondre à la dimension cognitive de l'expérience, par différence avec sa dimension émotionnelle, conformément au partage classique, le Sentir straussien désigne une couche plus profonde que la partition du percevoir et du s'éprouver, une auto-affection qui ne fait pas alternative avec l'ouverture d'une extériorité, une saisie de qualités au sein du monde qui n'est cependant pas dépourvue de

1. « Les formes du spatial », trad. M. Gennart, dans *Figures de la Subjectivité*, études réunies par J.-F. Courtine, éd. du C.N.R.S., 1992, p. 23-24.
2. *Vom Sinn der Sinne*, p. 531.

communication immédiat, à une sympathie avec le monde, qui ne comporte aucune dimension thématique, c'est-à-dire, du côté du sujet, aucune aperception ou réflexion [1] et, du côté du senti, aucune objectivation. Néanmoins, cette sympathie ne revient pas à une fusion aveugle, l'immédiation de la relation n'exclut pas un éprouver : dans le sentir, la chose est saisie comme expression, comme concrétion d'une signification « perspective », c'est-à-dire vitale ou affective, de sorte que, corrélativement, le sentir est toujours un ressentir par lequel le sujet fait l'épreuve de sa *Lebendigkeit* (Michèle Gennart traduit par « vivance »). Dans la relation pathique au monde, la qualité se donne sous la forme de son retentissement vivant (l'effrayant se donne dans la frayeur) : le sentir est toujours un se-sentir, l'hétéro-affection une auto-affection. Toutefois, il va de soi que nous ne vivons pas exclusivement dans cette dimension pathique dans laquelle l'animal, lui, est enfermé; nous avons toujours déjà dépassé la stricte relation empathique au profit d'une mise à distance thématique qui saisit les expressions comme déterminations d'une chose, nous vivons dans l'univers de la perception. Aussi la démarche de Straus a-t-elle un sens archéologique : il s'agit de reconstituer une dimension, originaire, de l'existence, qui est dépassée au plan de la connaissance perceptive et tend par conséquent à être occultée. Il nous reste maintenant à caractériser plus avant cette dimension.

Pour ce faire, il est requis de partir du « qui » du sentir, c'est-à-dire de déterminer plus précisément l'être vivant, en respectant strictement l'idée, qui commande toute la démarche de Straus, de son irréductibilité. Straus prend donc pour point de départ la relation de l'animal à son milieu. En tant que vivant, l'animal est un être qui doit se nourrir, se reproduire, fuir ce qui le menace, bref un être structuré selon la polarité du s'unir-à et du se-séparer-de, du poursuivre et du fuir. Le sentir est rigoureusement subordonné à cette polarité : ce n'est pas parce qu'il est sensible que le vivant est vivant, c'est parce qu'il est vivant qu'il est sensible. Ainsi, l'animal saisit les présences dans son monde selon cette polarité du s'ouvrir et se-fermer et c'est pourquoi il les comprend sur un mode absolument non-thématique, comme des expressions, c'est-à-dire comme incarnant et indiquant immédiatement la nécessité de la fuite ou la possibilité de l'approche; l'animal ne les saisit jamais en elles-mêmes mais selon leur relation à ses exigences vitales, c'est-à-dire selon lui-même. Dans le monde animal, il n'y a pas des choses ou des propriétés, il y a de l'effrayant et de l'attirant, des proies et des menaces. Dès lors, l'appréhension de ces expressions, en quoi consiste précisément le sentir, n'a rien de représentatif

1. *Ibid.*, p. 324, 529.

ou de thétique; elle ne se distingue pas du mouvement de fuite ou de poursuite en tant que ce mouvement n'est pas une réaction mécanique. Saisir quelque chose comme effrayant, ce n'est pas lui reconnaître ce caractère, c'est l'éviter : la présence est saisie dans et par le comportement qu'elle suscite. Comme l'écrit Straus, « Le sentir est donc une expérience d'empathie. Il est orienté vers les caractères physiognomiques de ce qui est attrayant ou effarouchant. Il a les caractères de l'expérience de la "communion" qui se déploie dans le mouvement réciproque de "l'approche" et de "l'éloignement" »[1]. Ainsi, Straus appréhende le vivant et, par là, le sentir à partir du dynamisme qui le caractérise. En effet, il y a, dans le mode de déplacement du vivant, aussi fruste soit-il, quelque chose d'absolument irréductible au mouvement comme parcours spatial, succession de positions : le mouvement, d'exploration ou de fuite, « tend » vers quelque chose, est orienté, c'est-à-dire comporte quelque chose comme une visée qui transcende chacune de ses positions finies. Le mouvement vivant est toujours au-delà de lui-même, il s'excède comme déplacement physique et comporte une dimension par laquelle il échappe à la localisation spatiale. Lorsque l'animal s'avance vers sa proie ou explore son environnement, il est clair que l'on n'a pas affaire à un simple déplacement mécanique, sans pour autant que le mouvement puisse être interprété comme la mise en œuvre d'une intention explicite. En effet, l'orientation vers le but ne se distingue manifestement pas de l'avancée, le but s'esquisse à mesure que le mouvement se déploie. Comme l'écrit Straus, « le mouvement animal possède un caractère intentionnel *primaire*, il est par nature orienté vers un but. C'est pourquoi il se présente sous la forme de la recherche active ou de la fuite, de l'attaque ou de la défense, et non comme une simple translation d'un point à un autre. Le milieu propre de l'animal est chargé de vecteurs appétitifs »[2]. Représentation du but et déplacement spatial apparaissent comme deux dimensions abstraites – dimensions auxquelles la pensée a du mal à échapper – d'un dynamisme plus profond, celui du vivant comme tel : celui-ci se rapporte à son monde sur un mode qui lui est propre et qui n'est en tout cas assimilable ni à la réduction d'un écart spatial ni à une perception. C'est ce dynamisme propre au vivant, ce mouvement vivant comme mouvement de la vie elle-même, que Straus caractérise par le terme d'*approche* (*Entfernung*) et qu'il ne faut pas confondre avec l'approche comme déplacement spatial, qui a pour condition de possibilité une autre proximité : « ce ne sont pas les fonctions physiologiques des organes sensoriels qui font d'un être un être sentant, mais plutôt cette possibilité de

1. *Ibid.*, p. 329.
2. *Ibid.*, p. 374.

l'approcher, et celle-ci n'appartient ni à la seule sensation, ni au seul mouvement »[1].

Il ressort de cette première description que le vivant n'est pas seulement dans le monde comme un corps, mais qu'il est originairement relié au monde, ce qui signifie qu'il ne se rapporte pas au monde par le moyen d'un vécu, d'un contenu sensible. C'est ce que veut dire Straus lorsqu'il parle de caractère intentionnel primaire. Comme le terme même l'indique, l'approche, par laquelle Straus caractérise le sentir, définit une relation originaire et irréductible qui ne suppose pas les sensations mais les rend possibles : on ne peut en effet approcher que ce avec quoi l'on est déjà en rapport, sans quoi l'orientation même serait impossible. Le vivant n'entre pas en relation avec le monde au sens où il existerait comme vivant avant et indépendamment de cette relation : il *est* cette relation au sens où il n'est vivant que par cette intimité. Ainsi, reconnnaître la spécificité du vivant, c'est reconnaître qu'il n'est pas dans le monde comme une chose sans être pour autant privé de monde comme l'est le sujet cartésien. C'est dire qu'il est *au monde* en tant qu'il est caractérisé par une relation primitive avec le monde, relation qui n'est autre que le devenir de la vie effective et dont procèdent les termes en relation, à savoir aussi bien l'organisme – qui ne se soutient que du courant qui le relie à son milieu – que ce milieu lui-même qui est dessiné par l'être vivant. Pour Straus, comme plus tard pour Merleau-Ponty, il n'y a d'être-au-monde que vivant et donc charnel. En d'autres termes, Straus comprend, mieux que quiconque, qu'il est impossible de rendre compte de la relation sensible au monde si l'on commence par la dualité du sentant et du monde, si l'on tente par conséquent de reconstituer la donation de la présence à partir de contenus, qu'ils soient d'ailleurs sensoriels ou moteurs. L'expérience sensible n'a de sens que comme spécification d'une relation originaire au monde, comme modalité du Sentir. Loin que le sentir soit ce dont le sujet est capable dès lors qu'il possède des sensations provoquées par l'action du monde extérieur, il n'y a de sensations qu'à partir du sentir comme relation active avec le monde. Comme l'écrit Straus, « la certitude sensorielle du monde extérieur ne peut être dérivée des sensations *individuelles*, elle nous ferait défaut si les sensations individuelles étaient autre chose qu'une différenciation et une limitation de la relation originaire du je et du monde dans le sentir »[2]. Notons ici, sans pouvoir nous y arrêter, que le problème de la synesthésie trouve ici une solution radicale ou plutôt qu'il se pose en des termes entièrement neufs. En effet, il ne s'agit plus de savoir comment des

1. *Ibid.*, p. 378.
2. *Ibid.*, p. 573.

sensations atomiques et, ce qui est encore plus difficile, comment des sensations et des mouvements peuvent communiquer et s'unifier. Avec le relation de sentir, l'unité est donnée au départ et, avec elle, la communication des sensations, ainsi que des sensations et des mouvements : il s'agit alors seulement de comprendre, ce qui est beaucoup plus aisé, comment cette relation peut se différencier en son sein.

Il reste à préciser la nature de cette relation originaire, qui a été décrite sous le concept d'« approche ». Elle ne peut être saisie à partir de contenus vécus puisque c'est au contraire à partir d'elle que quelque chose comme un vécu est possible. Straus l'aborde à partir de la notion de *limite*, entendue selon son acception kantienne. Le vivant a en propre d'être capable de faire l'épreuve de la limite et, plus généralement, de vivre toute expérience comme limitée ou finie, que ce soit sous la forme de l'exploration inquiète qui caractérise l'animal ou de la conscience humaine de la finitude. Or, il n'y a d'expérience de la limite que sur fond d'une relation à ce qui la transcende, c'est-à-dire à une totalité dont cette limite est la négation ; ce qui signifie plus précisément qu'il n'y a d'expérience de la limite que de la part d'un être qui peut véritablement l'appréhender comme négation, c'est-à-dire qui peut la dépasser vers cette totalité. On le pressent déjà, le sentir est cette relation à la totalité, en tant que dépassement incessant des limites sous la forme desquelles la totalité se donne ; comme l'écrit abruptement Straus, « l'animal et l'homme peuvent éprouver des limites, car étant capables de sentir et de bouger, ils sont dans un rapport de totalité avec le monde »[1]. Ainsi, le sentir est défini comme « relation de totalité ». Cela signifie d'abord que le vivant est originairement en relation avec la totalité du monde, qu'il faut entendre au sens, non-extensif, de l'être même du monde. Ceci est parfaitement cohérent : si *toute* expérience, quelle qu'elle soit, est une spécification du sentir, si toute expérience est vécue comme limite, il faut admettre que le vivant est d'emblée en relation avec la totalité de l'expérience possible, que le sentir ouvre à l'être même du monde (ou à l'Être comme monde). Straus pourrait donc reprendre à son compte l'idée, heideggerienne, que la perception exige l'ouverture préalable au sens même de la subsistance, à ceci près que, pour Straus, cette ouverture est l'œuvre du sentir vivant. La relation de totalité signifie, d'autre part, que la vivant forme une totalité avec le tout du monde en ceci que ce tout est constitutif de son être comme vivant. En effet, le vivant n'est pas le sujet constitué du sentir ; il se constitue, au contraire, dans le sentir, c'est-à-dire dans la relation à la totalité du monde, ce qui signifie que le monde fait partie de son être, que le vivant forme une totalité *avec* le monde. Or, il va de soi que

1. *Ibid.*, p. 396.

la totalité du monde n'est jamais présente comme telle, que l'expérience n'atteint jamais le monde même mais quelque chose du monde. En se figurant dans une expérience singulière, le monde se dissimule comme monde : toute actualisation du monde en est en même temps une limitation. En d'autres termes, la totalité n'existe que sous la forme des moments où elle apparaît comme niée, elle ne précède pas ce qui la limite mais se constitue plutôt dans sa limitation même. Dès lors, la relation de totalité, par laquelle Straus caractérise le sentir, a un sens tout à fait singulier : ce n'est pas une relation à une totalité préalable ou constituée, c'est une relation où la totalité se constitue dans et comme sa propre limitation. Autant dire que chaque expérience apparaît comme une limite, c'est-à-dire comme renvoyant à une totalité qui est toujours en retrait sur elle-même et qui n'existe en toute rigueur que sous la forme du dynamisme par lequel le vivant surmonte cette limite : chaque expérience est limitation de la totalité au sens où le vivant la dépasse vers une autre expérience. Ainsi, ce n'est pas parce que le vivant possède déjà la totalité qu'il dépasse chaque expérience finie, c'est plutôt en excédant chaque expérience qu'il possède la totalité. Bref, il revient au même de dire que toute expérience est une limite, qu'elle est par essence en relation avec une totalité potentielle, voilée dans ce qui la limite, et que le vivant n'existe que comme approche, c'est-à-dire dépassement de chaque expérience finie. En toute rigueur, le mouvement vivant est la constitution conjointe de la totalité et de ce qui la limite. Comme l'écrit Straus :

> le rapport de totalité est un rapport potentiel qui s'actualise dans les sensations individuelles et se limite spécifiquement. En se mouvant, l'individu se pousse hors de ses propres frontières pour se trouver enfermé dans de nouvelles. D'un *hic et nunc* donné il passe à un autre, et celui-ci appartient à chaque sensation et à chaque mouvement. Les *hic et nunc* actualisent, limitent et spécifient le rapport de totalité [1].

En parlant de rapport de totalité, Straus veut signifier ici que la totalité que le vivant forme avec le monde n'existe que sous la forme de l'expérience, en tant que celle-ci se dépasse vers une autre expérience, que cette totalité demeure une totalité brisée ou potentielle dès lors que le tout du monde comme terme du rapport y demeure absent. Il suit enfin de là que le vivant est un être nécessairement *incomplet* : dans la mesure où le tout du monde est consitutif de son être et où le monde ne se donne que comme sa propre absence, le vivant a son essence hors de lui-même, ou plutôt, manque de lui-même, si bien que, comme chez Patočka, l'exploration du monde est *ipso*

1. *Ibid.*, p. 398.

facto conquête de soi. L'approche est donc le dynamisme originaire par lequel, d'un seul mouvement, le monde vient au paraître, le vivant s'avance vers la complétude et la relation se constitue comme relation de totalité.

Cette détermination de l'approche comme relation de totalité permet d'éclaircir un certain nombre de points, déjà évoqués. Tout d'abord, on comprend mieux le sens de la critique adressée à Descartes – à l'impassibilité et l'extramondanéité du sujet cartésien. Il s'agit en effet pour Straus d'aborder l'expérience sensible comme moment du *devenir vivant* au lieu de la reconstituer à partir de sensations atomiques situées dans le temps abstrait de la physique. Il ne faut pas seulement voir là une revendication de retour au concret, au phénomène effectif du vivant qui, comme tel, est évidemment actif. Plus profondément, Straus saisit le vivant comme un être en-devenir[1], c'est-à-dire comme essentiellement temporel. En effet, en tant que relation à une totalité qui est par essence potentielle, tout présent appelle son dépassement vers un nouveau présent : l'être en devenir du vivant correspond à la dimension inactualisable de la totalité, à son excès inassignable sur toute expérience finie et la temporalisation répond à l'écart toujours renaissant entre l'expérience et ce qu'elle actualise. Ainsi, dans la voie ouverte par Husserl, Straus met le temps au cœur du sentir, c'est-à-dire du vivre au sens de l'*erleben* ; cependant, à la différence de Husserl, le vivre lui-même est subordonné à la vie du sujet sentant. Autrement dit, le sujet du sentir est temporel parce qu'il est en devenir et il est en devenir parce qu'il est vivant, ceci dans la mesure exacte où toute expérience vivante est actualisation d'une totalité intotalisable. Le temps est la forme de l'incomplétude vitale. Ici, la perspective de Straus appellerait une confrontation avec Bergson qui est conduit, dans *L'évolution créatrice*, à poser l'identité de la durée et de la vie.

En second lieu, la relation entre sentir et se mouvoir trouve ici un éclairage neuf. Ils nous sont apparus comme étant intimement intriqués, à la fois pour des raisons descriptives et pour une raison de principe : en tant qu'ils sont moments d'une relation originaire et unitaire au monde, perception et mouvement communiquent nécessairement et ils ne sont finalement que deux manières d'appréhender, selon l'étendue et selon la conscience, un seul être-au-monde. Désormais, la nécessité de leur articulation s'impose. En effet, dès lors qu'il n'y a d'expérience que comme limitation de la totalité, c'est-à-dire comme appelant son propre dépassement, tout sentir donne lieu à un se-mouvoir et, en vérité, c'est dans la mesure exacte où la sensation se dépasse dans le mouvement qu'elle se constitue comme actualisation-limitation de la totalité. Symétriquement,

1. *Ibid.*, p. 555.

en tant que la totalité demeure une totalité potentielle, c'est-à-dire n'existe que comme devenir vital, il n'y a de mouvement que donnant lieu à des sensations et se fixant pour ainsi dire en elles, de sorte que la totalité que le mouvement ouvre demeure en retrait sur elle-même. Bref, la relation interne de la limite à la totalité, par laquelle nous avons caractérisé l'approche, se spécifie comme relation interne, renvoi mutuel, entre la sensation et le mouvement. Comme l'écrit Straus, « l'unité de la sensation et du mouvement se fonde dans le rapport de totalité. L'animal ne rencontre la résistance qu'au moment où il se dirige et la frontière qu'au moment où il la franchit »[1].

Enfin, nous sommes maintenant à même de comprendre pourquoi il n'y a pas d'alternative entre l'expérience pathique (le sentir) et la donation d'une transcendance. Dire en effet que sentir et se mouvoir sont originairement articulés dans l'approche, c'est dire qu'il n'y a de senti que dépassé vers la totalité et saisi comme limitation de celle-ci : « les sensations individuelles sont des limites de la relation de totalité et comme limites, elles sont implicitement liées à la totalité »[2]. Or, articuler le senti à la totalité – ce qui est l'œuvre propre du mouvement – c'est comprendre qu'il n'y a de présence que prélevée sur le monde et par conséquent retenue dans la transcendance qu'elle ouvre : en tant qu'elle procède de la relation de totalité, l'épreuve du senti ne fait pas alternative avec l'ouverture au monde. C'est ce que Straus veut signifier lorsqu'il caractérise le « lointain » (*die Ferne*) comme « forme spatio-temporelle du sentir »[3] : le sentir est sentir à distance, le senti est saisi par essence comme « là-bas » car il est, en son centre, traversé par un mouvement en lequel s'actualise la totalité du monde.

Nous sommes maintenant en mesure de revenir, à titre de conclusion, à la question de l'affectivité. Quel est le sens originaire de l'affectivité en tant qu'elle existe sur le mode du sentir? Quel est le statut véritable de l'éprouver pathique? Toute l'analyse qui précède nous conduit à conclure que l'affectivité du sentir renvoi à un Affecter originaire, par-delà l'activité et la passivité, qui n'est autre que le *désir* : le désir nomme en effet exactement le mode de relation au monde qui sous-tend le sentir. Straus le reconnaît sans ambiguité lorsqu'il justifie la définition du lointain comme forme spatio-temporelle du mouvement vivant : « ce n'est que dans la mesure où je suis orienté vers le monde et je tends dans le désir vers ce que je ne possède pas et qu'en outre je me modifie moi-même en désirant l'autre, que le proche et l'éloigné existent pour moi. [...] Le lointain est

1. *Ibid.*, p. 403.
2. *Ibid.*, p. 397.
3. *Ibid.*, p. 612 *sq.*

donc relatif à un être en devenir et animé par le désir »[1]. Le choix du terme n'est pas anodin. Straus ne vise pas la dimension de manque par laquelle on caractérise classiquement le vivant : nulle part il ne parle de besoin et à aucun moment il n'assigne pour but au vivant la stricte conservation. Le propre du désir est en effet d'excéder toujours tout ce qui peut le satisfaire, de sorte que le désiré réactive le désir dans la mesure où il le comble ; le désiré s'absente toujours de ce qui est censé l'incarner, la satisfaction est en même temps déception car elle appelle d'autres accomplissements. Or, telle est exactement le relation du vivant à la totalité. En tant que le sentir vise le monde et que le senti ne le présente qu'en le limitant, toute expérience se creuse de négativité et suscite par là même d'autres expériences. Le sentir est en son fond désir parce que son objet ne se présente à lui qu'en s'absentant, parce que le propre de la totalité est de ne se présenter qu'en se retirant dans la transcendance. Et c'est précisément parce que le sentir est désir qu'il est originairement articulé au se-mouvoir, ou plutôt, l'apparition de l'objet du désir ne se distingue pas du mouvement qui tend à se l'approprier. Ainsi, la relation pathique où se révèlent les présences singulières est sous-tendue par une Affection originaire, affection qui est identiquement action car elle est affection par la Totalité, c'est-à-dire par ce qui n'apparaît qu'en reculant dans la profondeur. Le Désir est l'Affect originaire en ce qu'il ouvre l'Altérité sur fond de laquelle une présence sensible peut paraître.

Enfin, en mettant l'accent sur cette détermination du sentir, on se donne sans doute les moyens de répondre à la question de la relation entre moment pathique et moment gnosique. En effet, nous l'avons vu, Straus désolidarise le sentir du connaître sans interroger plus avant le sens même du connaître, ce qui le conduit à distinguer deux couches, celle du sentir, affectif, et celle du percevoir, cognitif, correspondant à deux types d'attitude vis-à-vis du monde, à deux modes d'exister. Or, dans la mesure où l'existence est une, on peut légitimement s'interroger sur le mode d'unité de ces deux plans, sur les conditions d'un passage possible. À vrai dire, Straus insiste sur la rupture plutôt que sur la continuité et laisse pendante la question de l'articulation du pathique avec le gnosique. La raison en est, à nos yeux, qu'il demeure tributaire d'une conception reçue de la connaissance comme relation thétique avec un objet déterminé : il est certes conduit à faire du percevoir et du connaître un mode d'exister, à l'instar du sentir, mais il n'interroge pas pour lui-même le mode d'exister propre au connaître. Or, n'est-il pas tributaire, dans sa caractérisation du percevoir et du connaître, de l'illusion inhérente à la perception et au

1. *Ibid.*, p. 617.

langage, mise en évidence par Merleau-Ponty, illusion par laquelle ils se dépassent vers un terme positif et s'apparaissent comme relation à ce terme déjà constitué. Il serait donc nécessaire d'effectuer sur le connaître la réduction que Straus opère sur le sentir. Or, il apparaîtrait sans doute que, pas plus que le sentir, le percevoir ne peut délivrer un objet déterminé et que, si c'est bien un objet qui est visé, celui-ci se retire derrière ses apparitions, que cette visée n'est pas tant adéquation qu'interrogation. Par là même, une continuité se dégagerait par-delà ce que Straus distingue sans doute trop radicalement. Le désir que nous avons mis en évidence au cœur du sentir permettrait de penser le percevoir en tant que celui-ci est interrogation ou plutôt, par-delà la différence phénoménale du sentir et du percevoir, désirer et interroger apparaîtraient comme deux modalités d'un mode d'exister plus fondamental, pour lequel les mots nous manquent, et qui rendrait compte de l'unité du sujet par-delà la différence de l'affectivité et de la connaissance. Or, certaines indications de Straus lui-même vont dans ce sens, ce qui donne une fois encore la mesure de la profondeur de sa pensée. Nous nous contenterons, à titre de conclusion, d'en donner un exemple :

> On peut affirmer, à propos de tout être qui se meut, que son mouvement est dirigé d'un *ici* vers un *là* et que seul un être qui est incomplet dans son existence temporelle, peut vouloir tendre vers quelque chose ou se mouvoir. L'être-incomplet dans la particularité du moment actuel constitue la possibilité ontologique fondatrice d'une transition d'un *ici* à un *là*, d'une particularité à une autre. Seul ce caractère existentiel rend possible le mouvement spontané, c'est-à-dire l'exploration animale et l'interrogation humaine [1].

1. *Ibid.*, p. 428.

CHAPITRE V

LA PHÉNOMÉNOLOGIE DU MOUVEMENT CHEZ PATOČKA

L'important travail de publication de l'œuvre phénoménologique de Patočka en français durant ces dix dernières années, travail que nous devons essentiellement à J. Millon, M. Richir et E. Abrams, permet maintenant au lecteur français de suivre de près, au fil des textes publiés comme des « papiers » inédits, l'élaboration progressive de la phénoménologie de Patočka, des années 50 jusqu'à sa mort. On le sait, le projet d'une phénoménologie asubjective passe par une critique du subjectivisme qui caractérise la perspective husserlienne et donc par une reformulation, correspondant à une radicalisation, de l'*épokhé* phénoménologique. Mais, si cette reformulation conduit à porter au premier plan la structure propre de l'apparaître comme tel, elle n'abandonne pas pour autant toute interrogation sur l'essence de la subjectivité. Bien au contraire, à mesure que se précise le projet de Patočka, la réflexion sur le *mouvement* comme trait constitutif du sujet en vient à occuper la première place. Comme l'écrit Patočka on ne peut plus nettement, « notre existence est de telle espèce, non seulement que le mouvement lui appartient par essence, mais qu'elle *est* par toute sa nature mouvement »[1]. La plupart des textes des dix dernières années tentent de caractériser cette « énergie centrifuge », cette « force voyante » qui définit le sens d'être du subjectif au sein d'une phénoménologie asubjective.

Je voudrais tenter ici d'éclaircir cette assimilation, qui me paraît particulièrement féconde, de la subjectivité au mouvement. Quel est le contexte phénoménologique qui conduit à mettre en avant la dimension

1. *Papiers phénoménologiques,* trad. E. Abrams, Grenoble, J. Millon, 1995, p. 107. Noté PP.

motrice de la subjectivité ? C'est-à-dire : pourquoi une phénoménologie asubjective est-elle conduite à faire du mouvement le trait essentiel de la subjectivité ? Corrélativement : comment faut-il comprendre ce mouvement subjectif, qui n'est manifestement pas réductible à un déplacement dans l'espace ?

La critique que Patočka adresse à Husserl est tout entière centrée sur son subjectivisme, qui caractérise en particulier la période transcendantale. Ce subjectivisme procède d'une scission et, partant, d'un glissement de sens au sein de la sphère phénoménale. En effet, aux yeux de Patočka, Husserl ne parvient pas à penser et donc à préserver la spécificité de l'apparaître, mis au jour au terme de l'*épokhé*. Au lieu de respecter l'autonomie du champ phénoménal qui, s'il ne se confond pas avec l'apparaissant, ne repose cependant pas sur autre chose car il est tout entier monstration de l'étant, auto-effacement au profit de ce qui apparaît, Husserl se croit obligé de l'étayer sur quelque chose de réel, sur un étant, bref d'en faire l'œuvre d'une subjectivité. La non-identité de l'apparaître et de l'apparaissant est d'emblée interprétée comme une différence, recouvrant des modes de donation essentiellement distincts, entre l'étant subjectif et ce qui apparaît *en* lui, c'est-à-dire ce qu'il constitue. Ainsi, le subjectif, qui signifie d'abord la manière dont l'objectif se donne, c'est-à-dire le phénoménal, en vient à désigner la propriété essentielle d'un étant, l'*ego* transcendantal. Dès lors, les caractères de donation, c'est-à-dire les moments non chosiques mais néanmoins objectifs (transcendants) qui médiatisent l'apparition des choses, sont intériorisés sous forme de vécus : le rouge, par exemple, médiateur objectif qui se retire à l'arrière-plan au profit de la chose dont c'est la couleur, devient un vécu immanent. Corrélativement, enfin, la signification du *sum*, de mon existence, dont j'ai la certitude, n'est pas interrogée ; elle est résorbée tout entière dans les *cogitationes* qui qualifient l'essence du *sum* et permettent ainsi de fonder la certitude de mon existence sur la présence à soi de la conscience. Autrement dit, loin que le sens d'être de *mon* existence, c'est-à-dire d'une existence qui se donne comme existence d'un « je », soit interrogé, l'existence est d'emblée interprétée à la manière cartésienne comme réalisation ou actualisation d'une substance, dont l'attribut essentiel, la pensée, permet de rendre compte de la certitude de soi.

La raison fondamentale de ce glissement réside sans doute dans une mésinterprétation de ce qui constitue une des découvertes majeures de la phénoménologie : la relation structurale et universelle de la visée à vide et du remplissement. Comme l'écrit Patočka, « chez Husserl, cette opposition est amalgamée avec celle de la donation déficiente et de l'intuition. Or, l'intuition désigne le mode de donation d'un objet, cependant que le remplissement peut également avoir lieu là où aucun objet, aucune chose ou processus chosique existant ne peut être mis en relief »[1]. Parce que le remplissement est compris comme présence pleine de l'objet, les modes déficients de donation sont interprétés comme l'indice du subjectif. Au lieu de comprendre la relation structurelle du vide et du remplissement comme inhérente à l'apparaître de l'objet, de sorte que toute présence comporte une déficience, une invisibilité essentielle, Husserl pense la présence en termes chosiques et donc le vide de l'objet comme non-présence plutôt que comme un mode de la présence. Dès lors, seul le subjectif peut soutenir cette absence, sur le mode spécifique d'une visée. Finalement, l'apparaître qui délivre l'objet est pensé à partir des traits de l'objet qu'il délivre. Or, ceci vaut également pour le pôle subjectif : la soumission de l'apparaître à l'apparaissant caractérise également celui à qui quelque chose apparaît. Pour Husserl, la certitude du « je suis » ne peut avoir de sens comme certitude, c'est-à-dire être remplie, que si elle est vision d'un objet psychique. Comme l'écrit Patočka, « la certitude de soi de l'existence de l'*ego*, du *sum*, est interprétée comme présence, la présence comme autodonation originaire. Or, l'autodonation originaire requiert un objet correspondant. De là la supposition de l'acte de conscience, de la noèse originairement saisissable dans la réflexion »[2]. Ainsi, un même présupposé, la soumission des structures de l'apparaître à celles de l'apparaissant, c'est-à-dire à l'étant chosique, conduit à penser comme subjectifs les moments phénoménaux qui, introduisant à l'objet, ne se confondent pas avec lui, et comme positive cette subjectivité puisque la certitude de mon existence ne peut que procéder de la perception interne d'un étant subjectif.

Il n'est pas nécessaire d'insister sur les conséquences d'une telle mésinterprétation : la possibilité de penser la corrélation essentielle de l'étant transcendant et des modes de donnée, bref l'intentionnalité, se trouve gravement compromise. Le glissement du subjectif, comme mode de donnée phénoménal de l'apparaissant, au subjectif conçu comme propriété des vécus rend à peu près impensable la constitution de l'apparaissant transcendant à partir de ces vécus : « comment le vécu, originairement donné à soi-même dans la réflexion, s'y prend-il pour faire apparaître une transcendance du côté objectif ? C'est incompréhensible »[3]. En raison de cette approche subjectiviste de l'apparaître, Husserl ne peut donc mener à son terme le projet phénoménologique, c'est-à-dire rendre

1. « Subjectivisme et asubjectivité », dans *Qu'est-ce que la phénoménologie ?*, trad. E. Abrams, Grenoble, J. Millon, 1988, p. 243.

2. *Ibid.*, p. 243.

3. *Ibid.*, p. 208.

compte de la phénoménalité en tant que mise en présence de l'étant transcendant.

De manière tout à fait conséquente, Patočka est donc conduit à mettre en œuvre une *épokhé* en un sens renouvelé. En effet, l'étayage de la phénoménalité sur une conscience positive trahissait la persistance de l'attitude naturelle – consistant toujours à rendre compte de l'apparition à partir de l'apparaissant – au sein de l'attitude réductive. Dès lors, une *épokhé* conséquente doit neutraliser l'*existence* du je lui-même, mettre entre parenthèses toute position de la conscience hors de ce que nous en livre son phénomène : une *épokhé* authentique est une *épokhé sans réduction*. Tout comme celle du monde, l'existence du je doit être neutralisée au profit de son phénomène. Selon un geste tout à fait fidèle à l'intention de la phénoménologie husserlienne, l'*épokhé* patockienne est un retour, non plus à un apparaissant particulier recelant les prétendues conditions de l'apparaître du monde mais à l'apparaître *comme tel*, qui est la condition véritable de la présence du monde aussi bien que de la mienne. Il s'agit donc d'expliciter la structure de cet apparaître, étant entendu qu'elle ne doit rien à ce qui, par lui, apparaît :

> nous considérons comme appartenant à la structure de l'apparaître en tant que tel cette totalité universelle de l'apparaissant, le grand tout, ainsi que ce *à quoi* l'apparaissant apparaît, la subjectivité (ayant une structure pronominale vide, à ne pas identifier avec un sujet singulier fermé), et le comment de l'apparaître dont relève la polarité remplissement-évacuation (étant entendu que l'évacuation ne signifie jamais un vide absolu, un néant) [1].

Ainsi, l'apparaître comporte structurellement trois moments. D'abord, tout ce qui apparaît apparaît *dans* le monde, comme mode d'individuation du monde et, à ce titre, est en même temps apparaître *du* monde lui même, omni-englobant intotalisable. En second lieu, l'apparaître est régi par la relation du vide et de la plénitude, de la distance et de la proximité. Entendons par là que toute présence intuitive se donne comme spécification d'un vide, c'est-à-dire d'une présence défectueuse, indéterminée – ce qui revient à dire que quelque chose de ce vide est retenu dans la présence la plus pleine. Inversement, il n'y a pas de vide, c'est-à-dire d'invisibilité qui ne soit déjà un mode de présence, une entrée dans la visibilité. L'apparaître n'est pas le médiateur provisoire d'une réalité qui serait pleinement accessible en droit, en une intuition qui surmonterait toute distance. La présence de l'apparaissant dans l'apparaître implique essentiellement un

1. PP, p. 177.

défaut de présence, une distance; le renvoi réciproque du vide au plein définit l'essence de l'apparaître. Autant dire que l'apparaître est défini par la structure d'*horizon* : ce qui apparaît se donne comme actualisation d'un horizon qui n'est pas aboli mais conservé dans cette actualisation, de sorte que la présence demeure présence à distance et appelle encore une explicitation. Enfin – telle est la troisième composante de l'apparaître – tout ce qui apparaît apparaît à un sujet, c'est-à-dire implique une polarisation, une centration du champ de présence, d'où procèdent les perspectives qui le caractérisent.

Il faut cependant prendre garde de ne pas mésinterpréter la référence nécessaire de l'apparaître à un apparaissant ainsi qu'à un sujet. Il ne s'agit pas de défaire ou de dissoudre l'apparaître au profit de deux pôles positifs, dont il ne désignerait plus que l'incompréhensible relation. Il s'agit au contraire de montrer que l'apparition d'un monde ainsi que la polarisation par un sujet sont des moments pour ainsi dire intérieurs à l'apparaître, appelés par sa spécificité ontologique. L'apparaître n'est pas constitué par un sujet ou explicable à partir du monde; c'est au contraire parce que l'apparaître est ce qu'il est qu'il est apparaître du monde à un sujet : monde et sujet ne sont pas ici des choses mais des moments ou des pôles non ontiques de la phénoménalité. Ainsi, ces trois moments ne sont au fond que trois expressions d'un même événement fondamental, trois manières de dire la même chose. Tout d'abord, dire que l'apparaître est apparaître d'un monde et dire qu'il est régi par la structure vide-plein, par la structure d'horizon, c'est affirmer la même chose. En effet, puisque le monde est une totalité ouverte, indéfinie et puisque tout apparaître est apparaître du monde, la présence implique nécessairement une distance, elle reconduit l'horizon du monde qu'elle spécifie. Comme l'écrit Patočka, la conscience d'horizon « est un savoir préalable non thématique sur l'Un englobant qui, dans tout savoir singulier, est présent en tant que projet sur le mode l'oubli, et qui, là où il est visé, se travestit d'abord en continuation de l'expérience singulière »[1]. De la même manière, dire que la présence n'accède jamais à la plénitude et dire qu'elle est présence pour un sujet revient au même : parce qu'il est situé dans le monde, le sujet donne lieu à une apparition en perspective, c'est-à-dire déformante et partielle. Bref, ce n'est pas parce que le monde apparaît à une conscience finie qu'il apparaît partiellement et possède des horizons, c'est au contraire parce que l'apparaître implique par essence l'entrelacement du vide et du plein, parce qu'il est apparaître d'un monde, qu'il peut se donner à un sujet. La composante subjective ne désigne rien d'autre ici que la différence interne à l'apparaître;

1. PP, p. 217.

comme le dit Patočka en substance, la référence de l'apparaître à un sujet empirique est elle-même une structure transcendantale[1].

Il reste à déterminer plus avant la nature de ce sujet, inhérent à la structure de l'apparaître. Nous l'avons vu, la subjectivité transcendantale infinie décrite par Husserl rendait difficile une description fidèle de la phénoménalité comme monstration de l'apparaissant par des modes d'apparaître mondains. Il s'ensuit, inversement, que la subjectivité à laquelle renvoie l'apparaître dégagé par l'*épokhé* patockienne doit être une subjectivité *finie*. C'est ce que Patočka veut signifier lorsqu'il dit que la référence à la subjectivité fait partie de la structure même de l'apparaître, que, par conséquent, la subjectivité n'est pas constituante mais *codéterminante* de la phénoménalité. L'apparaître du monde dépend d'un sujet qui demeure intérieur à l'apparaître, qui est *du* monde. Toute la difficulté est de penser rigoureusement cette subjectivité finie, c'est-à-dire, selon Patočka, *incarnée*. En effet, on part généralement d'une conscience conçue comme présence à soi et d'un corps compris comme fragment d'étendue et on tente après coup de penser un mode possible d'articulation : chacun des termes est défini abstraitement, par des traits qui excluent par principe son unité avec l'autre. L'échec est alors inévitable. La démarche de Patočka est tout autre. Il s'agit pour lui de conquérir un sens non cartésien de la subjectivité, compatible avec l'ouverture de l'apparaître. Il recherche donc un phénomène originaire de l'incarnation, c'est-à-dire un mode d'existence original plus profond que la différence de la présence à soi et du corps comme objet et d'où cette différence elle-même puisse être dérivée. En d'autres termes, il s'agit de mettre au jour une modalité d'existence corporelle qui ne soit pas la négation de la subjectivité mais en soit plutôt la condition d'émergence. Cette modalité n'est autre que le *mouvement vivant*.

Patočka prend pour point de départ l'analyse du langage et des gestes culturels en général. Ceux-ci ne peuvent pas être compris comme l'expression au dehors d'une signification possédée mais bien comme une activité *constitutive* de la subjectivité : « ce sont ces actes de parole, dans lesquels le langage prend corps (*verkörpert*) et qui sont comme les gestes du corps vivant, qui rendent ensuite possible une intériorité, à savoir un penser, un juger au sens plein. Le dedans subjectif s'appuie sur ce dehors sans lequel il serait impossible, sans lequel il ne saurait atteindre son plein développement »[2]. Or, ce qui vaut pour la genèse de subjectivités de degré supérieur, à savoir le caractère constitutif du mouvement corporel, doit valoir pour l'être même de la subjectivité : il n'y a de subjectif que dans et par un

1. PP, p. 264.
2. PP, p. 16.

certain type de corporéité. C'est précisément ce que confirme l'analyse phénoménologique du mouvement corporel. Soit l'exécution d'un mouvement quelconque, c'est-à-dire l'expérience du pouvoir sur le corps propre qui est la condition de ce mouvement. Ce mouvement ne peut être analysé selon la dualité d'un acte de conscience – la décision ou la représentation du mouvement – et de la réalisation de ce vécu subjectif au sein de l'extériorité. En vérité, la subjectivité n'*a* pas un pouvoir sur le corps, elle *est* ce pouvoir. Autrement dit, le propre du mouvement vécu c'est qu'il n'y a pas de différence entre le vécu et la réalisation, entre le subjectif et l'effectif; la visée ne se distingue même pas du remplissement car l'intention motrice est déjà le mouvement lui-même[1]. Il n'y a de mouvement éprouvé qu'en tant que réel, l'intériorité du mouvement est passage dans l'extériorité. Comme l'écrit Patočka, « le pouvoir sur le corps propre n'est donc pas un simple épiphénomène, mais le mouvement même dans sa réalisation. Il s'accomplit dans ce mouvement un saut dans l'être. Le dire subjectif, ce n'est pas le dire purement et simplement subjectif. Il est un acte de plein droit. [...] Le parcours subjectif d'un trajet est un parcours effectif »[2]. Bref, l'épreuve du mouvement est la preuve de sa réalité; en lui coïncident absolument l'être et l'apparaître. Ainsi, il ne s'agit pas seulement ici d'une subjectivité qui aurait le pouvoir de se réaliser instantanément de sorte qu'elle se confondrait avec ses œuvres; il faut comprendre que, pour Patočka, l'être même de la subjectivité est mouvement, qu'il n'y a de pour-soi que dans et par un geste corporel. Il suit de là que ce mouvement lui-même est singulier et ne saurait donc être confondu avec un simple déplacement dans l'espace, avec un mouvement objectif. C'est précisément un mouvement naissant d'une impulsion subjective, mouvement dans lequel s'éprouve une identité et qui, par conséquent, est doué d'une certaine intériorité. Ce n'est pas seulement un mouvement dans l'espace, c'est un mouvement *vers* l'espace. Bref, Patočka a en vue ici un mode d'être originaire – antérieur à la distinction de la conscience de soi et du déplacement dans l'espace – qui est celui de l'énergie vitale, de l'effort et qu'il nomme « force voyante ». La vie transcendantale, que Husserl entendait en un sens finalement métaphorique, n'a en vérité de sens que comme vie proprement dite, c'est-à-dire mouvement subjectif.

Notre approche de la subjectivité s'en trouve bouleversée. Loin de se contredire, le mouvement d'extériorisation, d'entrée dans le monde, et la subjectivité se commandent mutuellement. En effet, ce mouvement n'est pas étranger à lui-même, il est mouvement d'un soi, non pas en ce qu'une

1. PP, p. 73, 74.
2. PP, p. 18.

conscience positive en serait la source, ou assisterait de l'extérieur à son accomplissement, mais parce que cette force vivante fait l'épreuve d'elle-même dans et par son déploiement. La kinesthèse nomme précisément l'être donné à lui-même de tout mouvement corporel. Mais cette conscience de soi du mouvement ne signifie en aucun cas une présence intuitive à soi, quelque chose comme un vécu positif. Si mon existence motrice m'est donnée, c'est-à-dire est conscience, cette conscience est absolument *sans contenu*; dans le mouvement, le moi se jette dans le monde, vit hors de soi et n'a donc aucun savoir de soi. Entendons par là non seulement que le sujet du mouvement n'est pas tourné vers lui-même, mais que le soi n'est pas de contenu spécifique qui soit distinct de son action effective dans le monde : la présence à soi du mouvement est absence de soi, c'est-à-dire non seulement distance à soi mais absence de tout « soi » positif. Comme l'écrit nettement Patočka, « l'on a un savoir de soi-même dans le mode de l'ignorance de soi – ce qui dans tout intérêt est pour soi-même sans intérêt, ce qui dans tout faire n'est pas objet, qui ne fait pas retour à soi, c'est le moi »[1]. Ainsi, la découverte du mouvement vivant donne un fondement à la conception de la subjectivité libérée par l'*épokhé* : la certitude du *sum*, de mon existence comme mienne ne passe pas par la position d'un moi dont le contenu serait distinct de cette existence même. Descartes fonde la certitude de soi sur une certaine essence, la pensée, attribut d'une substance dont l'existence se révèle dès lors certaine. Patočka creuse plus profond : au lieu de penser la conscience sur le mode ontologique naïf de la chose, il interroge le sens d'être de l'existence qui m'est révélée dans la conscience. Il ne résorbe pas le « je suis » dans le substance pensante, il réintègre la pensée à l'existence en faisant apparaître le moi comme moment d'un mode d'exister original, celui du mouvement[2].

Il est clair que cette approche de la subjectivité éloigne Patočka de Heidegger ou plutôt permet de mesurer exactement la distance qui l'en sépare. D'une certaine manière, Patočka reprend à son compte la détermination heideggerienne du *Dasein* comme être qui est sa possibilité, existe en vue de soi, mais il lui reproche de ne pas voir que cette existence n'est pensable que sur fond de mouvement corporel, c'est-à-dire comme vie : « la *praxis* est en effet la forme originelle de clarté, mais Heidegger ne prend

1. PP, p. 82.

2. Bien entendu, tout autant que celle de la subjectivité, notre approche du corps propre s'en trouve profondément transformée. Pas plus que le moi n'est le sujet du mouvement, le corps n'en est le substrat préexistant. Il ne faut pas penser la vie comme un phénomène du corps mais bien le corps à partir de la vie : « le corps personnel n'est pas une chose dans l'espace objectif. Il est une vie qui, par elle-même, *est spatialement*, qui *produit* sa propre localisation, qui se rend elle-même spatiale », PP, p. 59.

jamais en considération le fait que la *praxis* originelle doit être par principe l'activité d'un sujet *corporel*, que la corporéité doit donc avoir un statut ontologique qui ne peut être identique à l'occurence du corps comme présent ici et maintenant »[1]. En effet, « l'effectuation de l'être qui est en vue de son être, qui *effectue* sa vie et vit en avant de lui-même, est possible *uniquement* grâce à sa corporéité »[2]. Cette réserve fondamentale vis-à-vis de Heidegger le rapproche donc de ce qu'il identifie lui-même comme une tradition française, caractérisée par le souci de rendre compte de la phénoménalité à partir d'un sujet fini, c'est-à-dire incarné. Cependant, si Patočka a incontestablement rencontré dans l'œuvre de Merleau-Ponty un écho de la sienne propre, c'est en réalité de Maine de Biran qu'il est le plus proche. En effet, comme Patočka le reconnaît d'ailleurs, Biran est le premier penseur à avoir mis en évidence la relation originaire de la subjectivité au mouvement corporel. Dans l'effort, c'est-à-dire dans la relation avec ce que Biran appelle la résistance organique et qui n'est autre que le mouvement musculaire, se constitue le moi comme sujet de cet effort : il n'y a donc de rapport à soi que sur fond d'une extériorisation, de sujet que comme procédant d'une force qui, si elle est « hyperorganique », rencontre néanmoins la résistance de l'organisme.

Il me reste à montrer que cette conception du sujet rend compte des traits structurels de l'apparaître mis en évidence par Patočka. La manière spécifique qu'a le sujet moteur d'être dans le monde doit permettre de comprendre en quoi il est codéterminant, cocondition du monde. On s'en souvient, l'« étayage » husserlien de la phénoménalité sur un étant subjectif conduisait à une reconstitution de l'apparaître à partir d'appréhensions portant sur des moments hylétiques. Dès lors, l'ouverture intentionnelle devenait impensable puisque les moments d'apparition, confondus avec des vécus, se trouvaient séparés de l'apparaissant; le caractère synthétique de l'appréhension compromettait la transcendance de ce qui y était unifié. Ce sont précisément ces difficultés que la détermination de la subjectivité comme mouvement permet d'éviter. En effet, d'une part, la dimension dynamique de la subjectivité permet de faire varier les aspects de la chose, de multiplier les perspectives, c'est-à-dire d'effectuer le passage du vide au plein. Mais, d'autre part, en vertu de son identité propre qui lui vient de l'impulsion une qui le traverse, le mouvement unifie les aspects qu'il dévoile, les saisissant ainsi comme aspects d'une seule et même chose : l'invariance de la chose est fondée sur la convenance à soi,

1. *Le monde naturel et le mouvement de l'existence humaine*, trad. H. Declève, Dordrecht, Kluwer A.P., 1988, p. 93. Noté MNMEH.

2. PP, p. 97.

sur l'immanence propre au mouvement dont procèdent les variantes. Cependant, parce que la synthèse est dynamique, parce que l'intériorité du mouvement ne se distingue pas de son extériorisation, de son avancée vers le monde, l'unité qu'il fait paraître demeure une unité *transcendante*. L'unité du mouvement n'étant pas distincte de son déploiement dynamique, l'identité du paraissant ne se distingue pas de la diversité de ses modes d'apparition : c'est l'unité d'une chose et non d'une signification. La « force voyante » qui définit la subjectivité permet donc de penser l'apparaître en sa spécificité, c'est-à-dire comme pouvoir de monstration : l'apparaître peut être défini comme auto-effacement au profit de l'étant paraissant car l'*ego* à qui il apparaît est mobilité, avancée vers le monde. Dans la mesure exacte où le voyant est force, le vu se trouve projeté au milieu du monde.

Cependant, s'il est vrai que des choses apparaissent, il n'en reste pas moins qu'aucune expérience ne peut épuiser l'objet, que toute chose paraît sur fond de monde, bref que le monde est ce qui à la fois se présente et s'absente en toute apparition. Or, là encore, la théorie husserlienne des appréhensions, centrée sur l'objet, c'est-à-dire finalement sur le noème, ne permettait pas de décrire de manière satisfaisante cette présence du monde, l'excès constitutif de l'horizon sur toute apparition. Le mouvement est au contraire ce qui, du côté subjectif, permet de rendre compte de la possibilité de l'horizon. Mieux : c'est très certainement l'accent mis sur la présence du monde au sein de toute apparition qui conduit Patočka à renoncer à une subjectivité positive au profit du mouvement vivant. À la profondeur irréductible du monde ne peut correspondre que l'intranquillité du vivre [1]. En effet, le mouvement qui caractérise notre existence ne saurait être réduit à l'ensemble des gestes physiques que nous accomplissons. Patočka prend soin de distinguer les mouvements d'ensemble, qui correspondent aux axes fondamentaux de notre vie, c'est-à-dire à l'autoréalisation de la vie elle-même, des mouvements partiels que sont les actes singuliers en lesquels la vie se concentre ponctuellement [2]. Autrement dit, chacun de nos mouvements particuliers est l'expression partielle d'un mouvement global, synonyme de notre existence même : ce mouvement n'est rien d'*autre* que ces mouvements partiels mais il n'en est pas pour autant la somme puisque chaque acte particulier n'est qu'un mode d'actualisation de cette vie qui l'excède. Ce mouvement « fait penser au mouvement d'une mélodie ou, plus généralement, d'une composition musicale : chaque

1. « le monde en tant que totalité préalable et intangible étant indissolublement lié au mouvement de la vie », MNMEH, p. 48.

2. MNMEH, p. 106, PP, p. 19.

élément n'est qu'une partie de quelque chose qui l'excède, qui n'est pas là d'emblée sous une figure achevée, quelque chose plutôt qui, préparé dans toutes les singularités, demeure toujours, en un certain sens, à-venir, aussi longtemps que la composition se fait entendre »[1]. Ainsi, chaque geste effectif apparaît comme moment, c'est-à-dire comme négation d'une réalité qui n'est pas posée; le mouvement vivant ne peut être épuisé par aucune action, il est comme traversé par un manque qui n'est pourtant pas l'envers d'une réalité positive. Bref, l'être du mouvement vivant est d'être son propre excès et donc, tout autant, son propre retrait sur soi. Or, tel est précisément le statut du monde, réalité omni-englobante et cependant inachevable : le concept d'horizon ne désigne finalement rien d'autre que cette transcendance ou ce retrait sur soi qui caractérise toute chose paraissante en tant qu'elle est chose du monde. Ainsi, l'excès indéfini du monde ne peut avoir pour sujet qu'un être qui est en quelque sorte plus que lui-même, dont l'existence est définie par la mobilité : « la création d'horizons, la vie dans les horizons renvoie au courant puissant de l'orientation centrifuge qui domine notre vie »[2].

Il est incontestable que la détermination de l'*ego* comme mouvement répond rigoureusement aux traits constitutifs de l'apparaître. Si l'apparaître est essentiellement apparaître d'un monde, le sujet à qui il apparait nécessairement n'est pas pensée, il est action. Mais les éclaircissements que nous venons d'apporter ne permettent-ils pas de revenir une dernière fois à la question du moi ? Nous avons vu que le moi ne désigne rien d'autre que l'être-auprès-de-soi du mouvement, être-auprès-de-soi qui ne correspond à aucune présence intuitive, à aucune positivité du subjectif. Faut-il en conclure pour autant que le mouvement est toujours anonyme, qu'il renvoie à un moi qui ne serait alors que la forme même de la présence à soi ? N'y a-t-il pas une spécification et, pour ainsi dire, un remplissement possible du moi ? N'y a t-il pas moyen de conférer un contenu à cette forme subjective sans revenir au subjectivisme ? En effet, le moi lui-même n'est finalement rien d'autre que cette impulsion motrice, cette force qui se cristallise dans chaque geste fini et les excède tous : il est en quelque sorte à l'horizon de tous ses actes. Or, chaque acte ayant lieu dans le monde et n'étant rien d'autre qu'un mode de dévoilement du monde, il faut en conclure que c'est dans et par ce mouvement, c'est-à-dire à même le monde que le moi se rejoint. Comme l'écrit Patočka, « le vivre d'expérience est comme une trame tendue entre deux horizons : l'un est mon moi, l'autre le monde. Le vivre est une manière d'explicitation de ces horizons, ayant

1. PP, p. 108.
2. PP, p. 65.

cette particularité que, pour m'expliquer moi-même, il me faut d'abord prendre pied sur le sol du monde et de ses choses, avant, dans un second temps, de faire retour à moi »[1]. Ainsi, il y a une détermination positive, une intuition possible du moi qui ne remet pourtant pas en question la critique de la perception interne : le moi est mouvement et il ne peut se saisir qu'indirectement, à même le monde que ce mouvement fait naître. Le moi est donc soumis au conditions structurelles de l'apparaître : l'expérience du moi, comme celle d'une chose quelconque, ne peut avoir lieu que sur fond de monde.

Subsiste un question, que je me contente d'évoquer ici. Nous l'avons dit, le sujet est un sujet empirique, intramondain, de sorte qu'il est coconstituant ou codéterminant de l'apparaître. C'est précisément sa caractérisation comme mouvement qui permet de penser l'identité de sa finitude et de son pouvoir de manifestation. Cependant, en tant qu'il n'est qu'un moment structurel de l'apparaître, il suppose un mouvement plus profond encore par lequel le monde vient à l'apparaître : coconstituant, le mouvement corporel ne fait paraître qu'en tant qu'il est lui-même pris dans une dynamique de la manifestation, dans un mouvement plus originaire dont il n'est que le médiateur. Tout se passe comme si l'Être même se donnait le mouvement vivant pour que s'accomplisse son propre mouvement, ontologique, de venue au paraître. Du mouvement vivant proprement dit, il faudrait donc distinguer celui de l'apparition, que Patočka nomme « proto-mouvement », « sortie hors du fondement obscur »[2]; de la vie *stricto sensu* il faudrait distinguer celle de la phénoménalisation. L'une des tâches de la phénoménologie contemporaine est peut-être d'interroger la possibilité d'unifier ces deux mouvements, dans la voie magistralement ouverte par Patočka.

1. PP, p. 63.
2. PP, p. 57.

CHAPITRE VI

LE MOUVEMENT DE L'EXISTENCE CHEZ PATOČKA

VERS UNE PHÉNOMÉNOLOGIE DU DEVENIR

Dans la lettre qu'il envoie le 22 octobre 1927 à Husserl, à l'occasion de leur commune rédaction de l'article « Phenomenology » pour l'*Encyclopaedia Britannica*, Heidegger situe très précisément le projet de l'analytique existentiale par rapport à la démarche husserlienne. Il fait d'abord état de son accord sur le fait que la constitution transcendantale de l'étant mondain ne peut être éclairée par le retour à un étant ayant le même mode d'être, ce qui justifie, chez Husserl, la démarche réductive. Seulement, parce que Husserl conçoit le mode d'être de l'étant mondain de manière encore univoque, la différence du transcendantal vis-à-vis des choses du monde ne peut signifier qu'une *extériorité vis-à-vis du monde lui-même* : le transcendantal renvoie à une sphère d'être absolu, qu'un abîme de sens sépare du monde et dont on ne peut dire qu'elle *est* qu'en un sens seulement formel. C'est pourquoi Heidegger poursuit :

> mais cela ne signifie pas que le lieu du transcendantal n'est absolument rien d'étant – au contraire, le *problème* qui se pose immédiatement est de savoir quel est le mode d'être de l'étant dans lequel le « monde » se constitue. Tel est le problème central de *Sein und Zeit* – à savoir une ontologie fondamentale du *Dasein*. Il s'agit de montrer que le mode d'être du *Dasein* humain est totalement différent de celui de tous les autres étants et que c'est précisément en raison de ce mode d'être déterminé qui est le sien qu'il recèle en lui la possibilité de la constitution transcendantale[1].

1. *Heidegger*, Cahier de l'Herne, trad. J.-F. Courtine, Paris, 1983, p. 68.

En effet, ajoute Heidegger, si la constitution transcendantale est une possibilité centrale du Soi facticiel, c'est parce que l'homme « n'est jamais seulement présent subsistant mais existe »[1]. Ainsi, le « lieu » du transcendantal est bien un étant, le *Dasein*, dont la différence radicale de mode d'être vis-à-vis des autres étants, différence que nomme le concept d'*existence*, permet de rendre compte de sa puissance constitutive. En effet, le *Dasein* est un étant pour lequel il y va en son être de cet être même, ce qui signifie qu'il a à être son être en tant que sien, que l'être du *Dasein* consiste dans un avoir-à-être, bref que le *Dasein* est sa possibilité. Ainsi, la différence cardinale entre les existentiaux et les catégories structure de part en part l'analyse de *Sein und Zeit*.

Néanmoins, cette analyse soulève une grave difficulté, qui est aussi massive qu'elle est difficile à thématiser. S'il est vrai que le *Dasein* est un étant dont le mode d'être est radicalement différent de celui des autres étants, il n'en reste pas moins qu'en tant qu'il fait partie du monde, à la différence du transcendantal husserlien, en tant donc qu'il se manifeste ou se réalise sous la forme de l'homme que nous sommes, il faut lui reconnaître une dimension qu'il partage avec les autres étants mondains et qui échappe à l'existentialité pure et simple – dimension qui est de prime abord celle de la subsistance (*Vorhandenheit*). En affirmant que « l'homme n'est jamais seulement présent subsistant mais existe », Heidegger reconnaît que l'homme est *aussi* présent subsistant et donc que, à moins d'admettre un clivage en l'homme entre son existence et une subsistance qui lui serait de part en part étrangère – ce qui reviendrait à une forme déplacée du clivage husserlien entre empirique et transcendantal – il faut conclure que l'intramondanéité ou la subsistance de l'homme conduit inévitablement à brouiller le partage topique de l'existential et du catégorial. Cette intramondanéité ou cette subsistance inhérente au *Dasein*, ou en tout cas à sa réalisation humaine, n'est autre que sa *chair*, dont Heidegger lui-même a reconnu qu'elle était le problème le plus difficile, mais pour se contenter finalement de la reconduire sans explication aux existentiaux du *Dasein*. La chair nomme précisément l'existence dans sa dimension ou son versant de subsistance intramondaine ou, à l'inverse, ce mode de la subsistance où l'existence peut affleurer. Notre corps charnel est bien le lieu même où se brouille le partage topique de *Sein und Zeit*. Heidegger le reconnaît d'une autre façon lorsqu'il affirme dans *Sein und Zeit* que la vie, dont relève aussi notre chair, « n'est pas un pur être-sous-la main (*Vorhandenes*), ni, encore, un *Dasein* »[2]. La vie est ce qui échappe au

1. *Id.*, p. 68.
2. *Sein und Zeit*, trad. E. Martineau, Authentica, 1985, p. 59.

partage déjà évoqué, de sorte que situer exclusivement l'homme du côté de l'existence reviendrait à lui refuser la vie. C'est ce que Heidegger ne peut évidemment admettre puisque, écrit-il, « la vie est un mode d'être spécifique, mais il n'est essentiellement accessible que dans le *Dasein* »[1]. Comment la vie peut-elle être essentiellement accessible dans le *Dasein* si la dimension vitale n'est pas constitutive du *Dasein* ? Sauf à admettre bien sûr que sa spécificité puisse être restituée par simple privation, à partir de la seule existence – comme si ce qui brouille la partition de l'existence et de la subsistance pouvait être engendré à partir de l'un des termes de cette partition.

Ainsi, on ne peut pleinement souscrire à la démarche de l'analytique existentiale qu'à la condition de comprendre comment le *Dasein*, en tant qu'existence, peut exister *dans* le monde dont il se préoccupe, c'est-à-dire prendre forme de chair, sans pour autant retomber sur le plan de la simple subsistance, ce qui reviendrait à annuler le bénéfice principal de *Sein und Zeit*. Comment l'existence du *Dasein* peut-elle accepter un mode de subsistance qui n'en affecte pas la spécificité, c'est-à-dire n'entraîne pas son passage pur et simple au plan de la *Vorhandenheit* ? Il s'agit bien de mettre au jour un mode d'être plus profond que le partage de l'existence et de la subsistance et qui permette par là-même d'en rendre compte. C'est donc finalement la distinction entre une phénoménologie du corps propre, qui le saisit en continuité avec les autres corps, et une phénoménologie de l'existence, qui l'aborde dans son absolue différence avec les autres étants du monde, qu'il faut tenter de surmonter. Patočka fait état de cette nécessité avec une lucidité sans égal dans une lettre de 1964 à Robert Campbell, qui est directement motivée par sa lecture récente du *Visible et l'invisible*. Après avoir fait état de la nouvelle manière de comprendre le rapport sujet-objet qui se fait jour dans *Le visible et l'invisible*, il poursuit : « ce sont des choses que Heidegger a négligées dans *Sein und Zeit* où il omet l'incarnation dans la structure du *Dasein*. [...] Celles-ci n'ont été tentées que par Merleau. Un jour, il faudra les intégrer à la structure totale du D*asein*, ce que Merleau-Ponty n'a pu parfaire lui-même »[2]. Ainsi, la question qui est la nôtre, et que, selon nous, seul Patočka affronte, est la suivante : quel est le sens d'être de l'existence en tant que la chair en est constitutive ? À quelles conditions peut-on dépasser en l'homme le partage de l'existence et de la subsistance ? Il me semble que la réponse réside dans le *mouvement*, dont la justification requiert ce que l'on pourrait appeler une phénoménologie du devenir.

1. *Ibid.*, p. 59.
2. Lettre à Robert Campbell, 1er mai 1964.

Dans *Le monde naturel et le mouvement de l'existence humaine*, Patočka explicite ses réserves vis-à-vis de l'analytique existentiale :

> il semblerait que l'analytique rende l'ontologie heideggerienne de l'existence trop formelle. La praxis est en effet la forme originelle de la clarté, mais Heidegger ne prend jamais en considération le fait que la praxis originelle doit être par principe l'activité d'un sujet *corporel*, que la corporéité doit donc avoir un statut ontologique qui ne peut être identique à l'occurence du corps comme présent ici et maintenant[1].

Cependant, l'originalité de Patočka va consister à rendre compte de la corporéité à partir d'une analyse de l'existence et donc à saisir la corporéité au plan existential au lieu de repartir de la corporéité pour tenter de rejoindre l'existence, comme le fera par exemple Merleau-Ponty. Ainsi, c'est en raison du sens même de l'existence, telle que Heidegger l'appréhende, et non de ce qui, dans l'analyse existentiale, semblerait pouvoir ouvrir une voie vers la corporéité, à savoir l'affection (*Befindlichkeit*, *Stimmung*[2]), que Patočka est conduit à poser la corporéité du *Dasein*. Heidegger détermine le *Dasein* comme un étant qui est ce qu'il est sur le mode de l'avoir-à-être, qui est ses propres possibilités. Or il est vrai que la caractérisation de l'existence comme telle, d'emblée transcrite par Heidegger en termes d'être-au-monde, souffre d'une certaine indétermination. Patočka va donc se demander à quelles conditions cette caractérisation de l'existence, encore trop formelle, est recevable, c'est-à-dire quel est le sens d'être d'un étant qui est ses propres possibilités. Notons ici qu'en posant (implicitement) cette question, Patočka retourne contre Heidegger lui-même le reproche que celui-ci adresse à Descartes aussi bien qu'à Husserl, à savoir de laisser le sens d'être du *sum* dans l'indétermination. Si Heidegger saisit bien le *sum* comme existence, celle-ci demeure néanmoins caractérisée par une certaine imprécision, qui ne porte pas tant sur son essence que sur son mode d'effectuation, c'est-à-dire, si l'on peut parler ainsi, sur sa possibilité. En effet, l'existence, en tant que vie dans la possibilité, ne recouvre pas la simple subsistance de l'étant-présent mais elle ne peut pour autant être comprise comme projection de possibilités représentées, ce qui reviendrait encore à distinguer l'être du *Dasein* de sa possibilité. Autrement dit, l'existence du *Dasein* comme pouvoir-être signifie qu'il ne se rapporte à ses possibilités qu'en les étant,

1. *Le monde naturel et le mouvement de l'existence humaine*, p. 93.
2. Cf. MEH, p. 94.

c'est-à-dire en les accomplissant et que, par là-même, l'être de la possibilité consiste en sa *réalisation*. Comme l'écrit Patočka :

> Exister dans la compréhension, ce n'est pas nous *représenter* notre être, évoquer en esprit et évaluer nos projets et nos intentions. Exister dans la compréhension, c'est *être dans des possibilités*. Ce qui à son tour ne signifie pas que nous nous représentons différentes possibilités, différentes options, mais bien que nous les accomplissons, que nous les réalisons, que nous sommes continuellement non seulement *dans* mais encore *en avant de notre action* [1].

Patočka met donc l'accent sur la dimension de réalisation impliquée par la définition du *Dasein* et sa question propre porte précisément sur l'essence de la réalisation ou sur l'être de l'existence en tant qu'elle est réalisation. En effet, selon Patočka, le schéma de Heidegger ne résoud pas la question de la liaison entre « l'en-vue-de » et ce qui en découle sous les espèces de notre tâche concrète, c'est-à-dire la question de la réalisation de mes possibilités sous la forme d'un commerce avec le monde. Comme l'écrit Patočka :

> certes, tout ce que j'accomplis se fait en vue de mon être, mais en même temps il y a une possibilité *fondamentale*, qui doit m'être ouverte, une possibilité sans laquelle toutes les autres restent suspendues dans le vide, sans laquelle elles sont dépourvues de sens et irréalisables. Ce qui est premier, primordial, n'est donc rien de contingent, rien d'ontique, mais a, *en tant que possibilité première*, le statut ontologique de base de toute existence. C'est dire qu'il ne s'agit pas d'une possibilité parmi d'autres, mais bien d'une possibilité privilégiée, qui codéterminera dans son sens l'existence en son entier [2].

Il s'agit bien d'une possibilité ultime, déterminant toutes les autres, puisqu'elle est pour ainsi dire la possibilité de la réalisation des autres possibilités, la possibilité qui en commande l'effectuation ou l'accomplissement. Cette possibilité, en tant qu'elle possibilise les autres possibilités sous forme desquelles l'existence se réalise, n'est autre que le *mouvement* : « L'existence ne projette pas ses possibilités de manière à les avoir objectivement devant soi dans une re-présentation, mais bien en les réalisant, en les actualisant. [...] Pour cette raison, l'existence peut-être déterminée comme *mouvement* » [3]. Le mouvement définit le sens d'être de

1. MEH, p. 255.
2. MEH, p. 96.
3. MEH, p. 263. Cf. aussi MEH, p. 107 : « notre existence est de telle espèce, non seulement que le mouvement lui appartient par essence, mais qu'elle *est*, par toute sa nature, mouvement ».

l'existence en tant que celle-ci est, conformément à son sens, réalisation. Or, ajoute Patočka ailleurs : « La conception de l'existence en tant que mouvement implique que l'existence est *essentiellement corporelle* »[1]. Il faut donc reconnaître une corporéité inhérente à l'existence, dès lors que celle-ci est saisie en son être ultime comme mouvement : si le *Dasein* est vraiment ses possibilités, il n'a d'effectivité que comme réalisation motrice, ce qui signifie qu'il est essentiellement incarné. Ce que Patočka explicite parfaitement après avoir mis au jour l'exigence d'une possibilité ultime codéterminant dans son sens l'existence tout entière : « cette base ontologique, c'est la corporéité *comme possibilité de se mouvoir* »[2]. En effet, la liaison entre l'en-vue de et ce qui en découle sous les espèces de nos tâches concrètes est assurée par la « corporéité de la vie » : « ce que je peux faire est donné par ce qui me rend possible l'action en général, et c'est ma corporéité que je *dois assumer* avant toute les possibilités libres »[3]. L'en-vue-de de l'existence déclôt des possibilités originelles d'action qui déclosent à leur tour les choses intramondaines qui en sont les corrélats. De là une définition *existentiale* du corps : « Le corps est existentialement l'ensemble des possibilités que nous ne choisissons pas, mais dans lesquelles nous nous insérons, des possibilités pour lesquelles nous ne sommes pas libres, mais que nous *devons être* »[4]. Or, en tant que cette possibilité est une possibilité de base qui codétermine l'existence en son entier, il faut conclure que le mouvement corporel est l'existential le plus profond; lui seul rend compte de l'existence en sa spécificité, à savoir comme réalisation.

On le voit, le mouvement est ici le concept central permettant de justifier l'incarnation constitutive de l'existence et, par conséquent, de sortir des alternatives évoquées plus haut. Ce n'est pas parce qu'elle est incarnée que l'existence est mouvement – affirmer cela, comme Merleau-Ponty a tendance à la faire, reviendrait à se donner le corps au lieu de s'interroger sur son sens d'être – c'est au contraire parce que l'existence, qui est synonyme de réalisation, est en son fond mouvement, qu'elle s'incarne. Tout autant, c'est parce que le corps du *Dasein* est un corps moteur que le *Dasein* peut être en vue de lui-même, c'est-à-dire exister. Comme condition de possibilité de la réalisation, le mouvement est à la suture de l'existence et de l'incarnation et, en vérité, situé plus profondément que leur distinction. Il correspond à ce mode d'être que nous cherchions, où se

1. MEH, p. 105.
2. MEH, p. 96.
3. MEH, p. 96.
4. MEH, p. 94.

brouille le partage de l'existential et du catégorial : il est la modalité même sous laquelle le *Dasein* peut subsister dans le monde ou, inversement, la manière dont un corps échappe à la pure *Vorhandenheit* et ouvre un monde. Par-delà l'âme et le corps, plus profondément que l'existence et la chair, il y a le mouvement.

Encore faut-il s'entendre sur le sens de ce mouvement que nous avons reconnu au cœur de toute réalisation. Il est clair qu'il ne peut être compris au sens moderne et naïf d'un simple déplacement dans l'espace et donc que la reconnaissance d'une incarnation essentielle du *Dasein* est elle-même commandée par une ontologie du mouvement renouvelée. En d'autres termes, afin de passer de la réalisation du *Dasein* au mouvement, encore faut-il disposer d'un concept du mouvement qui puisse rendre compte de la réalisation. Or, c'est dans une confrontation avec Aristote que Patočka élabore un concept du mouvement qui vaille pour l'existence elle-même. Il va de soi en effet que le mouvement au sens des sciences modernes de la nature doit être écarté, dès lors qu'elles le conçoivent « non pas comme changement, mais comme structure mathématique essentiellement quantitative, dont le fondement est le trajet »[1]. La conception moderne du mouvement doit donc être comprise comme procédant d'une idéalisation objectivante du mouvement originel. Celui-ci est d'abord abordé à partir de la définition aristotélicienne, à savoir, selon les termes de Patočka, comme l'être-en-acte de la possibilité pour autant qu'il est dans la possibilité, c'est-à-dire actualisation de la puissance en tant que puissance. En effet, écrit Patočka, l'existence est :

> un mode d'être qui est *l'acte d'accomplissement de soi* – qui est son propre but, qui, à travers son action, fait retour à soi, qui est son propre acte dans et auprès de soi-même. L'existence est ainsi quelque chose comme un mouvement et, de même que le mouvement chez Aristote est passage de la possibilité à la réalité effective, passage qui est lui-même effectif, de même l'existence elle aussi est *vie dans la possibilité*[2].

Dans le mouvement aristotélicien, comme accomplissement effectif, être-en-vue de soi réalisé, puissance s'actualisant de telle sorte que quelque chose de son inachèvement demeure dans son actualisation, Patočka trouve bien un mode d'être convenant à celui de l'existence, dès lors que celle-ci a à être ce qu'elle est et existe donc sur le mode de son propre accomplissement. Néanmoins, la théorie aristotélicienne du

1. PP, p. 107. MEH, p. 102.
2. MEH, p. 250.

mouvement ne saurait être retenue comme telle et doit donc être radicalisée si on veut parvenir à rendre compte de l'existence en sa spécificité. En effet, le changement, qui est le véritable nom du mouvement, est un changement qui affecte un substrat qui, en tant qu'il est *ce qui* change, demeure le même à travers le changement. Cela revient à dire que ce qui s'accomplit dans le changement se précède dans le substrat sous forme de privation. Le changement vient donc accomplir une détermination qui était en un sens déjà là dans le substrat plutôt qu'il ne la produit ; il l'actualise plutôt qu'il ne la réalise. Telle est la limite d'une assimilation de la réalisation existentielle au mouvement aristotélicien. Alors que le mouvement aristotélicien ne fait que conduire à son actualité quelque chose qui demeure en un sens extérieur au mouvement, le mouvement de l'existence, quant à lui, fait être cela même qui est en mouvement par ce mouvement même, c'est-à-dire, en toute rigueur, le réalise ; alors que le mouvement aristotélicien actualise une possibilité qui était déjà là, le mouvement de l'existence fait naître la possibilité en la réalisant. Patočka le dit clairement :

> Le mouvement aristotélicien est un changement qui s'opère dans l'intervalle de contraires *donnés* : une couleur ne peut se changer qu'en une autre couleur, un son en son, une substance inanimée en substance animée et inversement. Le mouvement de l'existence est en revanche le projet des possibilités *en tant que* leur réalisation ; ce ne sont pas des possibilités données à l'avance dans une zone déterminant un « substrat ». Le « moi » n'est pas un substrat passivement déterminé par la présence ou l'absence d'un certain *eidos*, par une « figure » ou une « privation » ; il est quelque chose qui se détermine soi-même et, en ce sens, choisit librement ses possibilités [1].

C'est pourquoi Patočka critique de manière récurrente le maintien, chez Aristote, d'un substrat du mouvement qui l'empêche d'atteindre l'essence véritable de la mobilité. On n'accède à cette essence qu'à la faveur d'une radicalisation de la conception aristotélicienne, radicalisation qui requiert de renoncer à référer le mouvement à un substrat immuable pour le concevoir comme ce qui crée sa propre unité au lieu de la recevoir de ce substrat :

> Si, à la place de ce mouvement *à même quelque chose*, à la place de possibilités qui seraient la propriété, l'*avoir* d'un quelque chose identique qui en elles se réalise, l'on suppose plutôt que ce quelque chose *est* sa possibilité, qu'il n'y a en lui rien *avant* les possibilités et *sous-jacent* à celles-ci, qu'il ne vit intégralement que

1. MEH, p. 263.

par la manière dont il est dans ses possibilités – l'on aura une *radicalisation* du concept aristotélicien de mouvement [1].

Il faut donc concevoir un mouvement qui n'est pas la réalisation de quelque chose mais ce par quoi quelque chose advient. C'est la raison pour laquelle, aux yeux de Patočka, le type de mouvement que désigne le couple *genesis-phtora* (naissance-mort), loin d'avoir une signification pour ainsi dire métaphorique, doit être conçu comme ce qui délivre l'essence même du mouvement : c'est le mouvement de la substance, mouvement d'émergence et de disparition de l'étant, qui indique la voie vers l'essence du mouvement. Dire qu'une chose est *en* mouvement, c'est rigoureusement dire qu'elle *est* mouvement, au sens où son être n'est pas ce qui précède le mouvement en étant affecté par lui mais bien ce que le mouvement réalise. En d'autres termes, compris en sa vérité, le mouvement ne se déploie pas au sein de l'étant, il ne conduit pas d'un étant déjà là à une nouvelle détermination de ce même étant : il est le processus par lequel l'étant devient ce qu'il est – bref, il conduit l'étant à son être. Ainsi, à la conception aristotélicienne, qui se déploie encore au plan de l'étant, Patočka oppose une détermination *ontologique* du mouvement : celui-ci est toujours ontogénique, c'est-à-dire réalisation de ce qui n'était pas, sans quoi il ne serait plus mouvement mais substitution d'une détermination à une autre. Le mouvement doit être compris comme « vie originelle qui ne reçoit pas son unité du substrat conservé, mais crée elle-même sa propre unité et celle de la chose en mouvement. Seul le mouvement conçu de cette manière est mouvement *originel* » [2].

Nous sommes ainsi conduits à une situation pour le moins paradoxale, mais c'est en vérité l'essence du mouvement qui nous y contraint. En effet, sauf à s'en tenir à un flux héraclitéen – où on ne peut même plus parler de mouvement faute d'un point fixe de référence – il faut bien admettre que *quelque chose* se meut, c'est-à-dire change ou se réalise. Si le *Dasein* est bien réalisation de ses possibilités, ce sont néanmoins *ses* possibilités qui *se* réalisent. Il faut donc admettre que chaque moment du processus se donne comme moment de ce qui se réalise en lui, alors même que cela ne lui préexiste justement pas et n'existe que comme sa propre réalisation : les moments du mouvement se donnent comme moments d'un tout qu'ils sont précisément en train de constituer. Tel est le paradoxe : en tant que déterminé, le mouvement présuppose une unité qui n'existera qu'à son terme. Ou encore : pour le saisir comme mouvement, il faut disposer à

1. PP, p. 107. Cf. MEH, p. 103.
2. MEH, p. 103.

chaque étape d'une unité qui ne peut y être présente puisqu'elle ne sera que leur totalité. Ce paradoxe n'invalide pas la conception ontologique du mouvement; il révèle plutôt l'embarras de la pensée et du langage devant l'absolue singularité de ce mode d'être. Cette difficulté, notons-le, est celle-là même que rencontre toute analyse rigoureuse du temps – ce qui pourrait conduire à penser que c'est dans la temporalité elle-même qu'il faut rechercher l'essence du mouvement ontologique. En effet, les moments temporels se donnent comme moments d'une unité qui n'a pourtant d'autre contenu que leur déroulement même, c'est-à-dire qui n'est autre que sa propre unification dans et par ces contenus; comme le dit Gérard Granel à propos de la mélodie, elle fait surgir les sons sous ses pas, comme ce sur quoi pourtant elle pose les pieds [1]. Quoi qu'il en soit, ce n'est donc pas par hasard si Patočka fait appel à l'exemple de la mélodie pour décrire le mouvement de réalisation comme mouvement sans substrat, c'est-à-dire penser l'unité d'un processus où rien ne demeure :

> le mouvement de cette espèce fait penser au mouvement d'une mélodie ou, plus généralement, d'une composition musicale: chaque élément n'est qu'une partie de quelque chose qui l'excède, qui n'est pas là d'emblée sous une figure achevée, quelque chose plutôt qui, préparé dans toutes les singularités, demeure toujours, en un certain sens, à-venir, aussi longtemps que la composition se fait entendre [2].

Dans le mouvement de réalisation, comme identité de *ce qui* se réalise et de sa *réalisation* (de son accomplissement), l'unité de ce qui se réalise est comme sa propre imminence et ne se donne donc *en* chaque moment que comme ce qui va advenir *par* lui.

Ainsi, c'est bien à la lumière de ce que l'on pourrait appeler une *phénoménologie du devenir*, débouchant sur une refonte ontologique du concept de mouvement, que l'on se trouve en mesure de penser rigoureusement l'existence comme mouvement et, par là, de rendre compte de son incarnation constitutive. Le mouvement sans substrat, mouvement ontologique, selon les termes de Patočka, est le sens d'être ultime dont procède la distinction de l'existence et de la corporéité et vis-à-vis duquel l'une et l'autre apparaissent comme des abstractions. Il n'en reste pas moins que cette distinction fait sens – au point qu'elle a conduit à une frontière quasiment infranchissable au sein de la phénoménologie elle-même – et qu'elle a par conséquent un fondement phénoménal, sans quoi on ne comprendrait pas comment par exemple l'oubli de la chair, caractéristique

1. *Le sens du temps et de la perception chez Husserl*, Paris, Gallimard, 1968, p. 107.
2. PP, p. 108.

de l'approche heideggerienne, serait même possible. Il faut donc pouvoir en rendre compte. Or ceci est précisément envisageable à partir de la structure « paradoxale » du mouvement que nous venons de décrire. Si l'existence est de part en part mouvement, et par conséquent corporelle, il reste qu'il faut bien distinguer l'existence comme telle de la modalité sous laquelle elle s'incarne à chaque instant. Patočka lui-même fait la distinction entre les possibilités que je choisis, c'est-à-dire ce que je me fais être, et cette possibilité originaire donnée, qui possibilise les autres possibilités et qui n'est autre que la corporéité comme aptitude à se mouvoir. Il y a l'en-vue-de, qui est ultimement en-vue-de-soi, et il y a ce qui en découle sous les espèces de notre tâche quotidienne, c'est-à-dire les mouvements effectifs auxquels il donne lieu au sein du monde. Ainsi, il demeure nécessaire de maintenir la distinction, au sein même de leur unité, entre le mouvement de l'existence proprement dit et les mouvements concrets limités, corporels, auxquels celui-là donne naissance : puisqu'il est réalisation, le mouvement de l'existence appelle des effectuations motrices réelles. Ne nous y trompons pas. Il n'est pas question de réintroduire une distinction entre ce qui serait corporel et ce qui ne le serait plus (l'existence), entre un mouvement propre et un mouvement métaphorique, selon un partage qui, selon Heidegger lui-même, est caractéristique de la métaphysique. Il s'agit au contraire de comprendre que l'essence du mouvement comme réalisation implique la différence, qui est en même temps identité, entre une unité toujours à venir et toujours ouverte, celle du possible se réalisant, et les mouvements effectifs en et par lesquels cette unité se réalise. Nous comprenons donc que, si l'existence est bien corporelle par essence, cela ne revient pas à rabattre l'existence sur le corps (Merleau-Ponty) ni à résorber le corps dans l'existence (Heidegger) mais bien à comprendre que, en tant qu'elle est mouvement de réalisation, l'existence implique par essence un *dédoublement* entre le mouvement qu'elle *est* et les mouvements *en lesquels* elle se réalise, entre sa possibilisation et son incarnation. Leur relation est précisément celle, explicitée plus haut, d'une totalité qui ne se donne qu'à travers ce qui la compose, qui n'existe que comme sa propre imminence. C'est sans doute ce que voulait dire Patočka lorsqu'il notait :

> Il faut distinguer les mouvements *d'ensemble* des mouvements partiels et singuliers. Les mouvements d'ensemble tiennent au fait que notre vie *est* un mouvement, que notre être-au-monde est un *cheminement* continuel. Les mouvements d'ensemble peuvent être définis par leur orientation, par la ligne qui en découle et qu'ils décrivent. Les mouvements partiels et singuliers sont des kinestésies, des actions, dcs actes singuliers et instrumentaux, dans lesquels le mouvement total se retire et se concentre à un instant donné, qui en

> sont le véhicule, sans pour autant qu'il soit possible de composer le mouvement total à partir des mouvements partiels et singuliers [1].

Il nous reste à mesurer les conséquences de cette analyse qui, à la faveur d'un concept renouvelé du mouvement (de ce que l'on pourrait bien nommer une « dynamique phénoménologique »), atteint l'unité originelle de l'existence et de la corporéité et donc un plan qui précède le partage entre existentiaux et catégories. Tout d'abord, une telle analyse permet d'éclaircir le statut de la vie et, partant, le rapport de l'existence et de la vie, dont on sait qu'il demeurait énigmatique chez Heidegger dès lors que la prise en considération de la vie était à la fois requise (l'existence est une vie) et interdite, dès lors qu'elle exigeait de donner un statut à ce qui ne pouvait en avoir, à savoir à la corporéité. En effet, en tant qu'elle est corporelle, c'est-à-dire réalisation et donc mouvement, notre existence est nécessairement vitale : montrer que le mouvement incarné est l'existential originaire, c'est, si l'on peut dire, ramener l'existence à la vie ou plutôt saisir l'unité originaire de l'existentiel et de l'organique. C'est en tant qu'elle est mouvement que l'existence est vie ; c'est en tant que ce mouvement est essentiellement mouvement de réalisation que la vie est existence. En vérité, en un geste tout à fait aristotélicien, Patočka caractérise à plusieurs reprises le mouvement de réalisation comme « vie originelle » et il serait donc plus exact de dire que le mode d'être originaire du *Dasein*, c'est-à-dire de l'étant qui existe, c'est la vie elle-même. En un sens, corporéité et être-sa-possibilité sont deux versants ou deux déterminations déjà abstraites, parce que déjà contaminées par le clivage de la *res extensa* et de la *res cogitans*, d'un *unique mouvement vital*. Loin donc que la vie ne puisse être atteinte que privativement à partir de l'existence, c'est l'existence elle-même qui est une modalité de la vie, et on comprend par là-même que la vie soit accessible dans le *Dasein*, comme Heidegger le reconnaissait sans pouvoir le justifier puisque lui manquait la continuité ontologique de l'existence et de la vie par-delà le partage de l'existence et de la *Vorhandenheit*. Ainsi, selon un geste comparable à celui de Hans Jonas dans *The phenomenon of life*, on pourrait dire que Patočka substitue à une zoologie privative une anthropologie « additive » ou progressive en tant que l'existence est saisie à même la vie et que c'est dans le mouvement vivant que réside sa possibilité la plus propre. Il le dit clairement dans les *Papiers phénoménologiques* :

> Le mouvement premier et fondamental, celui sans lequel les autres ne seraient pas possibles, est ainsi quelque chose de relativement autonome. C'est le mouvement de la vie instinctive – mouvement

1. MEH, p. 106. Cf. aussi PP, p. 19.

initialement dépourvu de rapport au *mode d'être*, qui n'englobe ce rapport que secondairement et existe aussi, comme tel, de manière indépendante. L'être humain est lui aussi, comme l'animal, un être instinctivement sentant et affectif, qui s'ouvre au monde dans la passivité et la consonance et répond dans un mouvement réflexe aux stimulations qu'il en reçoit[1].

Encore faut-il ne pas se méprendre sur le sens d'une telle affirmation et ne pas faire de la vie quelque chose comme un substrat ou une première couche de l'existence au motif que l'existence, comme mouvement, a une signification vitale. Vie et existence ne se distinguent pas comme le substrat et ce qu'il porte, la matière et la forme ou le conditionnant et le conditionné : il s'agit du même mouvement fondamental, que l'on peut qualifier indifféremment d'existentiel ou de vital, de sorte que ce que la tradition a tendance a distinguer réellement, voire substantiellement, à savoir la vie (organique) et l'existence (spirituelle) renvoie à différentes modalités d'un même mouvement, ou, si l'on veut, d'une même existence fondamentale. En effet, la vie est, tout comme l'existence au sens strict (celui de Heidegger), en vue d'elle-même : « le cercle de l'existence (exister en vue de soi-même, en vue du mode de son être) contient toujours d'une certaine façon le cercle de la vie qui accomplit les fonctions vitales afin de faire retour en elle-même et de revenir à elle-même »[2]. Selon Patočka, la différence tient à ceci que, alors que la vie est en vue d'elle-même comme étant (Patočka délivre ici une détermination existentiale du besoin), l'existence est en en vue d'elle-même comme possibilité : « L'existence est une modification de la vie qui passe, de l'univocité instinctive à la plurivocité pratique, et pour qui il n'y va plus simplement d'elle-même en tant qu'étant, mais bien du *mode*, de la manière dont elle est, dont elle *effectue* son existence »[3]. Dans d'autres textes, Patočka saisira la différence non pas tant du point de vue de leur mode respectif de réalisation que de leur rapport à la phénoménalité, c'est-à-dire à la totalité : alors que l'animal est intégré à la totalité, de sorte qu'elle ne peut jamais devenir un objet pour lui, l'homme en est séparé et c'est parce que sa vie est vie contre la totalité qu'il est capable de perception[4]. Il resterait bien sûr à articuler et fonder ces caractérisations de la différence entre l'existence proprement vitale et l'existence humaine mais l'important ici est la reconnaissance d'une

1. PP, p. 108.
2. MEH, p. 105.
3. MEH, p. 105.
4. MEH, p. 175.

continuité fondamentale entre la vie proprement dite et l'existence au sens strict, en tant que moments d'un même mouvement de réalisation.

La détermination existentiale du corps comme « ensemble des possibilités que nous ne choisissons pas, mais dans lesquelles nous nous insérons, des possibilités pour lesquelles nous ne sommes pas libres, mais que nous *devons être* » conduit Patočka à renouveler profondément la phénoménologie de la perception, dans un sens qui correspond à une radicalisation des analyses merleau-pontiennes. Tant que l'on ne réfère pas la chair à l'existence, on se voit contraint de la penser comme un corps ou à partir du corps et l'on est alors nécessairement conduit à osciller entre une théorie de la perception qui met l'accent sur la passivité et la réceptivité du corps – c'est, pour ainsi dire, le moment empiriste – et une perspective qui doit dépasser le plan du corps au profit d'un acte psychique ou intellectuel afin de rendre compte de l'unité de l'objet (moment intellectualiste). Malgré tous ses efforts, Merleau-Ponty ne parvient pas à aller au-delà de cette étape encore négative consistant à caractériser l'intentionnalité perceptive pour ainsi dire en creux, par exclusion symétrique de l'empirisme et de l'intellectualisme – et cela parce qu'il ne passe pas à une détermination existentiale du corps, qu'il continue de considérer comme un fragment de matière organisée et sensible. Au contraire, en abordant la corporéité au plan existential, comme corporéité motrice, Patočka parvient à donner contenu et sens à l'intentionnalité corporelle que Merleau-Ponty reconnaissait à l'origine de la perception. Il l'affirme sans ambiguité :

> Nous ne pouvons comprendre le contact perceptif avec les choses que sur la base du mouvement de notre corps et en connexion avec lui. Ce contact n'est jamais un reflet passif des objets, mais bien la réponse d'un moi qui s'oriente activement et à qui cette activité est rendue possible par le pouvoir sur le corps dont tout sujet a immédiatement conscience. L'un des grands défauts de la psychologie empirique d'autrefois, c'est de n'avoir pas tenu compte du fait que la perception n'est pas seulement *accompagnée* de mouvements mais en fait partie intégrante et est elle-même mouvement [1].

Ainsi, en tant qu'elle relève du corps, la perception doit être réintégrée à l'existence et être donc référée à un certain type de mouvements. De même que l'existence est nécessairement incarnée en tant qu'elle est mouvement de réalisation, la compréhension qui la définit renvoie à cette compréhension plus originaire qu'est la perception, compréhension par laquelle les étants sont délivrés en leur présence immédiate. Dire que la perception relève du corps (de la chair), ce qui est incontestable, ce n'est pas la réduire

1. MEH, p. 6.

à un ensemble de sensations, corrélatives des organes correspondants : c'est la rapporter à un certain type de mouvements. Or, si le corps est, existentialement, l'ensemble des possibilités que nous ne choisissons pas, la perception devra être référée à des mouvements dont nous ne disposons pas librement, c'est-à-dire à des mouvements dans lesquels nous sommes en même temps mus : « ce contact affectif-impressionnel avec le monde demeure en-deçà du seuil de *nos* possibilités propres [...]. C'est un domaine dans lequel, plutôt que de nous mouvoir nous-mêmes en tant qu'êtres libres, nous sommes *mus*. Pour cette raison, c'est aussi la sphère propre de l'émotivité, de l'*e-motio*, dont l'étymon déjà contient l'idée de mouvement, d'émeute [*sic*], d'émoi »[1]. La dimension de passivité propre à la perception correspond rigoureusement à la part de non-liberté du mouvement qui la conditionne : dire que le sensible me touche ou m'émeut, c'est dire qu'en me mouvant vers lui, je suis mu. En vérité, l'activité et la passivité constitutives de la perception – que les perspectives classiques ne parvenaient à unifier qu'en les distribuant sur des plans différents (sensibilité et entendement etc.) – se concilient d'elles-mêmes dès lors qu'on pense la perception à partir d'un certain mouvement, mouvement sollicité ou mu. Le mouvement perceptif, que Patočka nomme « force voyante », est l'unité réalisée de l'activité et de la passivité. Ainsi s'esquisse, dans quelques fragments de Patočka, la perspective d'une approche existentiale de la perception, que Heidegger ne pouvait envisager dès lors qu'il demeurait implicitement prisonnier d'une conception naïve de la perception comme ce qui relève d'une vie corporelle versée au registre de la *Vorhandenheit* – mais que E. Straus, en revanche, développera. En tant que force voyante, la corporéité du moi doit, indique Patočka :

> renfermer quelque chose comme une clarté, une lumière au moyen de laquelle elle éclaire elle-même son chemin. Ce chemin est un mouvement vers et une pénétration dans le monde dont la possibilité est impliquée dans la force que résume le titre *moi*. Cette possibilité, ce sont les *champs sensoriels* dans lesquels peuvent apparaître les choses vers lesquelles l'énergie centrifuge se dirige et dans laquelle elle se jette. Les principaux sont au nombre de deux : un champ de contact et un champ de distance[2].

Or si, du point de vue de la physiologie, on peut les décrire comme des réalités entièrement distinctes, ayant leurs organes, leur canaux et leurs centres cérébraux respectifs, du point de vue de ce que Patočka nomme

1. PP, p. 102.
2. PP, p. 66.

« l'énergie vitale », il s'agit de deux possibilités fondamentales mises en œuvre par un même centre en vue des mêmes fins. Autant dire que le toucher (champ de contact) et la vue (champ de distance) sont des modalités de l'existence en tant qu'incarnée. Dans les deux champs, écrit Patočka, « ce sont deux tendances fondamentales de notre "lumière naturelle" qui s'accomplissent, l'une qui tend vers le rapprochement absolu, vers la pure présence de la chose elle-même, l'autre vers la vue d'ensemble, vers la synthèse, vers la clôture à l'intérieur d'un tout anticipateur »[1].

Pour novatrice et éclairante qu'elle soit, cette perspective n'est pas sans poser une série de problèmes, sur lesquels je voudrais conclure. Comme j'ai tenté de le montrer, c'est bien grâce à un concept renouvelé du mouvement issu d'une méditation de l'aristotélisme, que Patočka parvient à concilier la différence existentiale du *Dasein*, dont dépend la possibilité de la constitution transcendantale, avec sa subsistance au sein d'un monde, c'est-à-dire finalement avec sa chair. Compris comme réalisation, le mouvement désigne un sens d'être plus profond que la partition des existentiaux et des catégories, qui permet par là-même de rendre compte de l'essence de l'homme vivant en tant que cette partition s'y trouve brouillée. Mais quelle est la signification précise de ce concept de mouvement et de la corporéité qui lui est corrélative ? Quelle est exactement leur extension ? Faut-il l'entendre au sens très singulier d'un mouvement vivant radicalement différent des mouvements des étants qui ne sont pas à la mesure du *Dasein*, c'est-à-dire des corps tout simplement ? Dans ce cas, la démarche de Patočka consisterait à donner un sens à l'incarnation du *Dasein* par le recours à un concept spécifique du mouvement, c'est-à-dire à approfondir la singularité ontico-ontologique du *Dasein* en prenant en considération les conditions de sa réalisation. Faut-il au contraire entendre le mouvement en un sens générique qui engloberait aussi bien le mouvement de l'existence que celui de la pierre qui tombe, ce qui justifierait la continuité, avérée au moins sémantiquement, entre mon corps et les corps ? Dans ce cas, c'est bien la différence du *Dasein* vis-à-vis des autres étants qui se trouverait compromise et, avec elle, la structure de corrélation qui caractérise l'analyse phénoménologique, si bien que, par une sorte de long détour qui coïnciderait avec le retour de la subjectivité transcendantale démondanéisée vers le monde, l'on se retrouverait dans la situation pré-phénoménologique d'une existence humaine dont le mode d'être ne se distinguerait pas fondamentalement des autres étants du monde. Or, il semble bien que ce soit la voie qu'emprunte Patočka. Loin de se donner exclusivement

1. PP, p. 66.

comme un approfondissement de la spécificité du *Dasein*, la caractérisation du mouvement comme réalisation apparaît bien plutôt comme une manière d'accéder à l'essence de tout mouvement et la dynamique phénoménologique comme une introduction à la cosmologie. Le fragment du livre sur Aristote livré en note des *Papiers phénoménologiques* par E. Abrams est, à cet égard, très révélateur. Qu'Aristote emprunte les concepts de sa métaphysique au monde humain, et que sa démarche relève de l'anthropomorphisme est incontestable, remarque Patočka. Mais encore faut-il s'entendre sur la signification de cet anthropomorphisme. Les structures humaines dégagées par Aristote sont-elles projetées sur une nature qu'elles recouvriraient ou déformeraient, ou bien sont-elles au contraire des modalités de structures essentielles, vis-à-vis desquelles elles constitueraient une voie d'accès privilégiée ?[1]. Patočka répond sans ambiguité :

> Si l'anthropomorphisme signifie un *subjectivisme*, l'intention d'Aristote est tout le contraire. Il ne se propose pas de subjectiver le monde, de l'« animer » et de le « spiritualiser ». Au contraire, il tente de découvrir des structures *asubjectives* à même d'englober et d'expliquer aussi, à partir des principes les plus universels, les phénomènes humains, la compréhension et le comportement humain, des choses aussi propres à l'homme que la vie dans la vérité, la volonté et l'acte de se décider[2].

Il s'agit de trouver une *commune mesure* entre le monde et l'homme, d'éviter la scission produite par le platonisme ou le cartésianisme, bref de comprendre l'homme comme un cas particulier de structures ontologiques générales. Or, Patočka mentionne justement le mouvement, « mouvement ontologique » radicalement différent de celui des sciences modernes de la nature, comme exemple privilégié de structure permettant de jeter un pont entre l'humain et l'extra-humain. Même s'il s'agit d'une interprétation d'Aristote, il ne fait pas de doute que c'est sa propre démarche que Patočka est en train de caractériser ici. Les dernières phrases du fragment cité ne laissent subsister aucun doute : « De nos jours, alors que la philosophie cherche à nouveau un fondement ontologique asubjectif, Aristote

1. Aristote lu par Patočka se rencontre ici avec Hans Jonas qui, dans *The phenomenon of life*, récuse le rejet de l'anthropomorphisme et propose un anthropomorphisme pour ainsi dire positif, qui découvre en l'homme une voie d'accès privilégiée à l'Être : « Peut-être, si on l'entend correctement, l'homme *est*-il après tout la mesure de toute chose – non pas il est vrai de par la législation de sa raison mais de par le modèle constitué par sa totalité psychophysique qui représente le maximum de complétude ontologique connue de nous », trad. D. Lories, Bruxelles, De Boeck, 2001, p. 33.

2. PP, p. 30.

dédogmatisé est, pour cette raison, actuel »[1]. Le mouvement, défini par Patočka comme réalisation, à la faveur d'un approfondissement du mouvement ontologique aristotélicien, apparaît bien comme une structure ontologique générale susceptible de rendre compte du mouvement de l'existence. Loin que celui-ci soit un mode d'être exclusivement humain dont l'attribution à la nature relèverait d'une projection subjective contrevenant au partage des modes d'être (telle serait finalement la position de Heidegger), le mouvement de l'existence n'est qu'un cas, sans doute éminent, d'une essence générale du mouvement comme réalisation. Ce qui vaut pour l'homme vaut donc aussi pour ce qui n'est pas l'homme, et c'est parce que le mouvement de l'existence est éminemment mouvement qu'il peut constituer une voie d'accès privilégiée aux autres mouvements. Corrélativement, ma chair est aussi un corps et c'est à ce titre qu'elle peut apporter un éclairage sur les autres corps. C'est ce que Patočka suggère à plusieurs reprises. Il pose, dans les *Papiers phénoménologiques*, la question suivante : « Peut-être le mouvement originaire n'est-il pas le changement de *lieu* des *choses*, mais bien plutôt cet élan dynamique qui porte l'existence hors d'elle-même, qui fait qu'elle est toujours déjà hors de soi, qu'elle s'est excédée *en direction des choses*, qu'elle est devenue une *force voyante* »[2]. Sans aucun doute, la conception moderne du mouvement est dérivée et abstraite et requiert donc une détermination ontologique, qui nous est délivrée au sein de notre propre existence mais qui ne vaut pas exclusivement pour elle. Comme chez Aristote, le mouvement conçu comme réalisation est bien pour Patočka une structure « asubjective » à même d'englober et d'expliquer les phénomènes humains et, en particulier, l'essence du *Dasein*. La phénoménologie du mouvement, saisi d'abord à même notre existence, a incontestablement une portée ontologique :

> L'ontologie de la vie peut être élargie en ontologie du monde si nous comprenons la vie comme mouvement au sens originel du terme – ce mouvement dont Aristote était sur la piste avec son concept de *dunamis réalisée*. Si la *dunamis* vue comme substrat, arrachée à la spatio-temporalité et réintégrée de force dans le cadre présent-subsistant de la substance, est privée d'une partie de sa portée ontologique, *la vie humaine en tant que dunamis*, en tant que possibilité qui se réalise, est en revanche à même de restituer aux concepts d'espace, de temps, de mouvement, leur signification ontologique originelle[3].

1. PP, p. 31.
2. PP, p. 72.
3. MEH, p. 102.

Mais ne restaure-t-on pas ainsi, sous une forme certes plus élaborée, la naïveté ontologique contre laquelle la phénoménologie tout entière se construit? Celle-ci en effet, que ce soit chez Husserl ou chez Heidegger, vise à reconduire la phénoménalité, sens d'être de l'Être, à un étant singulier, conscience ou *Dasein*, dont le mode d'être ne peut être celui des étants mondains dont il conditionne l'apparition. Comme Husserl l'affirme fortement dans la *Krisis*, la phénoménologie porte au premier plan la *corrélation* entre l'étant transcendant et ses modes subjectifs de donnée. Cela signifie qu'il y a une distance ou une déchirure irréductibles, constitutives de la phénoménalité, entre l'apparaissant et l'étant sur lequel repose ses apparitions, de sorte que la recherche d'un sens univoque de l'Être, qui embrasserait l'étant apparaissant et le « lieu » de la constitution, est dépourvue de pertinence. La difficulté est plutôt de penser la différence de l'étant conditionnant l'apparition de telle sorte que son « étantité », c'est-à-dire son intramondanéité, ne soit pas compromise par cette différence. C'est en effet à cette condition, qui n'est pas réalisée par Husserl, que la transcendance de ce qui est constitué peut être préservée : seul un sujet qui est *du* monde peut s'ouvrir *au* monde en la plénitude de son sens. Il s'agit donc de penser ensemble la continuité ontologique du sujet humain vis-à-vis du monde et leur dénivellation ontologique, et nous avons indiqué que si c'est bien ce que Heidegger vise, il n'est pas sûr qu'il parvienne à rendre compte, à partir du *Dasein* lui-même, de cette continuité, c'est-à-dire de son intra-mondanéité. Or, c'est incontestablement ce à quoi s'attache la philosophie de Patočka, sur la base de ce que l'on peut appeler une dynamique phénoménologique. Seulement, en caractérisant le *Dasein* par un mouvement où se fait jour l'essence de tout mouvement mondain, Patočka n'engage-t-il pas la phénoménologie dans la voie d'un monisme cosmologique où se perdrait la différence d'être du *Dasein* et, partant, la possibilité même de la corrélation? Il est vrai qu'il ne s'agit en aucun cas d'un retour à une ontologie naïve qui fonderait la continuité de sens d'être des étants sur leur substantialité. Au contraire, la théorie patockienne du mouvement permet de penser une intramondanéité qui ne soit pas fondée sur la substantialité, et qui ne compromette donc pas la différence du *Dasein*. Mais tout se passe comme si, en explicitant le mode d'être du *Dasein*, en en justifiant pleinement la différence vis-à-vis de la *Vorhandenheit*, Patočka se trouvait contraint de restaurer une continuité ontologique sur un autre plan, celui, découvert à la faveur de l'analyse du mouvement, d'une cosmologie. Déterminer le sens d'être ultime du *Dasein* comme mouvement de réalisation, c'est en compromettre l'*unicité* au moment même où se trouve pleinement mise au jour sa *singularité*, comme si une détermination rigoureuse du sens d'être du sujet de l'apparition avait pour contrepartie une mise en question de la déchirure inhérente à la corrélation, comme si, par conséquent, on quittait la phénoménologie au moment même où l'on parvenait à en fonder la possibilité. La question ultime est donc la suivante : est-il possible, et à quelles conditions, de rendre compte de la différence entre l'apparaissant et le sujet des apparitions sur la base de la cosmologie moniste ouverte par cette philosophie du mouvement ? Le concept de mouvement comme réalisation nous permet-il de maintenir la différence originaire entre le mouvement de l'existence et les étants qu'il fait paraître ? Comment l'univocité du concept ontologico-cosmologique de mouvement peut-elle se concilier avec la corrélation et donc la différence de sens d'être constitutive de la phénoménologie ? Bref, le monisme cosmologique esquissé par Patočka à la faveur d'un approfondissement sans précédent du sens d'être du sujet humain vient-il menacer le projet phénoménologique ou en constitue-t-il au contraire l'accomplissement le plus radical ?

DEUXIÈME PARTIE

CHAPITRE VII

PHÉNOMÉNOLOGIE ET ONTOLOGIE DE LA VIE

Sous un titre beaucoup trop général et ambitieux, je voudrais en réalité m'interroger sur l'extension du champ de ce que l'on entend par phénoménologie, sur la possibilité de principe de circonscrire un espace de la phénoménologie, marqué par des frontières assignables qui la distingueraient de ce qui n'est pas elle. On peut dire, à la suite de Ricœur, que la phénoménologie traite la manière d'apparaître des choses comme un problème autonome, qu'elle se propose donc de mettre au jour l'apparaître comme tel. En vérité, il ne s'agit pas seulement d'être attentif à la dimension de l'apparaître, de l'« il y a » dirait Merleau-Ponty, mais de tenter d'en dégager des moments constitutifs, bref une structure essentielle. Or, parce que l'apparaître est apparaître de quelque chose, parce qu'il se cristallise toujours dans un apparaissant, où se voilent les structures qui le font précisément apparaître, parce que, pour ainsi dire, le spectacle fait oublier la scène, la mise en scène et l'éclairage, l'accès à l'apparaître comme tel est loin d'aller de soi ; c'est au contraire la chose la plus difficile qui soit. Telle est la tâche à laquelle la phénoménologie se confronte : elle fait apparaître l'apparaître en le détachant de l'apparition où il se cristallise ; elle est monstration de la phénoménalité selon son *eidos*. Tel est le sens de l'*épokhé* phénoménologique et c'est pourquoi elle est à la fois l'acte de naissance et la tâche, toujours à reprendre, de la phénoménologie. Elle est définie par Husserl comme une suspension de la thèse d'existence du monde, ce qui signifie qu'elle interdit toute position d'un apparaissant ; par là, en libérant le regard de l'emprise de ce qui apparaît, elle lui permet de se tourner vers l'apparaître comme tel, vers l'élément même dans et par lequel quelque chose peut être reconnu comme étant.

Une telle démarche semble fonder la spécificité et l'autonomie de la phénoménologie vis-à-vis des autres disciplines philosophiques : dans la mesure où elle repose sur une suspension de toute thèse d'existence, il est clair qu'elle ne peut prendre position au sein du champ de l'existant et se prononcer sur la nature ou la structure de cet existant. Ce qui lui importe, ce n'est pas ce qu'est en vérité ce qui est, la nature de ce qu'il y a, mais plutôt la manière dont nous y avons accès, c'est-à-dire comment ce qu'il y a peut se donner comme tel. C'est en ce sens que la phénoménologie est étrangère à la métaphysique et s'interdit, au moins chez Husserl, toute incursion au sein du champ de la métaphysique. La spécificité de la phénoménologie est donc d'ordre *méthodologique* : elle ne se distingue pas des autres philosophies par la singularité de sa position concernant la nature de ce qui est mais plutôt par le fait qu'elle abandonne le plan de l'apparaissant pour se consacrer à la détermination d'une méthode d'accès à l'apparaître. Or, puisque la philosophie était jusqu'alors comprise comme métaphysique et qu'il est pourtant incontestable que l'*épokhé* phénoménologique répond à une véritable exigence philosophique, c'est bien la sens même de la philosophie qui se voit radicalement renouvelé avec la phénoménologie.

Si cette présentation de la phénoménologie est sans doute satisfaisante au moins en ce qu'elle permet d'en circonscrire *a priori* la frontière, elle me paraît pourtant contestable et c'est cette réserve que je voudrais développer ici. Ce qui est ici en question, c'est la possibilité de distinguer un plan purement méthodologique, phénoménologique au sens strict, d'un plan philosophique et, pour tout dire, métaphysique. Il me semble – telle est la thèse que je vais tenter d'esquisser – que si l'on prend vraiment au sérieux le projet husserlien de détermination de la phénoménalité du phénomène et si, par conséquent, l'on assume radicalement l'*épokhé*, on assiste à une sorte de brouillage de la frontière entre la phénoménologie et ce qui n'est pas elle et l'on est conduit à mettre en question l'autonomie de la phénoménologie vis-à-vis de la philosophie. En d'autres termes, en déterminant la phénoménalité du phénomène sans présupposés, on se trouve conduit à y introduire à titre de moment constituant une dimension *vitale* qui renvoie à quelque chose comme une philosophie de la nature, comme si la prise en compte exigeante de la transcendantalité exigeait d'y faire apparaître une empiricité d'un ordre supérieur. Or, s'il en est ainsi, il faut conclure que l'aptitude de Husserl à circonscrire un champ clos de la phénoménologie et à en décrire en quelque sorte l'élément – qui est, on le sait, celui de la conscience et de ses vécus – procède paradoxalement d'une insuffisante radicalité dans la détermination de l'apparaître. Ainsi, c'est la méthode, rigoureusement assumée, qui conduit à son dépassement dans une philosophie de la vie et c'est, inversement, une insuffisante rigueur méthodologique qui conduit à conférer à la phénoménologie une fausse autonomie.

Dans les textes « classiques » de Husserl, l'*épokhé*, définie comme neutralisation de la thèse d'existence, débouche sur une *réduction* de la phénoménalité à la sphère de la conscience, c'est-à-dire sur la détermination de la phénoménalité du phénomène comme être-constitué dans la subjectivité transcendantale. L'apparaître est l'œuvre d'une conscience et de ses actes et la phénoménologie peut alors être définie comme une eidétique de la région conscience, région originaire ou absolue en ceci que toutes les autres régions se constituent en elle. Or, comme Patočka l'a montré de manière convaincante, cette orientation subjectiviste de la phénoménologie n'est pas imposée par la tâche qu'elle s'est assignée ; elle est plutôt la conséquence d'un présupposé qui la maintient en-deçà des exigences de cette tâche. En référant la phénoménalité à une conscience constituante, Husserl en trahit le sens. Il est incontestable que l'apparaître comporte une dimension « subjective » en ceci que le monde se donne toujours selon une perspective, que ce qu'il y a se manifeste à travers des moments non chosiques, des « aspects » qui, s'ils expriment la position du sujet percevant, n'en sont pas moins des aspects de l'objet qui s'effacent à son profit, nous y initient et, à ce titre, sont absolument objectifs ou, si l'on veut, transcendants. Il faut seulement faire la différence, au sein du monde, entre les moments médiateurs, subjectifs en tant qu'ils reflètent la position d'un percevant, et la chose médiatisée. Mettre au jour la phénoménalité comme telle, c'est remonter de l'objet médiatisé aux moments d'apparition, c'est-à-dire aux aspects qui renvoient certes à un centre de perspective mais ne possèdent aucune autonomie, aucune réalité propre au regard de l'objet manifesté puisqu'ils sont de part en part monstration, c'est-à-dire auto-effacement. Or, la difficulté de l'analyse de Husserl tient à ceci qu'il ne parvient pas à s'en tenir aux traits descriptifs du champ phénoménal, à l'étrange relation que celui-ci entretient avec l'apparaissant puisque, s'il n'est pas l'apparaissant mais bien ce par quoi il apparaît, il n'est pourtant rien d'*autre* : la phénoménalité a ainsi pour contenu sa propre négation ou son propre effacement, elle est l'unité d'elle-même et de son autre. Dès lors, Husserl est conduit à donner un contenu et une réalité spécifique à ces moments d'apparition : ils seront définis comme des vécus immanents, des contenus primaires sur la base desquels l'objet est constitué. De là la nécessité d'introduire une nouvelle classe de vécus, les noèses, qui auront pour fonction propre de constituer l'objet sur la base des donnés hylétiques, c'est-à-dire d'assurer le passage de l'apparition à l'apparaissant. En conférant aux moments médiateurs une réalité positive et une région propre, celle de la sphère d'immanence, en étayant pour ainsi dire l'apparaître sur cet étant spécifique qu'est la conscience, Husserl introduit une scission au sein de la phénoménalité et sépare ainsi l'aspect de sa puissance monstrative. On assiste alors à un déplacement du sens du subjectif :

> alors que subjectif était pris d'abord au sens du langage courant, désignant le phénoménal (et, en ce sens, « objectif ») qui prend en considération les perspectives, les modes de donation, les caractères positionnels de modalisation, notre approche des choses, à la différence des choses en elles-mêmes (qui sont sans perspective), le subjectif comme vécu est distingué du phénoménal qui apparaît dans le vécu [1].

Corrélativement, la question du mode de donation des choses dans les aspects perspectifs objectaux devient celle de la *constitution* de l'objectité dans des vécus donnés adéquatement au sein de la sphère d'immanence. Ce qui entraîne une double difficulté. Tout d'abord, comment rendre compte du sens de transcendance de l'objet, dès lors qu'il est constitué par une noèse sur la base d'une *hylé* ? Comment le vécu, originairement donné à soi-même dans la réflexion, peut-il faire apparaître une transcendance véritable ? La constitution ne permet pas de restituer le sens d'être de ce qui a été neutralisé dans l'*épokhé*. D'autre part et surtout, cette série de décisions révèle une certaine inconséquence, c'est-à-dire un manque de radicalité dans la mise en œuvre de l'*épokhé*. En effet, référer le champ de la transcendance à la région conscience, c'est-à-dire aux vécus au sein desquels elle est censée se constituer, c'est fonder l'apparaître sur un certain apparaissant, c'est emprunter au constitué la structure de la vie constitutive et transgresser ainsi la règle imposant de neutraliser toute position d'un apparaissant. Comme le dit Patočka, « il y a un champ phénoménal, un être du phénomène comme tel, qui ne peut être réduit à aucun étant qui apparaît en son sein et qu'il est donc impossible d'expliquer à partir de l'étant, que celui-ci soit d'espèce naturellement objective ou égologiquement subjective » [2]. En vérité, l'apparaître du vécu à la conscience ressortit aux structures générales de l'apparaître et il donc nécessaire de rendre compte de ces structures en tant que telles au lieu de les référer d'emblée au vécu ; bref, l'*épokhé* doit porter tout autant sur la conscience que sur la réalité naturelle.

1. *Qu'est-ce que la phénoménologie ?*, trad. E. Abrams, Grenoble, J. Millon, 1988, p. 207.
2. *Ibid.*, p. 239.

Cependant, on montrerait sans peine que cette détermination de la phénoménalité, que l'on pourrait qualifier de subjectivisme, est la conséquence ou, tout au moins, la contrepartie d'une certaine forme d'objectivisme et de rationalisme. Dans sa description de la donation par esquisses, dans les *Ideen I* par exemple, Husserl insiste sur le fait qu'il s'agit d'une détermination *eidétique*. Que la chose se profile dans des esquisses toujours incomplètes n'est pas la conséquence des limites d'un entendement qui, en droit, pourrait s'approprier l'objet en transparence; c'est un trait constitutif de la réalité, de sorte que Dieu lui-même percevrait la chose par esquisses. Autrement dit, l'esquisse ne donne l'objet qu'en le repoussant dans la profondeur, elle ne le présente que comme imprésentable : le caractère partiel de cette donation n'est pas une négation de l'objet mais bien la condition de son apparition. C'est en ce sens que l'esquisse n'est pas un signe ou une image mais la chose même, selon une certaine perspective; dans l'esquisse, l'objet n'est pas signifié ou représenté : il se montre. Patočka est donc parfaitement fidèle à l'inspiration husserlienne lorsqu'il dit que les aspects, quoique partiels et variables, sont *objectifs* : l'esquisse est la présence même de l'objet d'un certain point de vue et sa « subjectivité » se confond rigoureusement avec sa partialité. Or, s'il est vrai que l'impossibilité de principe d'une donation exhaustive de l'objet conduit à penser l'esquisse comme moment et pas seulement image de l'objet, on peut conclure que, inversement, la subjectivation de l'esquisse ne peut être que la conséquence du maintien d'un horizon de donation adéquate de l'objet. Autrement dit, c'est parce que l'objet est posé, par-delà son mode singulier d'apparaître, comme susceptible d'une détermination exhaustive que l'esquisse, où il se présentait lui-même comme imprésentable, se dégrade en apparence, c'est-à-dire en réalité subjective. Au regard d'une donation adéquate possible, la partialité de l'esquisse ne peut signifier que son inadéquation : l'objet n'y étant pas présent tel qu'il est en lui-même, il ne peut y être présent *lui-même* – ce qui revient à dire que l'esquisse n'est plus qu'une image subjective. L'esquisse se voit donc déportée du côté de la conscience dans la mesure exacte ou l'apparaissant est déporté du côté de l'objet rationnel, c'est-à-dire subordonné à l'horizon d'une donation adéquate. On montrerait sans difficultés que c'est bien ce qui arrive chez Husserl. Dès les *Recherches Logiques* apparaît la tension entre deux définitions de l'objet : l'une, issue de la phénoménologie de la perception, qui le comprend comme ce dont une donation adéquate est par principe impossible; l'autre, issue de la phénoménologie de la raison et soumise au principe de l'absence de limites de la raison objective, qui le conçoit comme ce qui est en droit susceptible d'une détermination exhaustive[1]. On le voit, la subjectivation de la phénoménalité est la contrepartie de la soumission de l'objet aux exigences de la raison. L'esquisse est confondue avec un vécu dans la mesure exacte ou ce qui est esquissé est conçu comme un objet susceptible d'une connaissance adéquate : l'apparaître est référé à la région conscience car l'apparaissant est, en dernière analyse, l'objet rationnel. Par là même, la fonction ostensive de l'esquisse s'efface derrière son pouvoir déformant. Ainsi se trouve brisée l'unité originaire de la phénoménalité où le caractère lacunaire de l'apparition ne faisait pas alternative avec la présence « en chair » de l'objet (quoique partielle, l'esquisse peut montrer l'objet lui-même car le propre d'un objet transcendant est précisément d'être inépuisable).

On le voit, la détermination husserlienne de la phénoménalité n'est pas rigoureusement fidèle au principe, défini par l'*épokhé*, de mise entre parenthèses de toute position ontique, de tout objet apparaissant. Au contraire, la phénoménologie constitutive est doublement tributaire de l'apparaissant, sous la forme du vécu positif et sous celle, corrélative, de l'objet rationnel, pôle de déterminabilité intégrale. Sa description de l'apparaître est en réalité commandée par cette double référence, c'est-à-dire soumise à une certaine idée de l'apparaissant, à une certaine ontologie implicite, qui n'est finalement que l'ontologie naïve de tout rationalisme. Husserl ne met pas au jour l'apparaître comme tel mais décrit un apparaître tel qu'*un certain type* d'apparaissant, à savoir l'objet de la connaissance rationnelle, puisse se montrer. Autant dire qu'il ne remet jamais en question le fait que la perception est une espèce de connaissance. Percevoir, c'est s'approprier les traits constitutifs de l'objet et c'est pourquoi les modes de manifestation de l'objet sont conçus, selon une perspective résolument empiriste, comme des contenus sensibles.

Une phénoménologie rigoureuse, qui vise à mettre au jour la phénoménalité comme telle, c'est-à-dire une structure de l'apparaître qui ne doive rien à l'apparaissant, doit donc mettre en œuvre une *épokhé* absolument radicale, qui permette de neutraliser toute référence subreptice à l'apparaissant. Or, une telle *épokhé* suppose que l'attitude naturelle soit ressaisie à un niveau plus profond que celui où Husserl la situait, à savoir non seulement comme thèse d'existence du monde mais comme caractérisation incritiquée du monde en termes d'objets déterminables, comme

1. « À tout objet "qui existe véritablement" correspond par principe l'idée d'une conscience possible dans laquelle l'objet lui-même peut être saisi de façon originaire et dès lors parfaitement adéquate » *Idées directrices pour une phénoménologie*, trad. P. Ricœur, Paris, Gallimard, 1950, p. 478.

soumission de la phénoménalité à l'étant rationalisable. En effet, si l'*épokhé* husserlienne neutralise l'existence du monde, elle ne va jamais jusqu'à remettre en question le fait que ce qui est susceptible d'exister ce sont des objets, c'est-à-dire des entités closes et déterminables. Cette constatation conduit à une radicale reformulation de l'*épokhé*. La seule manière d'échapper à cette référence à l'objet, à cette « ontification » de l'apparaître, c'est d'en ressaisir la source. Or, il me semble que celle-ci réside dans la mise en œuvre, spontanée et ininterrogée, du principe de raison suffisante : l'Être est ressaisi depuis la question « pourquoi y a-t-il quelque chose plutôt que rien ? », c'est-à-dire profilé sur fond de néant. En cela, Husserl n'échappe pas à la métaphysique au sens où Bergson l'entend : l'Être est saisi comme venant se détacher sur un néant préalable et par conséquent comme ce qui doit posséder une richesse de détermination, une plénitude telles qu'il puisse précisément s'opposer au néant, résister à sa menace. L'Être doit être aussi pleinement que le néant n'est pas et c'est la raison pour laquelle il ne saurait comporter la moindre indétermination, la moindre négativité. Bref, l'Être est caractérisé comme pur *objet*, comme ce qui est en droit pleinement déterminable car venant s'ajouter à un néant d'être, de sorte que s'il n'était pas objet il ne serait pas du tout. C'est ce présupposé qui commande ultimement la soumission subreptice de la phénoménalité à la figure de l'objet et c'est donc lui qui doit être neutralisé dans l'*épokhé*.

On le voit, le déplacement subi par l'*épokhé* est assez radical : elle ne porte plus sur l'existence du monde mais bien sur le néant comme ce qui commande ultimement la détermination implicite de cette existence en termes d'objet. L'*épokhé* ne vise plus une thèse positive, elle ne néantise pas ; elle s'exerce au contraire contre la négativité même et ramène donc du néant à une nouvelle forme de « positivité ». En effet, en marquant ainsi une sorte de pas en arrière, l'*épokhé* donne accès à un domaine qui a le statut d'*a priori* de la phénoménalité et qui ne peut plus être celui d'une subjectivité transcendantale, résidu d'une neutralisation du monde. Quel est donc le « résidu » de l'*épokhé* ainsi reformulée ? Neutraliser tout néant préalable, sur lequel se détacherait tout ce qui peut être, c'est mettre au jour une structure nécessaire d'*englobement* : ce qu'il y a est englobé par un champ déjà là, qui ne peut lui-même être clos, sauf à réinstaurer la priorité du néant. Apparaître, c'est être inscrit dans une totalité englobante, c'est surgir, non pas de rien mais de quelque chose. Autant dire que l'*épokhé* ainsi reformulée donne accès à l'*appartenance* comme structure *a priori* de la phénoménalité : apparaître c'est se détacher sur fond de, c'est appartenir à. Il faut l'entendre au sens d'une nécessité eidétique, révélée précisément par l'*épokhé* : en effet, cela ne signifie pas seulement que, de fait, toute apparition a lieu sur fond de réalité préalable, mais bien qu'une apparition qui ne surgirait de rien serait une contradiction pure et simple, bref que l'essence de l'apparaître implique la référence à un champ d'appartenance. Or, qu'est-ce que cet Englobant ultime qui s'englobe lui-même, qui ne peut jamais être totalisé, c'est-à-dire bordé par le néant, sinon le *monde* lui-même ? Mettre au jour l'appartenance comme structure constitutive de l'apparaître, c'est saisir le monde lui-même comme *a priori* de la phénoménalité : le monde est ce contenu qui n'est contenu pas rien, qui est donc pure contenance et, à ce titre, est en même temps forme pour tout ce qui peut être. Il n'est pas somme, dit Patočka, « mais totalité préalable. On ne peut en sortir, s'élever au-dessus de lui. Le monde est, par tout son être, *milieu*, à la différence de ce dont il est le milieu. Pour cette raison, il n'est jamais objet. Pour cette même raison, il est unique, indivisible »[1]. Ainsi, comme l'écrit encore Patočka en substance, la forme de monde (*Weltform*) de l'expérience est ce qui rend possible une expérience du monde[2], ce qui revient à dire que toute apparition est par essence coapparition d'un monde. Encore faut-il s'entendre sur cette formule et comprendre que la dimension constitutive de la forme-monde pour l'apparaître procède de la structure d'appartenance. En effet, l'appartenance ne doit pas être conçue comme une relation d'englobement entre deux réalités préalablement données : ce serait manquer la signification *a priori* de l'appartenance et, corrélativement, penser le monde comme accessible en lui-même, c'est-à-dire le dégrader au plan d'un étant intramondain. Or le monde est impliqué dans la structure de l'apparaître, dont il est un moment. Ce n'est donc pas parce que l'apparition se détache sur fond de monde qu'elle est caractérisée par la structure d'appartenance ; c'est au contraire *parce qu'elle est caractérisée par cette structure qu'elle est nécessairement coapparition d'un monde.* Corrélativement, ce monde n'apparaît jamais lui-même – il faudrait alors poser un autre monde dans lequel il s'inscrit : il est impliqué dans l'apparition comme l'Englobant absolu, c'est-à-dire comme ce qui n'apparaît pas comme tel. Il ne se présente que comme imprésentable, il est l'invisible, au sens où l'entendait Merleau-Ponty, de ce qui est constitutif du visible.

Il suit de là que la structure d'horizon se trouve mise au premier plan et acquiert une fonction constitutive. Dire en effet que toute apparition est coapparition d'un monde, totalité intotalisable, c'est reconnaître que chaque apparition se creuse de négativité, qu'elle exhibe une certaine absence, qu'elle recule dans la profondeur. En tant qu'elle présente un imprésentable, qu'elle cristallise un monde qui n'est pas autre que ses

1. *Papiers phénoménologiques*, trad. E. Abrams, Grenoble, J. Millon, 1995, p. 114.
2. *Ibid.*, p. 214.

figurations, l'apparition glisse au-delà d'elle-même, s'excède en quelque sorte elle-même, passe dans son horizon. Affirmer que la structure d'appartenance est constitutive de l'apparaître, c'est donc reconnaître l'identité de l'apparition et de l'horizon (elle ne l'*a* pas, elle l'*est*) : l'horizon est la forme concrète de l'*a priori*, c'est-à-dire la manière dont se donne une apparition en tant qu'elle est structurée par l'appartenance, c'est-à-dire en tant qu'elle figure un monde.

Ainsi, la mise au jour du néant comme ce qui conditionne la soumission de la phénoménologie à la figure de l'objet déterminable nous permet de déplacer le sens de la problématique constitutive : la réduction phénoménologique ne va pas de la suspension de la thèse d'existence du monde à la découverte de la subjectivité comme constitutive de ce monde, mais de la suspension du néant à la découverte du monde comme *a priori* de l'apparaître. Selon une inversion radicale, le monde n'est plus constitué dans la subjectivité mais *constituant* pour tout ce qui peut apparaître et donc y compris pour l'apparition de la subjectivité à elle-même : le sujet se conquiert comme tel sur fond du monde auquel il appartient. Toutefois – et c'est ici que les difficultés, c'est-à-dire la question des frontières de la phénoménologie surgit – on ne peut s'en tenir là et ignorer plus longtemps le fait que si l'apparition est bien coapparition d'un monde, elle n'a par ailleurs de sens que comme apparition *à un sujet*. Une apparition qui ne renverrait pas à un pôle de référence, qui ne serait apparition pour personne, ne serait également l'apparition de rien, c'est-à-dire ne serait tout simplement pas apparition. S'il est vrai que toute apparition est coapparition d'un monde, il ne faut cependant pas perdre de vue que ce monde n'est rien d'autre que ses apparitions et que, en ce sens, il renvoie nécessairement à un sujet : la référence à un pôle singulier est constitutive de la structure de l'apparaître, au même titre que l'apparition d'un monde en elle. Encore faut-il ne pas se méprendre sur la signification de cette référence et ne pas compromettre le caractère *a priori* de l'appartenance. Que l'apparition soit apparition pour un sujet ne signifie pas que l'apparaître soit pour ainsi dire produit comme tel par le sujet, que le sujet soit le lieu ou la source de l'apparition ; que le sujet « co-conditionne » l'apparition ne signifie pas qu'il la constitue. Comme l'écrit nettement Patočka, « la loi fondamentale de l'apparaître, c'est qu'il y a toujours la dualité de *ce qui* apparaît et de *ce à quoi* cet apparaissant apparaît. Ce n'est pas *ce à quoi* l'apparaissant apparaît qui *crée* l'apparition, qui l'*effectue*, la "constitue", la produit de quelque façon que ce soit. Au contraire, l'apparaître n'est apparaître que dans cette dualité »[1]. Ainsi, en toute rigueur, l'apparaître n'est ni ce qui procède d'un

1. *Ibid.*, p. 127.

sujet, ni ce qui est produit par un monde : il est plutôt l'événement originaire qui comporte, comme ses moments constitutifs, la présentation d'un monde imprésentable et la centration sur une subjectivité. Loin que l'apparition soit pour ainsi dire contenue dans la subjectivité, au sens où celle-ci la constituerait, la subjectivité est contenue dans l'apparition, en tant qu'elle la présuppose.

L'*épokhé* redéfinie comme suspension du néant nous permet donc de mettre au jour une structure pour ainsi dire « pure » de l'apparaître, qui ne doive rien à la position subreptice d'un apparaissant, que celui-ci soit d'espèce naturellement objective ou égologiquement subjective. Cependant, d'un autre côté, cette analyse nous conduit à une détermination du sujet qui est pour le moins embarrassante. En effet, en tant qu'il relève de l'apparaître, c'est-à-dire est apparition à soi, le sujet est soumis à l'*a priori* de l'appartenance, ce qui revient à dire qu'il est nécessairement situé au sein du monde et que sa propre épreuve est comme médiatisée par le monde. Mais, d'un autre côté, ce sujet n'est pas un étant intramondain parmi d'autres puisqu'il est l'un des moments constitutifs, « co-conditionnant » de l'apparaître. Le sujet renvoie bien à l'apparaître mais, d'autre part, il n'y a d'apparaître que pour un sujet; le sujet est nécessairement inscrit dans un monde dont il est la condition d'apparition. Nous sommes donc conduits à la situation inédite d'un transcendantal qui est situé du côté de ce qu'il constitue, qui est enveloppé par ce qu'il conditionne, transcendantal qui est en quelque sorte plus vieux ou plus jeune que lui-même, en tout cas en retard sur lui-même, puisqu'il n'apparaît qu'au sein de ce dont il est la condition, puisqu'il passe pour ainsi dire dans son œuvre. Ainsi, il faudrait dire, à la suite de Patočka mais dans un sens un peu différent, que cet enracinement du transcendantal « dans le sujet empirique est lui-même une structure transcendantale »[1]. Entendons par là que la polarisation subjective, qui est une dimension transcendantale, constitutive de l'apparaître, n'a de sens qu'au plan empirique (mais en un sens évidemment supérieur de l'empiricité) d'un sujet intramondain, et ceci en vertu du transcendantal lui-même, à savoir de la structure d'appartenance, également constitutive de l'apparaître.

Or c'est précisément ici que la phénoménologie est, pour ainsi dire, portée à sa propre frontière et que, en particulier, la distinction topique du transcendantal et de l'empirique – au sens de ce qui relève de l'attitude naturelle et de ce qui est au contraire révélé par l'*épokhé* – se trouve singulièrement brouillée. En effet, on peut s'en tenir à ces conclusions concernant la structure de l'apparaître et mettre alors l'accent sur la

1. *Ibid.*, p. 264.

dimension constitutivement aporétique de la phénoménologie dès lors qu'elle s'en tient rigoureusement aux préceptes qui la fonde. Mais on peut également franchir un pas supplémentaire et s'interroger sur la nature de ce sujet en tant qu'il est à la fois intra-mondain et co-condition du monde. La question est alors la suivante : quel est le sens d'être du sujet en tant qu'il cristallise l'apparaître, c'est-à-dire est capable de se rapporter à la totalité intotalisable du monde à travers des apparitions qui la présentent et la nient? Nous avons vu que la structure de l'apparaître enveloppe une certaine négativité dès lors que l'apparition, en tant qu'elle est coapparition du monde, glisse dans ses propres horizons. Il s'ensuit que le sujet qui cristallise l'apparaître doit être sujet *pour* ce glissement ou cet excès, doit donc exister sur le mode de la non-coïncidence à soi, c'est-à-dire comme négativité. Notre question se précise donc ainsi : quel est l'étant intra-mondain qui existe sur le mode de la négativité? Quelle est la figure concrète du négatif? La réponse s'impose : cette figure concrète du négatif n'est autre que le *mouvement*. Encore faut-il préciser qu'il ne peut s'agir du mouvement purement mécanique qui n'est qu'un état extrinsèque vis-à-vis de l'être qui est en mouvement et qui, comme tel, n'est qu'une succession de positions; le mouvement dont il est question ici est le mouvement dont le vivant est la source (et non le siège), l'auto-mouvement. En effet, en tant qu'il est spontané, c'est-à-dire capable de se reprendre indéfiniment, ce mouvement manifeste un excès sur soi constitutif, un écart à soi qui ne peut être comblé, bref une irréductible négativité. La spontanéité du mouvement vivant et, pour ainsi dire, sa volubilité se donnent comme l'envers d'un inachèvement ou d'un manque constitutifs, comme si, dans et par le mouvement, le sujet vivant poursuivait une stabilité ou une complétude par essence irréalisables : c'est dans une distance originaire du sujet à lui-même que le mouvement vivant puise la fécondité qui le distingue du mouvement mécanique. Le fait que ce sont effectivement certains vivants qui sont capables de se rapporter au monde, c'est-à-dire de co-conditionner l'apparaître et, d'autre part, que la perception enveloppe une relation constitutive avec le mouvement, comme l'ont montré notamment Straus et Von Weizsaecker, se voit pour ainsi dire justifié au plan eidétique. Ainsi, l'interrogation sur le sens d'être du sujet conduit à le saisir comme sujet du mouvement, c'est-à-dire comme sujet vivant, et appelle en conséquence une interrogation sur le sens d'être *de la vie elle-même*. On le voit, en se laissant porter par les réquisits de l'apparaître dévoilés par l'*épokhé*, l'on est amené à s'interroger sur l'être du vivant comme sujet du mouvement et l'on se trouve ainsi confronté à la tâche d'une ontologie de la vie, qui contrevient brutalement au principe de clôture méthodologique de la phénoménologie. À vrai dire, il n'était même pas nécessaire d'en passer par la négativité propre au sujet de l'apparaître pour arriver à cette conclusion. Il suffit en effet de se demander quel type d'étant est susceptible d'exister au sein du monde tout en participant à son apparition, quel type d'étant est à la fois soumis aux lois de la nature et susceptible d'y échapper en tant qu'il instaure ses propres lois. Il n'y a qu'une seule réponse : l'être vivant – et c'est pourquoi une interrogation sur la phénoménalité comme telle se prolonge nécessairement dans une interrogation sur l'être de la vie. En réalité, une telle réponse va de soi et si elle n'a été que rarement donnée c'est parce que l'être de la vie est le plus souvent méconnu car d'emblée soumis au partage de corporel et du spirituel, du spatial et du temporel, de l'empirique et du transcendantal. Ainsi se dessine l'unité d'un mouvement d'occultation qui se thématise chez Descartes et se prolonge chez Husserl ; pour nombre de penseurs, la vie n'existe pas ou plutôt l'être vivant est une apparence, c'est-à-dire est réductible à des constituants plus originaires[1]. Or, loin que la vie soit réductible à la dualité du corporel et du spirituel, le corps et l'esprit ne prennent au contraire sens qu'à partir de l'être vivant comme totalité irréductible. À cette tradition il faudrait donc opposer une ligne de pensée qui se thématise chez Aristote et s'accomplit chez Goldstein et dont il est clair qu'elle est rien moins que vitaliste dans la mesure où elle n'invoque jamais un principe vital positif mais s'en tient strictement au phénomène du vivant, comme totalité irréductible. Telle est sans doute la raison pour laquelle Husserl ne peut éviter de parler du transcendantal en termes de vie, malgré la réduction qui est censée avoir mis à l'écart la nature, unique plan où quelque chose comme la vie peut avoir un sens : la vie est neutre vis-à-vis de la dualité du constitué et du constituant, de l'empirique et du transcendantal ; elle en précède et en permet le partage. Dès lors, en tant qu'il est à la suture de ces deux dimensions et en permet l'articulation, le sujet de l'apparaître doit être saisi comme sujet vivant : la phénoménologie se fait ontologie de la vie.

On peut le dire autrement. Je l'ai souligné, Husserl tend à étayer la phénoménalité sur un étant privilégié, la subjectivité transcendantale, qui porte en elle la possibilité de l'apparaître. Ainsi, même si elle veut s'en tenir à une description des choses mêmes, la perspective husserlienne est animée par un autre type d'interrogation, centré sur la source ou l'origine de l'apparaître. De là un dédoublement, caractéristique de la pensée classique

1. On montrerait sans peine que, par son unilatéralité, la position de Michel Henry concernant la vie n'échappe qu'en apparence à cette tradition d'occultation. Définir la vie comme auto-affection pure, c'est refuser de penser le rapport essentiel à l'extériorité sans lequel la vie n'a aucun sens.

de la perception, entre la présence et la représentation, entre l'objet transcendant, index de l'analyse et les vécus en lesquels il se constitue. Ainsi, la question de la source ou de l'origine, l'étayage de la phénoménalité sur un sujet et le dédoublement de l'apparaître sont les trois faces d'une même attitude. Inversement, l'*épokhé* telle que nous l'avons définie vise à mettre en évidence le caractère irréductible et originaire de l'apparaître : il ne s'agit pas de faire la genèse de la phénoménalité mais de prendre acte de sa préexistence, c'est-à-dire du fait qu'« il y a ». Il s'ensuit, nous l'avons vu, que la phénoménalité repose pour ainsi dire sur elle-même et ne peut donc être constituée. Dès lors, et c'est le point important, le rôle du sujet de l'apparaître – dont nous avons vu qu'il n'est pas constituant mais co-déterminant – ne peut consister en une représentation : il est situé au sein du monde apparaissant et se rapporte au monde lui-même, en quelque sorte directement. Bref, la relation du sujet au monde n'est pas originairement de connaissance car le monde est toujours déjà présent comme tel au sujet. Il faut donc la ressaisir à un niveau plus profond : c'est en tant qu'*agir*, c'est-à-dire sujet vivant, que le sujet est susceptible de cristalliser ou de centraliser l'apparaître – ce qui revient à dire que sa perception est originairement tributaire d'un mouvement par lequel il s'oriente au sein du monde. Ainsi, l'autonomie de l'apparaître, la fonction co-conditionnante du sujet et sa caractérisation en termes de mouvement vivant se commandent mutuellement.

Il nous reste cependant à faire un pas supplémentaire en direction de cette ontologie de la vie en nous interrogeant sur le sens d'être du vivant en tant qu'il se manifeste dans des mouvements spontanés. On peut définir le vivant par le besoin : la finalité poursuivie par le vivant serait de se maintenir en vie, de survivre, en satisfaisant ses nécessités vitales. Dans cette perspective, qui est celle que la tradition a en général retenue, l'être vivant est conçu comme une entité ontologiquement auto-suffisante : l'incomplétude correspondant au besoin est par essence provisoire, toujours susceptible d'être comblée. Dans le besoin, l'être vivant manque d'une réalité dont l'obtention rétablit sa complétude : il ne manque jamais de lui-même. Mais on peut également être sensible au fait que, par-delà la satisfaction de tel ou tel besoin, l'être vivant est caractérisé par une insatisfaction foncière, par une lacune qui est pour ainsi dire d'ordre ontologique. Tout se passe comme si ce que le vivant vise était toujours situé par-delà ce qu'il atteint effectivement, comme si tout ce qui comble son attente la décevait tout autant. Ainsi se comprend l'inquiétude et, pour ainsi dire, l'insatiabilité caractéristiques du vivant, telles que cela qui semble le satisfaire ne vaut qu'en tant qu'il relance l'exploration, comme si toute présence ne valait que par l'absence qu'elle présente. On peut donc caractériser l'être du vivant comme *désir*, à condition de l'entendre au sens strict de cela qui est exacerbé dans la mesure même où il est comblé, de telle sorte que, comme le note Lévinas dans un autre contexte, le désiré ne le comble pas mais le creuse. En d'autres termes, la spontanéité et l'insatiabilité qui caractérisent les mouvements vivants constitutifs de la perception et qui leur confère ce pouvoir indéfini de reprise renverrait à un dynamisme plus originaire qui n'est autre que celui du désir lui-même. Patočka se demande « si les mouvements subjectifs sont à concevoir comme une multiplicité d'actes particuliers, ou si l'on ne serait pas en droit d'y voir les modalités d'un mouvement fondamental, global, qui coïnciderait avec le vivre même pour autant qu'il se déploie vers le dehors »[1]. Je propose de répondre par l'affirmative en référant les mouvements empiriques spontanés qui sous-tendent la perception à un dynamisme du désir qui coïncide avec la vie elle-même. À un apparaître qui est défini comme coapparition d'un monde intotalisable, c'est-à-dire présentation d'un imprésentable, correspond un sujet qui est capable de viser une complétude absolue, c'est-à-dire de se rapporter à la totalité et qui ne l'atteint toujours qu'en la saisissant dans ses aspects finis et donc en la manquant – bref un sujet capable de désir. Au retrait originaire du monde derrière ses apparitions correspond l'excès irréductible du désir sur ce qui est susceptible de le satisfaire. Un désir intramondain peut conditionner l'apparition du monde même car tout désir est désir d'un monde.

Cette approche de la vie, dont nous savons qu'elle qualifie le sens d'être du sujet de l'apparaître, ne nous conduit-elle pas, une seconde fois, à mettre en question la clôture méthodologique de la phénoménologie ? En effet, s'il est vrai que l'apparaître est structuré par la dualité du « ce à quoi » il apparaît et de « ce qui » apparaît, il n'en reste pas moins vrai que l'apparaître comme tel constitue l'événement originaire et que l'être du sujet, en tant qu'il est compris dans la structure de l'apparaître, est tributaire de cet événement. Autrement dit, le « mouvement » du désir ne renverrait-il pas à un mouvement plus originaire qui ne serait autre que celui de la manifestation même et aurait le monde pour véritable « sujet » ? Au cœur de l'activité du désir se ferait donc jour une dynamique de sens contraire, une venue du monde à la phénoménalité et c'est pourquoi l'activité du désir est en même temps pure passivité ou pur accueil. C'est en tout cas ce que semble pressentir Patočka lorsqu'il évoque, « un proto-mouvement » comme « sortie hors du fondement obscur », distinct de « l'apparition secondaire », de « l'apparition de l'apparaissant » qui suppose la création

1. *Papiers phénoménologiques*, p. 19.

de centres[1]. En d'autres termes, affirmer l'autonomie de l'apparaître, c'est *ipso facto* facto reconnaître un mouvement de l'apparaître qui précède en quelque sorte sa centralisation par un pôle subjectif et qui la rend possible. Du proto-mouvement par lequel le monde apparaît et qui ne peut avoir pour sujet ultime que le monde lui-même, il faudrait donc distinguer le mouvement du désir comme condition à laquelle la « sortie hors du fondement obscur » se cristallise en apparition, comme si le monde avait besoin de la vie pour que sa sortie hors du fond se mue en phénomène. Ainsi, au cœur du mouvement du sujet, il y aurait un autre « mouvement », celui de l'apparition même, et le vivant ne serait le sujet de l'apparaître qu'en tant seulement que le mouvement originaire de sortie de soi du monde s'accomplit comme vie. De manière cohérente, le sujet intramondain viendrait cristalliser et centraliser un apparaître, proto-mouvement dont il n'a pas l'initiative ; le désir du sujet correspondrait à une aspiration à l'apparaître ayant sa source dans l'« il y a » lui-même. Mais une telle perspective relève de la cosmologie au sens où Ricœur la définit, à savoir comme la reconnaissance d'un univers de discours qui est neutre par rapport à la distinction de l'objectivité et de la subjectivité, au sens, donc, d'une ontologie matérielle commune à la région de la nature et à la région de la conscience. De même qu'il y a un sens de la vie qui échappe au partage de l'être en vie et de l'éprouver ou de l'expérience, il y aurait un sens originaire du mouvement plus profond que le partage du mouvement vital et du « mouvement de la manifestation », du propre et du métaphorique. La vie du vivant s'inscrirait elle-même dans une « vie de la manifestation ». Ainsi, en ouvrant sur une ontologie de la vie, la phénoménologie se dépasserait dans une cosmologie en un sens original, cosmologie dont le statut et la possibilité restent à interroger.

1. *Ibid.*, p. 157.

CHAPITRE VIII

LA VIE DE LA SUBJECTIVITÉ

On ne peut poser correctement le problème de la subjectivité si on ne prend pas d'abord en considération la transformation singulière qu'a subi l'usage de ce terme à l'époque moderne. En effet, la subjectivité, c'est originairement le caractère de ce qui existe sur le mode du sujet logique, c'est-à-dire de ce à quoi tout est attribué et qui n'est attribué à rien. La subjectivité désigne donc le mode d'existence de l'individu autonome, qui ne dépend de rien d'autre que de lui-même pour exister, de ce que Aristote appelait *sunolon* et que l'on pourrait nommer aussi substance. C'est pourquoi, au Moyen Âge, l'usage des termes subjectif et objectif était à peu près l'inverse de ce qu'il est aujourd'hui. « Être-subjectif » se disait d'une chose qui existait effectivement dans la nature, d'une substance, alors que l'être-objectif désignait l'être de ce qui est (de ce qui n'est que) pour la pensée, l'être-posé par la pensée. Le transfert de sens qui conduit à attribuer à l'homme la subjectivité (l'être-subjectif) – et d'une manière tellement éminente que ce mot finit par ne plus désigner que le type d'existence qui nous caractérise – suppose une transformation profonde du statut et de la fonction de cet étant singulier qu'on appelle l'homme. C'est dans la mesure où l'homme va assumer le rôle de point de référence, de sol, de condition pour les autres réalités qu'il va être désigné comme subjectivité. Comme l'écrit Heidegger :

> Ce mot de *subjectum*, nous devons à la vérité le comprendre comme la traduction du grec *upokeimenon*. Ce mot désigne ce qui est étendu-devant (*das Vor-liegende*), qui, en tant que fond (*Grund*) rassemble tout sur soi. Cette signification métaphysique de la notion de sujet n'a primitivement aucun rapport spécial à l'homme et encore moins au « moi ». Si à présent l'homme devient le premier et le seul véritable

> *subjectum*, cela signifie alors que l'étant sur lequel désormais tout étant comme tel se fonde quant à sa manière d'être et quant à sa vérité, ce sera l'homme. L'homme devient le centre de référence de l'étant en tant que tel[1].

Encore faut-il se demander quelle transformation dans la conception de l'homme sous-tend ce déplacement de sens, c'est-à-dire *en tant que quoi* l'homme est subjectivité. On peut certes dire que c'est dans la mesure où l'homme est caractérisé comme conscience, dont dépend toute apparition de quelque chose, qu'il se voit attribuer la place éminente de centre de référence de l'étant. Mais ceci même est la conséquence d'un bouleversement plus fondamental qui concerne le statut même de l'étant : celui-ci n'est plus conçu comme *ens creatum*, mais comme ce dont on peut avoir une idée, comme être-représenté, comme *Bild* (image-conçue). Re-présenter, écrit Heidgger, « signifie ici : faire venir devant soi, en tant qu'obstant (*entgegendstehendes*), le simple existant, le rapporter à soi, qui le représente, et le ré-fléchir dans ce rapport à soi en tant que région d'où échoit toute mesure »[2]. Ce qui signifie que ce n'est pas parce que l'homme est défini comme conscience que la réalité est conçue comme objet mais que c'est au contraire parce que la réalité est conçue comme objet que la conscience humaine est comprise comme sujet. En d'autres termes, l'époque moderne comprend l'étant-présent comme *étant-présenté* et sa présence comme *présentation* : dire d'une chose qu'elle est présente, c'est dire qu'elle est présente *elle-même* dans tout ce qui la présente, c'est-à-dire qu'il n'y a pas d'expérience de quelque chose sans appréhension de la chose *elle-même* en chacun des aspects dont je fais l'expérience, aspects qui en sont en vérité l'ostension. Or, si l'Être est Présentation, il renvoie par principe à un étant *à qui* il se présente, étant qui vient recueillir la chose-même en tant que distincte de ses apparitions, bref qui vient la *re-présenter*. Dire que l'Être est présentation, cela revient à dire que sa réalité est celle de l'être-su et qu'elle renvoie donc à une conscience (*Bewusstsein*). Comme l'écrit Gérard Granel : « Établir que le sens phénoménologique de l'Être est la Présentation ne peut cependant être compris qu'à la condition que la conscience soit reconnue comme l'Être »[3]. Tel est bien le sens de la pensée de la subjectivité : si l'être de l'étant est son être-présenté (son être-objet) il implique une relation constitutive à cet étant qui peut le représenter parce qu'il est présent à lui-même : la subjectivité en tant que

1. « Die Zeit des Weltbildes », dans *Holzwege*, trad. W. Brokmeier, Paris, Gallimard, 1962, p. 80.

2. *Ibid.*, p. 82.

3. *Le sens du temps et de la perception chez Husserl*, Paris, Gallimard, 1968, p. 145.

conscience. Que ce soit sous la forme d'une théorie de la représentation ou de l'intentionnalité, la pensée de la subjectivité est une pensée de la coappartenance de l'être-subjectif et de l'être-objectif, d'une relation constitutive entre l'être-auprès-de-soi de la conscience et son ouverture à une unité transcendante. Il s'agit donc de comprendre – telle est *la question* d'une philosophie de la subjectivité – comment la subjectivité, comme conscience, peut assurer la fonction d'être subjectif, c'est-à-dire de centre de référence de l'étant ? Comment l'homme, qui se découvre comme conscience de soi, c'est-à-dire comme intériorité ou immanence, peut-il être condition ou fondement pour la réalité transcendante ? Comment donc l'intériorité peut-elle se nier dans une donation d'extériorité, comment, pour reprendre une formule familière à Merleau-Ponty, « l'entrer en soi » peut-il être en même temps un « sortir de soi » ? On le voit, la question de la subjectivité se confond avec la question *transcendantale* comme question de la condition de possibilité de la transcendance, en tant qu'elle est appréhendée au sein de la conscience. C'est cette transitivité ou cette auto-négation de l'immanence conscientielle qui fait de l'homme un sujet et c'est elle que Descartes nomme « pensée » et Husserl « intentionnalité ».

Cette question, très générale, se spécifie en un *problème*, qui ne peut être ignoré. Cette subjectivité, c'est nous-mêmes tels que nous nous saisissons immédiatement : elle a pour teneur de réalité tout le contenu de ce que nous entendons par « nous-mêmes ». Or, il est incontestable que nous nous saisissons comme incarnés et que, comme Descartes le reconnaît lui-même, l'union et comme le mélange de l'âme et du corps est ce qui s'impose d'abord à nous avant toute pensée. Or, en tant que conscience empirique, incarnée, le sujet est un sujet intra-mondain, qui existe sur le même plan que les autres étants. Dès lors, comment concilier cette expérience originelle avec la fonction transcendantale qui lui est inhérente comme subjectivité et qui exige qu'elle existe sur un plan, ou un mode, autre que celui dont elle est la condition ? Comme le demandait simplement Husserl dans la *Krisis*, comment la subjectivité peut-elle être à la fois partie du monde et condition du monde ? On le sait, la solution va consister à opérer un clivage, au sein de l'homme lui-même, entre la subjectivité transcendantale, non-mondaine et l'individu empirique dans lequel elle s'incarne. Mais cela revient à repousser le problème au lieu de le résoudre puisqu'il demeure vrai qu'il y a une *unité* attestée de ces deux dimensions, que *nous sommes* cette unité, de sorte qu'il y a une vérité de l'unité contre l'exigence du clivage, qui n'est que celle de la transcendantalité. Sommes-nous condamnés à l'alternative entre un respect de l'essence de la subjectivité comme centre de référence, qui conduirait inévitablement à une scission du sujet concret et, d'autre part, un respect de son effectivité, en tant que l'individu que nous sommes et dont nous faisons l'expérience, qui aurait cette fois pour contrepartie la négation de la transcendantalité ? Or, puisque la subjectivité que nous sommes et que nous éprouvons comme incarnée est en même temps le centre de référence de tout étant, il doit y avoir moyen d'échapper à cette alternative, c'est-à-dire de concilier son intramondanéité et sa transcendantalité, sa concrétude et sa fonction de centre de référence pour la totalité de l'étant. Un tel problème entraîne la réflexion sur le terrain d'une interrogation ontologique, portant sur le *sens d'être* de la subjectivité. On pressent déjà que la subjectivité ne pourra être pensée comme un étant comme les autres – sans que cela signifie pour autant son exil hors de l'étant. Il est clair en effet que le problème ne peut être résolu dans le cadre des catégories ontologiques traditionelles et que c'est donc en mettant au jour un sens d'être original que nous aurons une chance d'unifier les dimensions de la subjectivité. La question est donc la suivante : comment penser le sens d'être de la subjectivité de telle sorte que s'y fondent conjointement sa dimension concrète et sa dimension transcendantale, dès lors qu'elle est indissolublement subjectivité *au sein* de l'étant et subjectivité *pour* la totalité de l'étant ?

Il revient à Husserl d'avoir le premier porté l'interrogation au plan du sens d'être, c'est-à-dire d'avoir montré que la subjectivité et son objet, c'est-à-dire la réalité transcendante, n'*existent* peut-être pas au même sens, rompant ainsi avec le monisme ontologique cartésien. La méthode qui donne accès à ce plan original est l'*épokhé* phénoménologique. Celle-ci s'enracine, tout comme le doute cartésien, dans une interrogation portant sur la validité de l'expérience du monde, comme expérience d'une existence qui va de soi, c'est-à-dire sur son aptitude à valoir comme principe apodictique. Mais la démarche est tout autre. On le sait, l'*épokhé* consiste en une altération générale de l'attitude naturelle, caractérisée elle-même comme thèse d'existence (même si cette thèse n'est que rarement formulée comme telle) : « je trouve sans cesse présente comme me faisant vis-à-vis une unique réalité spatio-temporelle dont je fais moi-même partie, ainsi que tous les autres hommes qui s'y rencontrent et se rapportent à elle de la même façon »[1]. Cette altération consiste en une mise entre parenthèses, une neutralisation, une dévitalisation : le monde continue d'exister là devant moi, de me faire vis-à-vis mais je m'abstiens d'effectuer la thèse d'existence, d'adhérer à sa prétendue autonomie ontologique. Il s'agit donc rigoureusement de s'en tenir au moment de désengagement constitutif du doute lui-même, en tant qu'une négation d'existence

1. *Ideen zu einer reinen phaenomenologie und phaenomenologischen philosophie*, trad. P. Ricœur, Paris, Gallimard, 1950, p. 95.

suppose d'abord une abstention de la croyance. Le but d'une telle suspension est évidemment de montrer que rien ne s'en trouve changé, que le monde demeure un monde, c'est-à-dire une réalité transcendante ou objective même si je fais l'économie de la position d'une existence en soi, par conséquent que le monde est préservé au plan de la phénoménalité et que sa transcendance est une transcendance constituée. Bref, il s'agit de passer du monde naïvement compris comme existence en soi ou autonome au *phénomène* du monde, c'est-à-dire au monde tel qu'il est pour la conscience. Il s'agit par là même de renverser les rôles du relatif et de l'absolu : loin que, comme le croit l'attitude naturelle, le monde soit cette existence absolue à laquelle les subjectivités elles-mêmes sont relatives (nous en faisons partie), le monde lui-même est au contraire relatif à une subjectivité transcendantale, qui est le seul véritable absolu.

Avant d'en développer les conséquences, il importe d'abord de mesurer la signification de l'*époché* et sa différence avec le doute. De cette différence apparemment infime entre une abstention et une négation dépend l'ouverture d'un nouvel horizon d'interrogation. En effet, malgré son apparence de radicalité, le doute cartésien souffre d'un manque de radicalité : en niant volontairement l'existence du monde (« je penserai que [...] toutes les choses extérieures que nous voyons, ne sont que des illusions et tromperies... »), Descartes entérine le sens d'être spontanément accordé à cette existence. Il s'agit pour Descartes de savoir *si* le monde existe, c'est-à-dire si l'existence du monde délivrée par la croyance sensible peut tenir lieu de première vérité. Ce faisant, il présuppose le sens de cette existence au lieu de l'interroger : se demander si le monde existe, c'est s'interdire de se demander ce que signifie exister pour le monde. Bref, la démarche cartésienne se situe tout entière sur le terrain de l'attitude naturelle, pour laquelle l'existence va de soi ; aux yeux de Descartes, « exister signifie partout la même chose ». Le but de l'*époché* est au contraire, en s'abstenant d'effectuer la thèse d'existence, de porter l'interrogation sur la signification de l'existence en tant qu'existence mondaine. En considérant le monde strictement tel qu'il se donne à nous, au lieu de nous demander s'il existe, nous nous donnons les moyens d'accéder au sens de l'existence mondaine comme existence phénoménale et, par conséquent, comme existence corrélative d'une effectuation de la subjectivité. On soupçonne déjà que, en portant l'interrogation sur le sens de l'existence, la phénoménologie husserlienne se donnera les moyens de mettre en évidence une différence, quant au sens d'être, entre le monde et la subjectivité qui en est la condition de possibilité : exister ne signifiera pas partout la même chose. Mais tel n'est justement pas le cas chez Descartes. En effet, dans la mesure où Descartes considère comme allant de soi le sens de l'existence, qui est celui de l'existence mondaine, si quelque chose résiste au doute, c'est-à-dire existe indubitablement, son existence aura le même sens d'être que celle qui avait été niée dans le doute métaphysique, à savoir l'existence mondaine. Ainsi, l'indubitabilité de mon existence – elle est présupposée par sa propre négation – signifiera la résistance d'un étant mondain à l'engloutissement dans la néant : comme l'écrit Husserl : « nous avons réussi à sauver une petite parcelle du monde, parcelle qui serait [...] la seule chose du monde non sujette au doute »[1]. De là la détermination du *cogito* comme *res cogitans* puis *mens sive anima*, c'est-à-dire comme une réalité existant au même sens que les choses matérielles, à ceci près qu'elle a pour propriété de penser. Bref, pensée et étendue existent l'une et l'autre comme des substances, qui ne se distinguent que par leur attribut essentiel ; le dualisme cartésien recouvre un monisme ontologique radical, monisme ontologique qui n'est lui-même que la conséquence d'une naïveté quant à l'existence. C'est pourquoi Husserl peut dire de Descartes qu'il est « le père de ce contre-sens philosphique qu'est le réalisme transcendantal »[2]. En un sens, Descartes découvre la subjectivité, c'est-à-dire la relation constitutive de tout étant à cette expérience singulière qu'est le *cogito*, c'est-à-dire la conscience. Mais en pensant la conscience comme substance, c'est-à-dire *en ne répercutant pas au plan même de son sens d'être* la position singulière de la subjectivité, il s'interdit de penser jusqu'au bout la fonction de la subjectivité, à savoir la transcendantalité. Dès lors que la conscience est pensée comme *mens sive anima*, sa relation constitutive au monde, qui la qualifie comme sujet, se dégrade en présence du monde au sein de la conscience sous forme de *représentations* – et la question de la signification de l'existence du monde en tant que relative à la conscience se réduit à celle de la valeur objective de mes représentations.

Au contraire, Husserl saisit la singularité de la conscience au plan même de son existence et c'est à cette condition que la conscience peut assumer la position de la subjectivité comme centre de référence de la totalité de l'étant, c'est-à-dire comme conscience transcendantale. En effet, en neutralisant la thèse d'existence, Husserl met au jour le plan de l'apparaître, c'est-à-dire de la phénoménalité et il peut effectuer, à ce niveau, une distinction entre la chose et la conscience qui ne soit pas grevée d'emblée par la présupposition de leur communauté substantielle. Bref, le sens de l'être est délivré par l'apparaître et la différence d'être entre conscience et réalité procèdera donc de leur différence quant à leur mode de donation. Dans les *Ideen I* notamment, Husserl prend appui sur une analyse

1. *Méditations cartésiennes*, trad. E. Lévinas et G. Peiffer, Paris, Vrin, 1969, p. 21.
2. *Ibid.*, p. 21.

eidétique de la conscience et de la réalité, qui à la fois présuppose l'*épokhé* et permet de la mettre rigoureusement en œuvre. Cette eidétique contribue à mettre en évidence une différence radicale entre la donation de la chose et celle du vécu, différence qui conduit à distinguer deux régions, qui ne sont pas deux régions au sein d'un être univoque mais bien deux régions d'être. On le sait, la caractéristique de la chose perçue est qu'elle se donne par esquisses, c'est-à-dire de telle sorte que chaque aspect sensible voile ou repousse cela même dont il est la présentation. Il s'ensuit que la chose comme telle doit être conçue comme le pôle d'un cours infini d'esquisses. Il y a donc une *inadéquation* constitutive de la donation perceptive puisque la chose se situe toujours au-delà des intuitions dont je dispose et, partant, il y a une *contingence* constitutive de son existence en ce que, par principe, peut toujours surgir une esquisse faisant éclater l'anticipation que j'avais effectuée jusqu'alors et révélant comme n'étant pas ce que j'avais jusqu'alors posé comme existant. L'important ici est de souligner qu'il ne s'agit en aucun cas d'une détermination épistémologique, renvoyant à la finitude de ma connaissance, mais bien d'une caractérisation ontologique, constitutive de le chose comme telle – de telle sorte que Dieu lui-même percevrait par esquisses : le mode de donation de la chose qualifie bien son mode d'être. À la différence de la chose, la conscience, c'est-à-dire le vécu se donne de manière absolument adéquate, sans reste ; il est ce qu'il est pour la conscience, il existe sur le mode de l'identité entre l'être et l'apparaître. Il s'ensuit que, alors que l'existence des choses n'est jamais requise comme nécessaire par leur propre donnée, toute perception immanente garantit l'existence de son objet. Il s'ensuit évidemment une relation de dépendance entre la conscience et l'objet, inverse de celle que l'attitude naturelle posait spontanément : alors que l'être immanent n'a besoin que de lui-même pour exister, la chose transcendante, dont la réalité revient à l'unité d'un flux d'esquisses, est entièrement relative à une conscience. On le voit, l'analyse eidétique effectuée à la lumière de l'*épokhé* conduit à introduire une différence radicale, qui n'est plus seulement celle de deux attributs d'un même type de substance : il s'agit d'une différence entre deux manières d'être, corrélatives de deux manière d'apparaître. Comme l'écrit Husserl :

> Sans doute à l'être immanent ou absolu et à l'être transcendant on peut appliquer les mots « étant » (*seiende*), « objet » (*Gegenstand*) : ils ont bien l'un et l'autre leur statut de détermination ; mais il est évident que ce qu'on nomme alors de part et d'autre objet et détermination objective ne porte le même nom que par référence à des catégories logiques vides. Entre la conscience et la réalité se creuse un véritable abîme de sens. Nous avons d'un côté un être qui s'esquisse, qui ne peut jamais être donné absolument, un être purement contingent et

> relatif, de l'autre un être nécessaire et absolu, qui par principe ne se donne pas par esquisse et apparence [1].

Ainsi, si conscience et réalité sont l'une et l'autre, c'est en un sens formel et vide qui ne recouvre aucune communauté ontologique : la subjectivité correspond à un sens d'être et, partant, à une région absolument étrangère et irréductible à celle des choses réelles. Il s'agit, écrit Husserl, « d'un système d'*être absolu* dans lequel rien ne peut pénétrer et duquel rien ne peut échapper, qui n'a pas de dehors d'ordre spatial ou temporel, qui ne peut se loger dans aucun système spatio-temporel, qui ne peut subir la causalité d'aucune chose, ni exercer de causalité sur aucune chose » [2]. On ne peut mieux dire que la subjectivité est arrachée à tout mode d'insertion dans la réalité mondaine et renvoie à une sphère absolument originale et, rigoureusement, extra-mondaine. C'est à cette condition qu'elle peut exister comme subjectivité, c'est-à-dire précisément comme centre de référence pour la réalité. En effet, la démarche négative consistant à faire apparaître, à la faveur de l'analyse eidétique, une dubitabilité de l'existence du monde et une dépendance du monde vis-à-vis de la conscience, prépare une démarche positive mettant en évidence une *constitution* du monde *dans* la conscience, qui accède alors au rang de conscience transcendantale. Autrement dit, l'*épokhé* a pour sens véritable de faire apparaître le sens d'être ultime du monde comme être-constitué par la subjectivité : le moment négatif de suspension est l'envers d'un moment positif de libération de la vie de la subjectivité comme ce qui sous-tend la teneur d'être du monde apparaissant, du phénomène. L'*épokhé* débouche bien sur une réduction à une région singulière, la région conscience, mais, ce faisant, écrit Husserl, « Nous n'avons proprement rien perdu, mais gagné la totalité de l'être absolu, lequel, si on l'entend correctement, recèle (*birgt*) en soi toutes les transcendances du monde, les "constitue" en son sein (*in sich*) » [3].

La philosophie de Husserl apparaît bien comme la philosophie de la subjectivité par excellence, en ce qu'elle délivre les conditions auxquelles la conscience peut exercer le rôle de centre de référence pour tout l'étant, ce que Descartes n'était pas en mesure de faire. En effet, c'est à la condition de penser la conscience comme un mode d'exister et, partant, une région d'être singulière que cette philosophie sera en mesure de constituer en son sein la transcendance même du réel : telle sera la fonction de l'analyse de la composition de la perception, qui rend compte de la donation de l'objet transcendant à partir du jeu des vécus hylétiques et noétiques. Cependant,

1. *Ideen I*, p. 163.
2. *Id.*, p. 163.
3. *Id.*, p. 166.

on le voit, le prix à payer d'une telle analyse est une *scission* fondamentale au sein de l'expérience humaine. Dans la mesure où nous sommes la conscience transcendantale et où nous sommes aussi dans le monde, le clivage eidétique de la conscience et de la réalité traverse nécesairement notre propre existence, dont l'unité devient incompréhensible. En effet, la singularité ontologique de la conscience, dont on ne peut dire qu'elle *est* qu'au sens logique, signifie purement et simplement son *extériorité* à la réalité : la conscience, « origine du monde », est un absolu extra-mondain dont on se demande comment il peut être mien au sens de la subjectivité empiriquement éprouvée et en contact avec d'autres. La difficulté n'échappe évidemment pas à Husserl et il la résoud, de manière conséquente sinon convaincante, en affirmant que ce qui, en moi, relève du monde, c'est-à-dire mon corps et mon moi psychologique, doit être lui-même constitué par la subjectivité transcendantale. On aboutit donc à l'idée d'une auto-mondanéisation de la subjectivité transcendantale. Cohérente avec le cadre théorique, la prétendue solution revient en fait à entériner la scission en moi du transcendantal et du mondain et donc à passer outre l'expérience d'une épreuve mondaine de ma subjectivité. Tout se passe donc comme si, afin d'être bien le centre de référence de tout l'étant, la subjectivité devait cesser d'être *mienne*, au sens de la plénitude concrète de l'expérience que j'en fais, c'est-à-dire d'une unité indissoluble du subjectif et du mondain. La question est alors la suivante : est-il possible de penser l'unité des deux dimensions, du subjectif et du mondain, sans compromettre la fonction consitutive de la subjectivité? Peut-on penser la singularité de la subjectivité *au sein même* du monde ?

Il est incontestable que la radicalité de la perspective heideggerienne s'enracine notamment dans la conscience aigüe des exigences d'une philosophie de la subjectivité et des limites des philosophies du sujet qui l'ont précédé. Il affirme dès le § 10 de *Sein und Zeit* :

> Il est possible, en s'orientant historiquement, de clarifier ainsi l'intention de l'analytique existentiale : Descartes, à qui l'on attribue la découverte du *cogito sum* comme point de départ du questionnement philosophique moderne, a examiné – dans certaines limites – le *cogitare* de l'*ego*. En revanche, il laisse le *sum* totalement inélucidé, quand bien même il le pose tout aussi originellement que le *cogito*. L'analytique pose la question ontologique de l'être du *sum*. C'est seulement si celui-ci est déterminé que le mode d'être des *cogitationes* devient saisissable [1].

1. *Sein und Zeit*, trad. E. Martineau, Paris, Authentica, 1985, p. 56.

On ne peut mieux dire que la fonction propre de la subjectivité, qui est recueillie sous le terme de « pensée » (*cogitatio*), en tant que mise en présence de l'étant, repose tout entière sur une détermination du sens de l'existence du sujet, dont l'indubitabilité est découverte par Descartes. En vérité, Descartes confère par avance un sens au *sum*, qui est celui de l'*ens creatum* et, partant, de la substantialité. Or – ici Heidegger reprend à son compte la critique husserlienne – il est impossible de rendre compte de l'ouverture du sujet au monde (que Descartes nomme « *cogitatio* » et Heidegger « transcendance ») sur la base d'une détermination substantialiste du sujet – ce qui revient à dire que le mode d'être du sujet doit être distinct de celui de la réalité à laquelle il ouvre : le monisme ontologique cartésien doit être résolument contesté. Tel est le point d'accord entre Husserl et Heidegger, comme celui-ci le reconnaît dans sa lettre à Husserl envoyée à l'occasion de la rédaction de la seconde version de l'article Phenomenology dans l'*Encyclopaedia Britannica* : « Nous sommes d'accord sur le point suivant que l'étant, au sens de ce que vous nommez "monde" ne saurait être éclairé dans sa constitution transcendantale par retour à un étant du même mode d'être ». Cependant, Heidegger ajoute :

> Mais cela ne signifie pas que ce qui constitue le lieu du transcendantal n'est absolument rien d'étant – au contraire, le *problème* qui se pose immédiatement est de savoir quel est le mode d'être de l'étant dans lequel le « monde » se constitue. Tel est le problème central de *Sein und Zeit* – à savoir une ontologie fondamentale du *Dasein*. Il s'agit de montrer que le mode d'être du *Dasein* humain est totalement différent de celui de tous les autres étants et que c'est précisément en raison de ce mode d'être déterminé qui est le sien qu'il recèle en lui la possibilité de la constitution transcendantale [1].

Ce texte est décisif car il présente très clairement le lieu de la divergence entre Heidegger et Husserl. Husserl reconnaît certes que la subjectivité ne peut exister sur le même mode que cela dont elle est la condition de possibilité, mais tout se passe comme s'il était encore *tributaire* d'une ontologie de la substance, de telle sorte qu'il en conclut que, si le sujet n'est pas une substance, il ne peut *rien être de véritablement étant*. Tout se passe donc comme si Husserl admettait l'équivalence de la réalité et de la substantialité, de telle sorte que la subjectivité ne peut échapper à la substantialité qu'en échappant à la réalité elle-même : de là la dénivellation

1. Lettre à Husserl du 22 octobre 1927, trad. J.-F. Courtine, Paris, L'Herne, 1983, p. 67-68.

ontologique, « l'abîme de sens » entre le conscience et la réalité; de là le clivage insurmontable entre l'empirique et le trancendantal en nous. Finalement, Husserl ne surmonte pas radicalement la limitation cartésienne dès lors que, pas plus que Descartes, il n'interroge véritablement le sens d'être de la subjectivité : il se contente de l'arracher à la substantialité en l'arrachant au monde lui-même. Or, comme Heidegger le montre, il s'agit plutôt de découvrir la singularité du sens d'être de la subjectivité qui, en tant qu'étant, fait elle aussi partie du monde. Comme l'indique la dernière phrase du texte cité, il s'agit de rendre compte de la subjectivité comme centre de référence, c'est-à-dire comme « possibilité de la constitution », sur le terrain même du monde, à partir de la seule différence entre le mode d'être de l'être humain (*Dasein*) et le mode d'être de ce qui n'est pas le *Dasein*. Dans cette perspective, on sera en mesure de concilier la dimension transcendantale du sujet avec la teneur de sens de son expérience effective comme réalité intramondaine.

Il suffit de rappeler ici que l'ontologie fondamentale, orientée sur la question de l'Être, repose sur une analytique existentiale du *Dasein*. Ce privilège du *Dasein* renvoie au fait que, pour cet étant, il y va en son être de cet être, de telle sorte qu'il appartient à la constitution d'être du *Dasein* d'avoir un rapport d'être à cet être. Autant dire que, loin d'être un étant subsistant qui se rapporterait pour ainsi dire après coup à lui-même, le propre du *Dasein* est d'être en question pour lui-même, d'avoir à être son être, ou plutôt d'être ce qu'il est sur le mode de l'avoir à être. C'est ce que Heidegger nomme *existence*. Dès lors, aux déterminations des étants qui ne sont pas le *Dasein* et que Heidegger nomme *catégories*, il faut opposer les *existentiaux*, déterminations fondamentales du *Dasein* comme existence; la différence de mode d'être du *Dasein*, sur laquelle se fonde la possibilité de la constitution transcendantale, recouvre la distinction, au sein du monde, entre ce qui relève du catégorial et ce qui relève de l'existential. Dans la mesure où le *Dasein* n'est pas quelque chose de préalablement donné, dans la mesure où il n'est que ce qu'il se fait être, son existence consistera en une relation originaire avec ce qui n'est pas lui. Ce qu'il a à être, il ne peut que le découvrir hors de soi dans le monde; un être qui est ses propres possibilités sera originairement en rapport avec le lieu même où ses possibilités peuvent devenir effectives, à savoir le monde. Ainsi, le premier des existentiaux du *Dasein* est l'être-au-monde. Le *Dasein* n'est pas donné avant le monde et un *Dasein* sans monde est impensable : le *Dasein est* rapport au monde ou transcendance, il est toujours déjà auprès du monde[1]. Ces rapides indications suffisent à montrer comment s'articulent existentialité et transcendance, c'est-à-dire en quel sens la spécificité du mode d'être du *Dasein* comme existence fonde effectivement la possibilité de la constitution, comprise alors comme ouverture d'un monde.

L'une des conséquences les plus radicales de cette détermination existentiale du *Dasein*, c'est le refus d'intégrer l'être-en-vie, et donc la chair qu'il présuppose, à la détermination essentielle du *Dasein*, c'est le refus, non seulement de penser le *Dasein* à partir de la vie mais même d'intégrer à l'analyse existentiale une dimension qui renverrait spécifiquement à l'être-en-vie. Comme Heidegger l'affirme au terme du § 10, contre l'idée d'une détermination du *Dasein* à partir de la science de la vie :

> Il n'est possible de comprendre et de saisir la biologie comme « science de la vie » que pour autant qu'elle est fondée – sans y être fondée exclusivement – dans l'ontologie du *Dasein*. La vie est un mode d'être spécifique, mais il n'est essentiellement accessible que dans le *Dasein*. L'ontologie de la vie s'accomplit sur la voie d'une interprétation privative ; elle détermine ce qui doit être pour que puisse être quelque chose qui ne serait « plus que vie »[2].

Ceci revient rigoureusement à dire que la subjectivité n'est pas vivante, au sens où elle n'est pas essentiellement enracinée dans un être vivant : ce n'est pas parce qu'elle est vivante qu'elle existe ; c'est au contraire en tant qu'elle existe qu'elle est vivante, l'être-en-vie se trouvant donc tributaire des existentiaux du *Dasein*. Or, ceci ne va pas sans poser un grave problème. S'il est vrai que le *Dasein* existe et se distingue en ceci des autres étants, il n'en reste pas moins vrai qu'il fait partie du monde : cette appartenance au monde se réalise par son corps, grâce auquel il rentre en relation avec d'autres étants sur un mode qui relève de la relation entre réalités substantielles. En vérité, la difficulté peut être formulée à un double niveau : tout d'abord, au plan théorique, on ne voit pas ce que peut signifier une véritable intramondanéité du *Dasein*, si elle ne passe pas par une dimension qui serait commune au *Dasein* et aux autres étants : telle est exactement la fonction du corps, dont le concept même est traversé par l'équivocité du simplement substantiel et de l'existentiel, mais aussi de l'être-en-vie et du vivre, c'est-à-dire du *Leben* et de l'*Erleben*. On se demande donc ce que peut vouloir dire l'intramondanéité du *Dasein*, revendiquée contre Husserl, si elle ne passe pas par la dimension de l'incarna-

1. « Il appartient à l'essence du *Dasein* d'exister de telle sorte qu'il est toujours déjà auprès d'un étant autre que lui », *Die Grundprobleme der Phänomenologie*, trad. J.-F. Courtine, Paris, Gallimard, 1985, p. 195.

2. *Op. cit.*, p. 59.

tion, c'est-à-dire si l'être-en-vie est d'emblée et de part en part dissous dans l'existence. Mais la difficulté a un écho au plan strictement phénoménologique, en ce que l'expérience de la subjectivité est indissolublement celle de son incarnation, comme Hans Jonas ou Merleau-Ponty l'ont parfaitement montré. Nous ne faisons pas l'épreuve d'une conscience qui serait, comme de surcroît, douée d'un corps, mais d'une conscience qui n'est ce qu'elle est qu'en tant qu'elle est incarnée, de telle sorte que, comme le dit Jonas, il y a comme une autotranscendance de chaque versant dans l'autre. Si la subjectivité est bien existence, il faut donc ajouter que cette existence implique une dimension qui la situe aussi du côté des étants qui ne sont pas le *Dasein* et qui vient ainsi brouiller la pureté du partage entre existential et catégorial. Du reste, Heidegger lui-même le reconnaît dans la lettre déjà mentionnée. Il ajoute en effet : « La constitution transcendantale est une possibilité centrale de l'existence du Soi facticiel. Celui-ci – l'homme concret – n'est comme tel, en tant qu'étant, jamais un "fait réel mondain", parce que l'homme n'est jamais *seulement* présent-subsistant mais existe »[1]. Le point décisif est ici la reconnaissance du fait que si l'homme n'est jamais *seulement* présent-subsistant, il l'est toujours *aussi*. Cela revient bien à réintroduire incidemment une dualité en l'homme, qui ne peut que correspondre à celle de l'existence et de l'incarnation. Heidegger prétendait rendre compte de la constitution transcendantale sans quitter le plan mondain, comme le faisait Husserl, grâce à la mise en évidence d'une différence de mode d'être entre le *Dasein* et ce qui n'est pas lui. Il était ainsi censé retrouver l'unité du subjectif-constituant et du subjectif empirique ou concret. Mais, en vérité, le clivage husserlien du transcendantal et de l'empirique n'est pas tant surmonté que *déplacé* ou transporté au plan mondain lui-même sous la forme du clivage en l'homme entre l'existence et la présence-subsistante. En définissant la subjectivité comme existence, dont la vitalité elle-même serait un moment, Heidegger ne se situe certes plus dans un Absolu hors du monde, comme le faisait Husserl, mais il ne rejoint pas pour autant la plénitude concrète de la subjectivité, qui enveloppe aussi l'incarnation. La reconnaissance de la spécificité ontologique du *Dasein* a donc pour contrepartie le clivage en lui de l'existential et du corporel, forme déplacée du partage du transcendantal et de l'empirique. Nous sommes finalement confrontés à une alternative : ou bien nous nous en tenons à ce que nous dit Heidegger de l'essence du *Dasein*, mais alors il faut admettre que la présence-subsistante, c'est-à-dire l'incarnation, à travers laquelle le *Dasein* se donne aussi, n'est *pas* le *Dasein* puisqu'elle n'est pas existence et il faut en conclure par là-même

1. *Op. cit.*, p. 68.

que le *Dasein* n'est pas véritablement dans le monde. Ou bien on admet que la présence-subsistante corporelle fait partie de l'être du *Dasein*, qui se trouve ainsi réellement appartenir au monde, mais il faut alors renoncer au partage de l'existential et du catégorial, ce qui revient, semble-t-il, à nier l'une des avancées significatives de Heidegger. Cependant, l'apport décisif de Heidegger est bien d'avoir montré que la détermination de la fonction constitutive de la subjectivité passe par celle de la singularité du mode d'être du *sum*. Ainsi, il n'est pas question de revenir au sujet substantiel de l'attitude naturelle sous prétexte que sa détermination comme existence nous a parue encore abstraite : il s'agit au contraire – telle est sans doute la tâche d'une philosophie authentique de la subjectivité – de s'enquérir d'un sens d'être du sujet (par-delà le transcendantal husserlien et l'existential heideggerien) qui permette de surmonter le clivage de l'existentiel et de la présence-subsistante et de comprendre ainsi comment la singularité ontologique du sujet n'est pas nécessairement au détriment de son intramondanéité, comme c'est finalement encore le cas chez Heidegger. Il faut donc enfin répéter vis-à-vis de Heidegger lui-même le geste qu'il effectue à l'égard de Husserl : rechercher un mode d'être plus profond ou moins abstrait que l'existence heideggerienne, rejoindre l'unité concrète du sujet par-delà le partage de l'existentiel et du substantiel, comme Heidegger la recherchait par-delà la scission de l'Absolu transcendantal et de l'empirique. Bref, saisir un mode de présence-subsistante tel que l'existentialité puisse s'y enraciner, ou une transcendantalité profondément inscrite dans l'empirique, faisant ainsi converger la dimension centrale ou constitutive de la subjectivité et son épreuve concrète.

Il me semble que la voie empruntée par la phénoménologie de Jan Patočka, voie seulement esquissée, répond aux conditions du problème. Cette phénoménologie s'enracine dans une méditation critique de la philosophie de Husserl, méditation qui met en évidence une inconséquence dans la démarche husserlienne et veut donc en restituer la signification authentique. Cette inconséquence réside précisément dans ce que l'on a appelé le subjectivisme husserlien, c'est-à-dire dans le déplacement qu'il fait subir au statut de la phénoménalité. En toute rigueur, l'*épokhé* phénoménologique, en neutralisant la thèse d'existence de l'attitude naturelle, met au jour le phénomène du monde ou le monde comme phénomène : sa fonction est précisément d'établir que l'existence en soi n'est rien pour le monde, que celui-ci demeure monde après l'*épokhé*, bref que sa transcendance n'est pas compromise par la neutralisation de la thèse d'existence. Autant dire que le champ phénoménal est « objectif », au sens où il est transcendant de part en part. S'il est par ailleurs subjectif, c'est au sens où il ne repose pas en soi mais porte la marque de celui à qui il apparaît, qu'il se donne en perspective et partiellement. Il faut donc distinguer, au sein même du champ phénoménal, les moments médiateurs de l'objet, par exemple le rouge de cette boîte – qui se retire en général à l'arrière-plan mais peut aussi faire l'objet d'une perception – et l'objet médiatisé, qui apparaît à travers ce moment médiateur. En toute rigueur, donc, l'*épokhé* met en évidence l'autonomie de l'apparaître, objet propre de la phénoménologie, c'est-à-dire l'indépendance de sa structure vis-à-vis de celles de l'étant apparaissant. Or, c'est précisément ce que Husserl ne parvient pas à reconnaître pleinement : il étaye la sphère phénoménale sur un étant singulier, la subjectivité, qui est chargée de rendre compte à partir de son élément propre, c'est-à-dire des vécus, de la teneur de sens du monde phénoménal transcendant, bref de le constituer. Autrement dit, Husserl ne parvient pas à penser la subjectivité du champ phénoménal autrement qu'en termes d'appartenance à la sphère d'un étant singulier, la conscience caractérisée par les vécus :

> alors que « subjectivité » était pris d'abord au sens du langage courant, désignant le phénoménal (et, en ce sens, « objectif ») qui prend en considération les perspectives, les modes de donation [...], notre approche des choses à la différence des choses en elles-mêmes (qui sont sans perspective), le subjectif comme vécu est maintenant distingué du phénoménal qui apparaît dans le vécu [1].

De là la tentative de rendre compte de l'objet à partir du seul jeu des vécus hylétiques et noétiques, c'est à dire d'engendrer, en quelque sorte, la transcendance à partir d'une sphère d'immanence. La différence entre moment médiateur et objet médiatisé se creuse et se dégrade sous la forme de la différence entre un donné hylétique immanent (le rouge vécu et non pas spatial, c'est-à-dire perçu) et le moment noématique correspondant (le rouge spatial, perçu), la transformation s'opérant par la vertu de la noèse. Or, note Patočka, « comment le vécu, originairement donné à soi-même dans la réflexion, s'y prend-il pour faire apparaître une transcendance du côté objectif ? C'est incompréhensible. » [2].

Le subjectivisme husserlien, comme étayage de la sphère phénoménale sur une conscience, procède d'une grave inconséquence : il consiste en effet à faire reposer le champ de l'apparaître sur un apparaissant, la conscience, qui, si elle a certes un statut singulier, n'en dépend pas moins, comme tout apparaissant, de la structure générale de l'apparaître. Après tout, comme

1. *Qu'est-ce que la phénoménologie ?,* trad. E. Abrams, Grenoble, J. Millon, 1988, p. 207.

2. *Ibid.*, p. 208.

apparition à soi-même, la conscience relève bien de l'apparaître et c'est donc à partir des structures générales de l'apparaître qu'il faut penser l'expérience de la conscience, au lieu de faire de cette expérience la source même de l'apparaître. Comme l'écrit nettement Patočka, « il y a un champ phénoménal, un être du phénomène comme tel, qui ne peut être réduit à aucun étant qui apparaît en son sein et qu'il est donc impossible d'expliquer à partir de l'étant, que celui-ci soit d'espèce naturellement objective ou égologiquement subjective »[1]. Il faut noter ici que ce subjectivisme, qui est une inconséquence phénoménologique, repose en dernière analyse sur l'intuitionnisme. La phénoménologie de Husserl est en effet structurée par la polarité de la visée à vide et du remplissement, ce qui signifie que le *telos* de tous les actes, c'est la plénitude que confère le remplissement, bref la perception comme intuition donatrice originaire. Un défaut *dans* la donation, c'est-à-dire une lacune ou un vide, est toujours au fond un défaut *de* la donation, c'est-à-dire une donation imparfaite. Or, on s'en souvient, le privilège conféré à la subjectivité tient au fait que l'expérience qu'elle désigne est caractérisée par la pleine adéquation, par la transparence. C'est précisément en raison de cette différence phénoménologique entre le caractère adéquat et nécessaire des vécus et le caractère inadéquat et contingent de l'objet perçu que Husserl pensait la réalité comme relative à la conscience. Or, il est légitime de se demander si cette idée de la subjectivité est phénoménologiquement fondée ou si elle n'est pas plutôt la conséquence d'une interprétation d'emblée *intuitionniste* du *cogito* cartésien. Comme l'écrit Patočka, « la certitude de soi de l'existence de l'*ego*, du *sum*, est interprétée comme présence, la présence comme autodonation originaire. Or, l'autodonation originaire requiert un objet correspondant. De là la supposition de l'acte de conscience, de la noèse originairement saisissable dans la réflexion »[2]. Finalement, si Husserl interprète la phénoménalité en termes subjectivistes, c'est parce qu'il interprète le *cogito* en termes intuitionnistes, ce qui le conduit à comprendre la certitude du *cogito* comme donation sans reste d'un contenu nécessairement immanent, d'un vécu. Or, il ne va pas de soi que l'apodicticité du *cogito* signifie son adéquation ; la certitude de *mon* existence ne signifie pas nécessairement la donation immanente et adéquate d'une réalité proprement subjective. Au contraire, nous allons voir que, en tant qu'il relève d'une structure générale de l'apparaître caractérisée par la non-coïncidence, le *cogito* exclut l'adéquation : l'être-auprès-de-soi recouvre une absence de soi.

1. *Ibid.*, p. 239.
2. *Ibid.*, p. 243.

Il suit de ce qui précède que l'*épokhé* patockienne, en tant que voie d'accès à l'apparaître comme tel, doit faire l'économie de tout recours à l'apparaissant, y compris le vécu, bref doit porter sur la subjectivité elle-même. Il s'agit d'une *épokhé* sans réduction (à la région conscience) puisque la conscience elle-même s'y trouve neutralisée. Or, c'est à cette condition – c'est-à-dire en neutralisant l'attitude naturelle en son sens le plus profond, qui consiste à fonder l'apparaître sur un apparaissant – que sera libéré le statut authentique de la subjectivité : « Ne se pourrait-il pas que la thèse de l'*ego*, dans l'*a priori* qui la rend possible, me devienne alors seulement accessible en vertu de ce pas en arrière ? Ne se pourrait-il pas que l'immédiateté de la donation de l'*ego* soit un "préjugé", que l'expérience de soi ait, de même que l'expérience des choses, un *a priori* spécifique qui rend possible l'apparaître de l'*ego* »[1] ? Quel est alors le résultat de cette *épokhé* ? Patočka répond :

> Nous considérons comme appartenant à la structure de l'apparaître en tant que tel cette totalité universelle de l'apparaissant, le grand Tout, ainsi que ce à quoi l'apparaisant apparaît, la subjectivité (ayant une structure pronominale vide, à ne pas identifier avec un sujet singulier fermé) et le comment de l'apparaître dont relève la polarité remplissement-évacuation[2].

L'apparaître est décrit à partir de ses trois moments essentiels, dont il faut saisir l'étroite corrélation. Tout d'abord, l'apparaître est constitutivement apparaître d'un monde, c'est-à-dire d'une totalité intotalisable, qui est présupposé par toute position d'objet et dont l'apodicticité est équivalente à celle du *sum* dans le *cogito*. Patočka rompt ici avec la tendance husserlienne à confondre monde et objet en raison du principe de l'absence de limite de la raison objective, c'est-à-dire du *telos* de l'adéquation. Or, si toute apparition est apparition d'un monde comme totalité par essence imprésentable, il faut reconnaître que l'apparition est caractérisée par une déficience ou un excès constitutifs, qu'elle renvoie à une totalité dont elle est la négation, qu'elle est toujours présence d'une absence. En vérité donc, il y a toujours une déficience dans la donation, qui n'est plus une déficience de la donation mais au contraire sa condition la plus profonde. Autant dire que l'apparaître est caractérisé par la structure d'horizon ou que l'horizontalité est « la forme concrète de l'expérience de l'*a priori* »[3]. Enfin, il n'y a pas d'apparaître qui ne soit apparaître à (un sujet) en ce qu'un apparaître en soi est évidemment une absurdité. Mais cela ne signifie pas que le sujet

1. *Ibid.*, p. 257.
2. *Papiers phénoménologiques*, trad. E. Abrams, Grenoble, J. Millon, 1995, p. 177.
3. *Ibid.*, p. 246.

crée ou constitue l'apparaître, pour cette première raison fondamentale que, si l'apparaître est par essence apparaître d'un omni-englobant, le sujet en fait nécesssairement partie comme n'importe quel autre étant : loin de constituer l'apparaître il en dépend en tant qu'apparition spécifique. Le sujet n'est pas constituant mais co-conditionnant ou co-déterminant : c'est lui qui vient polariser l'apparition, qui ouvre l'écart de l'apparition finie et du monde dont elle est l'apparition. Le sujet est cet étant qui est capable de se rapporter à une totalité sur le mode de sa propre absence, en tant qu'il est un sujet intramondain et donc assigné à des apparitions finies. L'excès irréductible de l'apparaissant ultime qu'est le monde suppose la finité de l'apparition, qui suppose elle-même la finitude du sujet. Ainsi, à rebours de l'intuitionnisme husserlien, l'apparaître chez Patočka est caractérisé par l'impossibilité principielle de l'adéquation : « Le sens de l'*épokhé* est ainsi inversé : ce qui est trouvé comme "déjà là", ce qui ressort, ce n'est pas ce qui est absolu en tant que "*datum* immanent" mais le "trans" (*das "darüber hinaus"*), ce qui *s'oppose à la coïncidence* de l'intuitionné avec l'intuitionnant en renvoyant toujours par-delà et en étant toujours au-delà – Proto-horizon, "là" »[1]. C'est donc finalement en tant que l'apparaître est caractérisé par la non-coïncidence, par la structure d'horizon, qu'il est nécessairement apparaître d'un monde et apparaître à un sujet fini.

Nous sommes maintenant en mesure de poser la question du sens d'être du sujet, qui doit satisfaire à plusieurs conditions. Il s'agit d'un sujet intramondain, comme Heidegger l'avait déjà établi, dont la certitude de soi (*ego sum*), que Patočka ne conteste pas, ne repose en aucune façon sur une adéquation : en vertu de la structure générale de l'apparaître, la certitude de soi du sujet implique nécessairement une dimension d'absence. D'autre part, il s'agit d'un sujet capable d'horizon, c'est-à-dire capable d'ouvrir l'écart de l'apparition et du monde, capable de transcender l'apparition vers le Tout dont elle est la négation. À la lumière de ces exigences, il apparaît que le sujet doit être compris comme *sujet vivant* et sa subjectivité comme *mouvement*. À un apparaître autonome, qui n'est pas constitué, c'est-à-dire présenté dans des vécus, ne peut correspondre qu'un sujet pratique ou moteur, qui vient en quelque sorte répondre à l'horizon bordant les apparitions en se comportant par rapport à lui[2]. Montrons donc comment le mouvement vivant, ou subjectif, répond aux conditions du problème. Tout d'abord, c'est dans le mouvement que se réalise véritablement l'incarnation, c'est-à-dire l'unité de la subjectivité et de l'extériorité. Le propre du

1. *Ibid.*, p. 260.

2. Cf. *Qu'est-ce que la phénoménologie ?*, p. 246 : « les choses apparaissantes "ont quelque chose à me dire" ; elles me disent ce que j'ai à faire ».

mouvement subjectif, c'est-à-dire du vécu d'impulsion, par rapport à tout autre vécu, notamment représentatif, c'est qu'il ignore le partage de la visée à vide et du remplissement : son intention est réalisation dans l'extériorité, son « je peux » est un « je fais ». Comme le dit Patočka, « en un certain sens, on peut donc parler, dans le cas du mouvement subjectif, d'une réciprocité, d'une identité du vécu et de la réalité. Le mouvement subjectif est une réalité vécue, une efficace vécue »[1]. Il n'y a donc d'incarnation véritable que comme mouvement : l'intramondanéité comme intramondanéité *d'un sujet* ne peut se comprendre que comme motricité. Or, il s'ensuit que la certitude de soi de la subjectivité exclut l'intuition et, a fortiori, l'adéquation : si cette certitude de soi s'éprouve en effet dans le mouvement subjectif, elle a pour substrat, non pas un contenu subjectif mais bien une sortie de soi, une avancée dans le monde et elle a donc pour corrélat une absence de soi. Patočka l'affirme à plusieurs reprises : « l'on a un savoir de soi-même dans le mode de l'ignorance de soi – ce qui dans tout intérêt est pour soi-même sans intérêt, ce qui dans tout faire n'est pas un objet, qui ne fait pas retour à soi, c'est le moi… »[2]. Enfin, seul le mouvement vivant, qui ouvre le monde en allant vers lui et que Patočka nomme parfois « force voyante », est en mesure de répondre à la structure de l'apparaître. En effet, il n'y a d'horizon, comme présence de ce qui demeure indéfiniment absent, que pour un sujet qui s'avance vers lui, qui y pénètre, et en aucun cas pour un sujet théorique, qui en ferait aussitôt un objet. Plus précisément, le propre du mouvement vivant est qu'il va quelque part, qu'il délimite un champ, qu'il s'approche et rentre en contact avec quelquechose, bref, qu'il se rapporte à une apparition finie – mais de telle sorte que, d'autre part, il est indéfiniment capable de se reprendre lui-même, de transcender chaque position finie vers son horizon, si bien que tout repos n'est qu'un moment du mouvement. Il y a donc une indéfinité constitutive du mouvement qui est exactement corrélative du caractère intotalisable du monde auquel il se rapporte : l'excès du « je peux » sur le « je fais » est le miroir exact de l'excès du monde sur ses actualisations finies. Bref, l'écart toujours creusé du monde et de ses apparitions finies est conditionné par un sujet qui, en tant que vivant, c'est-à-dire moteur, est caractérisé par l'excès indéfini de l'impulsion sur ses effectuations spatiales. C'est pourquoi Patočka distingue en vérité deux niveaux du mouvement, qui correspondent à la différence du sujet et de ses accomplissements :

> Il faut distinguer les mouvements *d'ensemble* des mouvements partiels et singuliers. Les mouvements d'ensemble tiennent au fait

1. *Papiers phénoménologiques*, p. 74.
2. *Ibid.*, p. 82.

> que notre vie *est* un mouvement, que notre être-au-monde est un *cheminement* continuel. [...] Les mouvements partiels et singuliers sont des kinesthésies, des actions, des actes singuliers et instrumentaux, dans lesquels le mouvement total se retire et se concentre à un instant donné, qui en sont le véhicule, sans pour autant qu'il soit possible de composer le mouvement total à partir des mouvements partiels et singuliers [1].

Il est enfin possible de satisfaire aux réquisits d'une philosophie du sujet tels qu'ils ont été déterminés au terme de la confrontation avec Heidegger : il s'agissait de découvrir un mode d'être du sujet qui transcende la distinction de l'existentiel et du substantiel-subsistant, c'est-à-dire finalement de l'existential et du vital. Le mouvement tel qu'il a été défini, « force voyante », me paraît satisfaire à ces réquisits. Il faut d'abord noter que Patočka critique précisément Heidegger sur la question de l'incarnation : « La praxis est en effet la forme originelle de la clarté, mais Heidegger ne prend jamais en considération le fait que la praxis originelle doit être par principe l'activité d'un sujet *corporel*, que la corporéité doit donc avoir un statut ontologique qui ne peut être identique à l'occurence du corps comme présent ici-maintenant » [2]. Finalement, si Heidegger pense le *Dasein* hors de l'incarnation, c'est parce qu'il est prisonnier d'une idée encore naïve du corps, qui ne fait justement pas sa part au mouvement vivant. Or, en pensant le mouvement de l'existence comme mouvement de la vie renvoyant à une impulsion fondamentale, mouvement qui se réalise sous forme de mouvements corporels concrets, Patočka surmonte la dualité de l'existentiel et du présent-subsistant, encore prégnante chez Heidegger. En tant que l'existence est mouvement, c'est-à-dire enracinée dans une vie, elle ne se distingue pas des mouvements corporels effectifs par lesquels le sujet incarné s'avance vers le monde : la dualité heideggerienne de l'existentiel et du présent-subsistant se résorbe dans l'unité duelle du mouvement général de l'existence, corrélatif de la donation d'un monde intotalisable, et des mouvements partiels par lesquels le sujet en commande les apparitions finies. C'est donc bien dans une pensée de la subjectivité comme vie que l'on parvient à concilier sa dimension constitutive avec sa dimension corporellement éprouvée.

1. *Le monde naturel et le mouvement de l'existence humaine*, trad. E. Abrams, Dordrecht, Kluwer, 1988, p. 106.

2. *Ibid.*, p. 92.

CHAPITRE IX

LA VIE PERCEPTIVE

Husserl est le premier a avoir reconnu et mis en évidence la spécificité de la perception – intuition donatrice originaire qui est, à ce titre, source de droit pour la connaissance – et, par conséquent, son irréductibilité à la sensation ou l'intellection, ce qui démarque Husserl à la fois de l'empirisme et de l'intellectualisme. En effet, la perception est caractérisée comme donation par esquisses (*Abschattungen*) : l'objet se présente dans l'esquisse comme ce qui n'est cependant *qu*'esquissé en elle, c'est-à-dire comme ce qui la dépasse, ne s'y réduit pas et prescrit donc un cours réglé d'esquisses nouvelles. Cela revient à dire que l'esquisse est tout autant esquive : sa fonction de monstration de l'objet ne signifie pas qu'elle s'abolisse à son profit, qu'elle lui laisse place ; au contraire, l'esquisse recouvre toujours l'objet, qui ne se donne que comme à jamais absent. Il faut souligner que cette structure de donation n'est pas l'effet d'une impuissance de notre connaissance, comme le voudrait l'intellectualisme, mais bien une détermination eidétique de la perception : Dieu lui-même ne peut percevoir une chose que par esquisses car, s'il la possédait exhaustivement, comme l'affirme l'intellectualisme, ce ne serait plus une chose mais un vécu (et son aspect ne serait plus une esquisse mais un signe). Avec cette théorie de la donation par esquisses, Husserl reconnaît ainsi que le propre d'une chose, c'est de me transcender, que l'indice de la réalité c'est l'extériorité à la conscience, de sorte que la perception, en tant qu'elle porte précisément sur une chose ou une réalité, doit me délivrer cette transcendance, m'ouvrir à elle. Puisque la chose est par essence ce qui me transcende et puisque, d'autre part, nous avons une expérience des choses, il ne doit pas y avoir d'alternative entre expérience et transcendance, entre conscience et extériorité : le perception nomme exactement cette unité d'une possession et d'une dépossession et le problème de la perception n'est autre que le problème du mode d'unité ou de conciliation de ces deux dimensions apparemment antagonistes, celle de l'immanence et celle de l'extériorité. Comme puis-je m'approprier ce qui me transcende, comment puis-je saisir en moi ce qui, par essence, ne peut exister que hors de moi ? Tel est exactement, saisi sous sa forme originelle et fondatrice, le problème général de l'intentionnalité.

Or, dès lors que ces deux dimensions sont attestées dans notre expérience – nous faisons l'expérience de quelque chose, qui se *donne* à nous comme *excédant* l'expérience que nous en faisons (le mystère de la perception réside exactement dans cette donation d'un excès, donation non d'un contenu mais de ce qui transcende tout contenu) – le problème se cristallise sur le *sujet* de la perception, comme le lieu où ces deux dimensions ne font, de fait, qu'une seule. Comment caractériser ce sujet de la perception, le percevant, de telle sorte que soient respectées toutes les dimensions de l'expérience, c'est-à-dire de telle sorte que possession de la chose et dépossession par la chose ne fassent pas alternative ? Or, on peut affirmer sans risque que Husserl n'est pas parvenu à conquérir un concept du sujet qui soit adéquat aux traits eidétiques du perçu qu'il a mis génialement en évidence, qu'il y a donc un décalage entre la description du perçu et la théorie de la constitution, censée répondre à cette description – au moins dans sa forme canonique (*Ideen I*). On pourrait dire, pour aller à l'essentiel et en reprenant les analyses magistrales de Gérard Granel, qu'il y a une tension entre la méthode intuitionniste sous-jacente à la démarche transcendentale et les traits descriptifs du perçu. En effet, le propre de la présence, telle qu'elle est caractérisée dans une théorie de l'intuition, c'est qu'elle n'a de sens que comme *présentation* de la chose même : « que la table soit *donnée* et qu'elle le soit *elle-même* ne sont précisément pas deux faits, mais une seule et même chose, et cette situation définit l'essence de l'intuition. La chose de l'intuition est un étant-présent qui est lui-même présent dans tout ce qui le présente »[1]. L'objet de l'intuition étant un étant dont l'être est de part en part *présentation*, il faut conclure que, pour l'intuition, « ce n'est pas une aventure mais une définition que de se trouver remplie »[2]. On saisit par là-même la nécessité pour une telle philosophie de se faire philosophie de la conscience dans un sens éminent, c'est-à-dire philosophie qui *constitue* l'Être dans la conscience, qui pense la conscience, selon la formule de Fink, comme l'*universum* de l'être absolu. En effet, dire que l'étant intuitionné a pour être la Présentation,

1. *Le sens du temps et de la perception chez Husserl*, Paris, Gallimard, 1968, p. 144.
2. *Ibid.*, p. 145.

c'est dire qu'il n'a de réalité que pour et dans l'étant qui est susceptible de recueillir une présentation, c'est-à-dire de représenter : la conscience. L'intuition affirme l'identité de l'objet et de son-être vu ou de son être-su (*bewusst-sein*), ce qui revient bien à en déterminer l'être comme conscience. Comme l'écrit encore très clairement Granel, « Établir que le sens phénoménologique de l'Être est la Présentation ne peut cependant être compris qu'à la condition que la Conscience, elle-même prise au sens phénoménologique, soit reconnue comme l'Être »[1]. Bref, la détermination de la présence intuitive comme présentation de la chose même et sa constitution dans un conscience, où gît finalement son être, sont les deux aspects du même geste.

Or, on voit clairement comment cette détermination de la présence entre en conflit avec les traits eidétiques du perçu : si le remplissement de l'intuition n'est pas pour elle une aventure mais bien une définition, la visée à vide qui correspond aux aspects non perçus de l'objet et finalement à l'objet lui-même comme totalité, loin d'être irréductible, ne peut recouvrir que *l'absence provisoire* de ce qui, en droit, doit pouvoir être présenté. En d'autres termes, qui sont ceux là-même que Husserl emploie lorsqu'il passe au plan de la phénoménologie de la raison, « à tout objet qui existe véritablement correspond par principe l'idée d'une conscience possible dans laquelle l'objet lui-même peut être saisi de façon originaire et dès lors parfaitement adéquate »[2]. Dès lors, le retrait de l'objet dans l'esquisse ne peut être compris que comme une distance provisoire, que le cours ultérieur des esquisses viendra abolir. L'absence constitutive de l'objet perçu au sein de l'esquisse se dégrade sous la forme d'une imperfection renvoyant à l'horizon d'une donation adéquate possible : le cours des esquisses, loin de réitérer la donation de l'objet en son irréductible distance, devient une marche vers l'adéquation. Autant dire que c'est la transcendance du perçu qui se trouve ici compromise par les présupposés les plus fondamentaux de la phénoménologie husserlienne, alors même que cette transcendance avait été reconnue au plan de la description. Or, puisque ces présupposés – identité de l'être et de la présentation, de la chose et de son être-vu – reviennent, comme on l'a vu, à déterminer le sujet de la perception comme conscience, il faut conclure que c'est à la condition de *renoncer à définir le sujet de la perception comme conscience* que l'on pourra respecter les traits descriptifs du perçu. Ainsi, le sujet de la perception, que nous recherchons, est-il au moins circonscrit négativement, à la lumière de ce qui est imposé par les traits descriptifs du perçu.

1. *Ibid.*, p. 146.
2. *Ideen I*, trad. P. Ricœur, Paris, Gallimard, 1950, p. 478.

C'est de cette spécificité du perçu que part Merleau-Ponty. On pourrait dire que son œuvre est tout entière consacrée à penser l'unité de ces traits apparemment incompatibles. Dès l'Avant-Propos de la *Phénoménologie de la perception*, mais plus nettement encore dans *Le visible et l'invisible*, Merleau-Ponty critique en effet la soumission de la phénoménologie husserlienne à l'intuition eidétique, qui le conduit à scinder le sens de son inscription spatio-temporelle, la forme de la matière. Corrélativement, il dénonce la perspective transcendantale, en tant qu'elle trahit l'être du sujet et laisse dans l'obscurité le rapport du sujet transcendantal à sa propre dimension empirique. C'est pourquoi Merleau-Ponty aborde la question de la perception à partir du *corps propre*, qui en est à ses yeux le sujet véritable. Les résultats de la psycho-physiologie gestaltistes tout comme l'analyse phénoménologique, dès lors qu'elle se trouve débarrassée des préjugés de la pensée objective, convergent vers la mise en évidence d'une conscience incarnée, qui se confond avec son propre mouvement d'échappement vers le monde, qui ne s'ignore pas plutôt qu'elle ne se connaît et qui manifeste une intimité confuse avec l'objet plus profonde que le rapport de représentation. Il suit de là que l'objet perçu ne peut plus être conçu comme une entité en droit pleinement déterminable, incarnée dans une matière où sa transparence se brouillerait : en tant que corrélative du corps propre, la chose perçue enveloppe une opacité qui n'est pas l'envers d'une transparence possible, elle ne se donne que comme retenue dans une matière qui n'est plus dès lors la négation de l'apparaissant mais bien la condition de son apparition. Nul, mieux que Merleau-Ponty, n'est parvenu à donner pleinement son sens à l'idée husserlienne de la donation par esquisses et à en tirer toutes les conséquences. C'est particulièrement le cas dans *Le visible et l'invisible*, où Merleau-Ponty comprend la nécessité de renoncer à la catégorie même de conscience. L'idée d'une visibilité qui enveloppe une invisibilité constitutive, invisibilité qui n'est pas la promesse d'une autre visibilité mais bien la distance ou la profondeur requises par l'apparition du visible même, cette idée est la formulation la plus rigoureuse de la conception husserlienne de la transcendance perceptive, telle qu'elle est thématisée dans l'*Abschattungslehre* : « voir, c'est toujours voir plus qu'on ne voit » [1], dit profondément Merleau-Ponty.

Cependant, il faut reconnaître que la conception merleau-pontienne du sujet de la perception demeure en retrait sur sa conceptualisation du perçu, recueillie par les concepts de « dimension », de « niveau » ou de « rayon du monde » : manque une théorie de la subjectivité percevante qui soit adéquate aux structures du champ phénoménal. En effet, Merleau-Ponty

1. *Le visible et l'invisible*, Paris, Gallimard, 1964, p. 300.

demeure tributaire jusqu'au bout de la dualité qui est inhérente au concept de corps propre, dualité de l'intérieur et de l'extérieur, de la conscience et de l'étendue : le corps demeure le « véhicule de l'être-au-monde » et la conscience « l'être à la chose par l'intermédiaire du corps ». Plus précisément, il reconnaît une dimension d'existence originale, d'où procède la possibilité de la perception, mais il ne parvient à la décrire qu'à partir du corps propre, c'est-à-dire de la dualité niée, et par conséquent reconnue, de la conscience et de l'extériorité. En ce sens, la description du sujet de la perception comme touchant-touché, voyant-visible ne progresse pas d'un pas par rapport à la *Phénoménologie de la prception*, dans la mesure où elle revient à admettre *d'emblée* la dualité du vécu (touchant, voyant) et de la chose (touché, visible), de l'intérieur et de l'extérieur. Merleau-Ponty réduit au maximum l'écart du sujet transcendantal et du sujet empirique, il en affirme l'unité, mais cette affirmation enveloppe toujours la reconnaissance du caractère indépassable de la dualité, c'est-à-dire finalement du vocabulaire de la conscience. C'est en ce sens qu'il reste husserlien jusqu'au bout : l'approche du perçu à partir du touchant-touché vient en droite ligne de *Ideen II* et, en vérité, n'y ajoute rien. Ainsi, il ne faut pas reprocher à l'ontologie de Merleau-Ponty d'être trop éloignée de la philosophie de la conscience mais bien d'en être encore trop *proche*. Loin de représenter une véritable mise en question de la conscience, le corps propre n'en est qu'une forme plus sophistiquée : insister sur le corps propre ce n'est pas renoncer à la conscience mais c'est simplement établir que le type d'immanence qui la caractérise implique un mode d'inscription dans l'extériorité. Merleau-Ponty montre seulement que c'est dans et comme une certaine sensibilité, sensibilité qui implique sa propre localisation, que la conscience peut en quelque sorte s'effectuer – ce que Husserl savait déjà. Franck Tinland a donc raison d'affirmer que « cette incarnation du *cogito*, pour intéressante qu'elle soit, va ici de pair avec une sorte de désincarnation du corps »[1].

Dès lors, il me semble que le concept de *chiasme*, central dans la dernière œuvre, loin de représenter une avancée, demeure un concept problématique, qui trahit la distance entre les concepts mis en œuvre et ce qu'ils prétendent décrire. Le chiasme vise à qualifier la spécificité du rapport au monde qui est à l'œuvre dans la perception. Or ce rapport est décrit comme relation croisée entre quatre termes, sur la base d'un dédoublement originaire de chacun des pôles, subjectif et objectif : « chiasme mon corps-les choses, réalisé par le dédoublement de mon corps en dedans

1. *La différence anthropologique. Essai sur les rapports de la nature et de l'artifice*, Paris, Aubier Montaigne, 1977, p. 22.

et dehors – et le dédoublement des choses (leur dedans et leur dehors) » [1]. Dès lors, on peut affirmer que, dans la mesure où mon corps est en même temps dedans et dehors, voyant et visible, mon incarnation, c'est-à-dire *mon* passage dans l'extériorité est en même temps venue de l'extériorité à la phénoménalité : puisque mon corps est du côté du monde, le mouvement centrifuge de ma conscience vers le monde (mon incarnation) coïncide avec un mouvement de sens inverse, qui va du monde vers sa perception. Mais, en vérité, on n'est tenu de décrire la perception en termes, complexes, de chiasme que parce que l'on a commencé par dédoubler le sujet en intérieur et extérieur et le monde en Être et phénomène. En d'autres termes, Merleau-Ponty ne parvient à dépasser la dualité (et l'absence de relation) de la conscience et de l'objet, dépassement requis par l'intentionnalité perceptive, qu'en reconduisant cette dualité au sein de chacun des deux pôles. De là cette relation complexe à quatre termes, qui trahit l'incapacité à se défaire de la référence à la bipolarité du vécu et du corps, du dedans et du dehors, et qui vise bien à combler l'écart entre des catégories issues de la philosophie de la conscience et une perception qui en est la contestation vivante. Comme Husserl, Merleau-Ponty cherche à *construire* la relation à partir d'un sujet dont la bipolarité (empirique/transcendantal) n'est pas profondément questionnée, au lieu d'interroger le sujet *à partir* de la relation perceptive : le seul pas franchi vis-à-vis de Husserl consiste à partir d'un sujet incarné plutôt que d'un pur sujet transcendantal, mais la méthode est finalement la même. Dès lors, Merleau-Ponty est condamné à constater la coexistence, au sein de notre expérience, d'une passivité et d'une activité, sans parvenir à exhiber un sens d'être du sujet où puisse se fonder cette coexistence.

Il suit de là que le problème de l'intentionnalité perceptive doit être abordé dans des termes résolument neufs. Ce qui est en question, c'est le statut du sujet percevant en tant qu'il conditionne les traits singuliers de la perception. La tentation, qui est celle de Merleau-Ponty, est de substituer au *cogito* réflexif, qui conduit nécessairement à rabattre la perception sur un acte intellectuel, l'expérience singulière du corps, dont l'accès nous est facilité par les résultats objectifs des sciences gestaltistes du comportement. Or, notre critique a pour but et sens d'établir que le passage par cette expérience reconduit à une philosophie de la conscience ou du vécu, où le tissu de l'intentionnalité se trouve inévitablement manqué. Finalement, c'est le point de vue « interne » de l'analyse des vécus qui se trouve condamné et avec lui sans doute l'essentiel de la phénoménologie « orthodoxe », puisque le passage par le vécu de notre corps ne nous permet pas d'avancer

1. *Le visible et l'invisible*, p. 317.

d'un pouce dans la détermination de la perception. Bref, c'est sans aucun doute un corps qui perçoit, mais on ne peut en ressaisir le sens qu'à la condition de renoncer à le décrire de l'intérieur car, en procédant ainsi, on ne fait rien d'autre que décrire *l'intériorité même*, c'est-à-dire l'immanence caractéristique de tout vécu. Saisir le corps comme propre, c'est-à-dire comme mien, c'est déjà le manquer comme corps, et si on veut le déterminer aussi comme corps, il faut alors renoncer à l'appréhender comme mien. Pour le dire encore plus brutalement : il n'y a qu'un seul sens possible de l'immanence – et c'est en cela que consiste sans doute la vérité définitive de Husserl contre ses successeurs. Tout se passe en effet comme si toute détermination interne du sentir était vouée inéluctablement à se dégrader en quelque chose comme une sensation immanente. La perception et son sujet doivent donc être caractérisés dans la plus grande neutralité vis-à-vis du *vécu* qui, comme Jan Patočka l'a montré, doit lui aussi prendre place dans la parenthèse de l'*épokhé* phénoménologique. Le problème est donc le suivant : comment définir la perception, en tant qu'elle est une relation singulière avec un monde, sans recourir au point de vue interne de l'épreuve que nous en faisons ? Comment, corrélativement, « réincarner » le corps propre sans tomber dans un naturalisme où la spontanéité, c'est-à-dire la singularité eidétique de la perception se dissoudrait ?

La réponse s'impose : la perception est une modalité de la *vie* et, s'il n'est pas sûr que tout vivant perçoive, il est indéniable que tout percevant est un vivant. La relation au monde qu'est la perception doit être caractérisée, dans sa plus grande généralité et sa plus grande neutralité, comme relation vitale et, en cela, la question de la perception renvoie bien à celle de la vie. Il faut noter ici que Erwin Straus, que Merleau-Ponty a lu sans en voir toutes les potentialités théoriques, parvient, à la suite d'une critique conjointe de l'empirisme et du cartésianisme, à la même conclusion, ou plutôt, prend le même point de départ. Reconnaissant, comme plus tard Merleau-Ponty, que le sujet classique du sentir demeure un sujet extra-mondain et, rejetant ce présupposé, il conclut : « nous concevons le sentir comme un mode de l'"être-vivant" (*Lebendiges-Sein*) »[1]. Toutefois, en dépit d'un point de départ correct, il pense la vie en des termes insuffisants et réducteurs, ce qui le conduit finalement à rabattre la perception sur la connaissance et à la penser comme extérieure au sentir et donc à la vie comme telle. Quoi qu'il en soit, l'important est qu'en procédant ainsi, on échappe à l'impasse de l'analyse immanente, qui rompt toujours le fil intentionnel, sans rabattre pour autant la perception sur un événement objectif, hantise du phénoménologue. La référence à la vie est l'index d'une

1. *Vom Sinn der Sinne*, trad. G. Thinès et J.-P. Legrand, Grenoble, J. Millon, 1989, p. 46.

question ou d'un champ de recherches et le sens de cette vie reste à déterminer. En d'autres termes, cette approche consistant à saisir la perception dans ou à partir de la vie n'est possible que depuis une certaine idée de la vie, idée qui se forme aussi au contact de la perception. Si l'accès à partir de la vie doit éclairer la question de la perception, l'étude de celle-ci doit nous permettre en retour de spécifier le sens de la vie. Nous nous trouvons donc dans une situation singulière où chacun des deux concepts s'éclaire au contact de l'autre – mais c'est précisément cette situation, de renvoi mutuel et d'interdépendance de la perception et de la vie, que nous voulons explorer à titre d'hypothèse. Il s'agit finalement d'effectuer une double *épocké* – de la pensée objective, qui préjuge d'emblée du sens de la vie en la rabattant sur des relations objectives, et de la conscience, supposée recueillir le sens ultime de la vie (les deux suspensions étant évidemment corrélatives) – afin de mettre en évidence une dimension de la vie ou du vivre plus profonde que la différence de l'être-en-vie et de l'éprouver, du *Leben* et de l'*Erleben*, dimension où s'enracinerait ultimement la perception.

Comme nous l'avons déjà signalé, cette perspective n'est envisageable qu'à la condition de penser la vie sur un mode bien particulier, mode qui en préserve la spécificité. Nous considérons comme acquise l'impuissance du mécanisme (y compris du néo-mécanisme de la biologie contemporaine) à penser la vie, car, à dire vrai, ce n'est même pas de la vie qu'elle parle. Comme le note lucidement Canguilhem, dans une perspective qui vient de Goldstein, on ne peut « se flatter de découvrir par des méthodes physico-chimiques autre chose que le contenu physico-chimique de phénomènes dont le sens biologique échappe à toute technique de réduction »[1]. Le biologiste vise à rendre compte des processus vitaux à partir des lois physico-chimiques, ce qui suppose d'abord de *reconnaître* un vivant et de le distinguer d'un non-vivant. Or, curieusement, les critères de cette distinction initiale, condition de possibilité de l'exercice de la biologie, ne sont jamais explicités ni, a fortiori, intégrés à la définition de l'objet. Pourtant, c'est d'abord à ce niveau, phénoménal, que le vivant est saisi comme tel et vouloir résorber la vie dans ses conditions physico-chimiques, c'est ignorer l'antériorité irréductible de ce plan phénoménal et sa portée ontologique. Comme le dit Merleau-Ponty en substance dans une note du *Visible et l'invisible*, on peut prétendre que l'ordre du phénoménal est second par rapport à l'ordre objectif quand on ne considère que les relations intra-mondaines des objets ; mais dès qu'on fait intervenir le vivant (et autrui, l'œuvre d'art etc.) on s'aperçoit que l'ordre phénoménal doit être considéré comme autonome et que si on ne lui reconnaît pas cette

1. *La connaissance de la vie*, Paris, Vrin, 1975, p. 32.

autonomie, il est définitivement impénétrable[1]. Il n'y a donc de vie que comme phénoménale et, vis-à-vis de ce phénomène, l'analyse biologique apparaît déjà comme une abstraction. Cela ne signifie pas pour autant que la seule solution qui nous reste soit le vitalisme. En effet, l'attitude consistant à référer la vie à un principe ou une force vitale autonome, irréductible aux forces physiques, se nourrit d'une reconnaissance préalable du mécanisme et de son ontologie. Le vitalisme se situe d'abord sur le plan de l'analyse physique, constate son inadéquation au phénomène de la vie et comble pour ainsi dire l'écart entre les deux en introduisant une force vitale – de sorte que cette position ne vaut que ce que vaut la reconnaissance initiale d'une nature régie par les lois physico-chimiques. En outre, on montrerait aisément que le vitalisme recouvre toujours, au moins implicitement, une réduction de la vie à la forme consciente ou spirituelle qu'elle prend en nous – de sorte que l'alternative classique entre mécanisme et vitalisme n'est que la traduction dans le champ de la vie de la dualité du subjectif et de l'objectif. Saisir la vie à partir de l'objet, comme une modalité singulière du monde physique, ou la saisir à partir du sujet, comme une force apparentée à une conscience, c'est toujours la manquer – de sorte que c'est en renonçant à cette double réduction que l'on aura une chance d'accéder à la vie comme telle.

Ainsi, seule une approche que l'on pourrait qualifier d'*existentiale* répond aux conditions du problème. La vie doit être saisie comme un mode d'être absolument spécifique, c'est-à-dire non pas comme une modalité du sujet ou une modalité de l'objet mais bien comme un mode de *relation* entre un sujet vivant et un objet (un monde), comme un mode d'exister. Cette nécessité n'échappe pas à Merleau-Ponty, au moins dans *La structure du comportement*, lorsqu'il affirme que :

> les gestes du comportement, les intentions qu'il trace dans l'espace autour de l'animal ne visent pas le monde vrai ou l'être pur, mais l'être-pour-l'animal, c'est-à-dire un certain milieu caractéristique de l'espèce, ils ne laissent pas transparaître une conscience, c'est-à-dire un être dont toute l'essence est de connaître, mais une certaine manière de traiter le monde, d'« être-au-monde » ou d'« exister »[2].

Toutefois, Merleau-Ponty ne s'en tient pas à cette approche existentielle ; il en revient au point de vue de la conscience perceptive, pensant ainsi rejoindre sur le mode interne ce que l'analyse du comportement a révélé au plan externe. Mais, ce faisant, il rabat l'existence vivante sur la conscience au lieu de saisir, comme il le prétend, une conscience qui serait adéquate à

1. *Le visible et l'invisible*, p. 263.
2. Paris, P.U.F., 1942, p. 136.

cette existence : il ne franchit jamais le pas consistant à dépasser la conscience au profit de son mode d'exister et même s'il se tourne vers cette existence singulière qu'est le corps propre, il la saisit encore dans et comme un vécu.

Il faut donc reconnaître à Heidegger (dont Merleau-Ponty s'inspire sur ce point) le mérite d'avoir vu l'indigence de la biologie, scientifique mais aussi philosophique, quant à la question de l'être de la vie – qui, en vérité, n'est jamais posée – et donc la nécessité d'aborder la vie à partir d'elle-même, en sa spécificité. Il écrit très nettement dans *Le concepts fondamentaux de la métaphysique* :

> Dans l'histoire entière du problème de la vie, nous pouvons observer qu'on a tenté d'interpréter la vie, c'est-à-dire le mode d'être de l'animal et de la plante, en partant de l'homme ; ou bien qu'on a tenté, d'un autre côté, d'expliquer la vie à l'aide des lois de processus que nous tirons de la nature matérielle. Mais dans les deux tentatives d'explication se dégagent des reliquats qui ne peuvent être expliqués. La plupart du temps on les escamote. Or, ce qui manque dans tout ceci, c'est la tentative décidée et l'examen de la tâche nécessaire de s'assurer primordialement de la vie *à partir d'elle-même et dans sa teneur essentielle* [1].

Ainsi, Heidegger ouvre la voie d'une détermination de la vie comme un mode d'exister spécifique. Cependant, on le sait, cette voie d'une caractérisation positive de l'exister vivant est fermée aussitôt qu'ouverte. En effet, l'exister ne peut être compris que comme celui du *Dasein*, de sorte que, comme l'écrit Heidegger en une formule qui résume toute la complexité de la situation, « La vie est un mode d'être spécifique, mais il n'est essentiellement accessible que dans le *Dasein*. L'ontologie de la vie s'accomplit sur la voie d'une interprétation privative ; elle détermine ce qui doit être pour que puisse être quelque chose qui ne serait "plus que vie" » [2]. Cette thèse selon laquelle l'existence proprement vivante est donnée privativement à partir de l'existence du *Dasein*, c'est-à-dire de notre existence, vise à contrer la thèse commune aux grecs et à l'humanisme classique, selon laquelle l'homme serait une modalité du vivant, un « animal rationnel ». Ainsi, Heidegger reconnaît la spécificité de l'existence vivante contre les conceptions substantialistes de la vie, mais son souci de préserver la singularité du *Dasein* et sa différence par rapport aux autres étants – puisque son essence est existence – le conduit en retour à ne pouvoir

1. *Die Grundbegriffe der Metaphysik. Welt-Endlichkeit-Einsamkeit*, trad. D. Panis, Paris, Gallimard, 1992, p. 286.

2. *Sein und Zeit*, trad. Martineau, Authentica, 1985, p. 59.

penser la vie qu'à partir du *Dasein*, c'est-à-dire finalement à la manquer. Heidegger reconnaît certes que la vie est de l'ordre de l'existence et non de la substance, mais il ne peut admettre que cette existence soit telle qu'elle puisse rendre compte de l'existence humaine – ce qui se comprend depuis la question ontologique qui confère à l'homme une singularité absolue, incompatible avec toute forme de continuisme. Il s'ensuit que c'est l'existence humaine qui doit rendre compte, privativement, de l'existence vitale. En vérité, Heidegger est ici prisonnier d'une conception naïve et réductrice de la vie puisqu'il ne peut imaginer de saisie positive de la vie et donc de l'homme à partir de celle-ci que sur le mode, inacceptable, de l'humanisme classique, qui pense l'humanité comme différence spécifique d'une animalité dont le sens d'être n'est pas déterminé. Quoi qu'il en soit, cette approche privative se traduit par un échec quant à la détermination de l'existence vivante. On le sait, l'animal est caractérisé, par différence avec l'homme-configurateur de monde, comme « pauvre en monde », ce qui signifie que le monde se dérobe dans son ouverture même, que le rapport de l'homme au monde est un ne-pas-avoir dans le pouvoir-avoir. Heidegger entend par là que, alors que l'homme se rapporte à l'étant en tant qu'étant, l'animal est obnubilé par la pulsion et comme emprisonné en elle, de sorte que, poussé vers certains étants en vue de sa survie, il ne peut jamais les saisir comme tels : ils se retirent, pour ainsi dire, derrière leur fonction de désinhibition de la pulsion. Il est difficile de ne pas reconnaître ici une attitude téléologique et anthropocentrique, qui saisit l'animal à partir de l'homme sur le mode hiérarchisant de ce qui ne possède que l'instinct et pas encore la connaissance. On est donc tenté de souscrire au diagnostic de Derrida dans *De l'esprit*, selon lequel cette analyse « laisse [...] intacts, abrités dans l'obscurité, les axiomes de l'humanisme métaphysique le plus profond »[1]. La zoologie privative, loin de préserver la spécificité de l'exister animal, le rabat sur une théorie de la pulsion et finalement de l'instinct, qui interdit toute communauté avec l'homme, et donc finalement toute détermination existentielle. Chez Heidegger, l'homme s'oppose à l'animal comme l'être capable de perception à celui dont l'urgence de la satisfaction pulsionnelle lui interdit de saisir l'objet comme tel. Il est donc définitivement impossible, dans cette perspective, d'aborder la perception à partir de la vie, c'est-à-dire à partir du mode d'être de l'animal.

Ce passage par Heidegger nous permet cependant de spécifier le problème. On ne peut penser la perception à partir de la vie qu'à la condition de saisir celle-ci comme un mode d'exister singulier, mais on ne peut véritablement saisir la vie comme existence, c'est-à-dire en sa singularité,

1. *De l'esprit. Heidegger et la question*, Paris, Galilée, 1987, p. 29.

qu'à la condition de ne pas aborder l'existence à partir de l'existence humaine et, partant, de ne pas aborder la vie sur un mode seulement privatif. Dire qu'il faut s'assurer de la vie à partir d'elle-même, comme le fait Heidegger, implique que le *sens même de l'existence* doit être appréhendé à partir de la vie. Il s'ensuit que l'existence humaine, loin de délivrer le sens exclusif de l'existence, doit être ressaisie à partir de l'existence vitale : à une zoologie privative, il faut substituer une anthropologie que l'on pourrait qualifier d'additive, à condition de préciser aussitôt que l'humanité ne s'ajoute pas à l'animalité à partir d'une différence spécifique mais qu'elle est inscrite en elle comme sa possibilité la plus intime. Ainsi, c'est dans le mode d'exister propre au vivant (au moins animal) que doit être trouvée la condition de possibilité de la perception. Une telle démarche est aussi éloignée que possible de l'anthropologie de l'animal rationnel puisqu'elle se situe résolument sur le plan existentiel et saisit l'homme, c'est-à-dire la perception, non plus comme différence spécifique mais comme ce qui est présent, au moins virtuellement, dès les premières couches de l'animalité. La question est donc la suivante : en quoi consiste le mode d'exister propre à la vie en tant qu'il peut s'accomplir sous la forme de ce rapport singulier qu'est la perception ?

Nous trouvons chez Hans Jonas une phénoménologie de la vie conforme aux conditions que nous venons d'établir. *Le phénomène de la vie* s'ouvre en effet par l'affirmation suivante :

> Ce livre propose une interprétation « existentielle » des faits biologiques. L'existentialisme contemporain, obsédé par l'homme seulement, a l'habitude d'attribuer à celui-ci comme son privilège et sa situation uniques une bonne part de ce qui s'enracine dans l'existence organique comme telle : ce faisant, il refuse au monde organique la pénétration de vue qu'est censée enseigner la prise de conscience de soi [1].

Cette critique à peine voilée de Heidegger conduit à affirmer une continuité là où Heidegger voit un abîme et donc une préfiguration de la « pénétration de vue », qui est attestée dans la prise de conscience de soi, au sein même du monde organique. Il écrit en effet un peu plus loin :

> Une philosophie de la vie englobe la philosophie de l'organisme et la philosophie de l'esprit. Ceci même est une première proposition de la philosophie de la vie [...]. Car spécifier l'étendue de ce champ, c'est n'exprimer pas moins que la thèse selon laquelle l'organique, même dans ses formes les plus inférieures, préfigure l'esprit, et

1. *The Phenomenon of Life*, trad. D. Lories, Bruxelles, De Boeck, 2001, p. 9.

> l'esprit, même dans ce qu'il atteint de plus haut, demeure partie intégrante de l'organique[1].

La vie est donc le mode d'exister qui contient la possibilité de l'esprit, et d'abord de la perception. Ce mode d'exister propre à la vie est caractérisé par Jonas comme *métabolisme*. Jonas a en vue, sous ce terme, le processus par lequel une forme se maintient identique par un renouvellement continuel de sa matière. À deux instants suffisamment éloignés dans le temps, on ne retrouve aucun élément matériel identique alors même que la forme, c'est-à-dire la configuration organique et l'individualité vivante dont cette configuration est l'expression, demeure identique. Inversement, si à deux instants suffisamment distants, on retrouve le même contenu matériel, alors on peut affirmer que l'organisme est mort. Le métabolisme révèle donc une situation singulière, d'une liberté dans la nécessité ou comme nécessité, c'est-à-dire d'une liberté dialectique. En effet, la forme ne maintient son indépendance vis-à-vis de la matière – et le vivant ne maintient donc son individualité – que *par* la matière, c'est-à-dire en se donnant une matière toujours neuve. La liberté par rapport à tel état de la matière, qui se manifeste par l'aptitude à le dépasser et à s'en délivrer, est en même temps dépendance vis-à-vis du nouvel état qui le remplacera et donc de la succession des états. Comme l'écrit Jonas : « le pouvoir [de changer de matière] est un devoir puisque son exécution est identique à son être »[2]. Autant dire que la liberté organique se réalise comme *besoin* : la liberté est « préoccupation de soi », le vivant et un être « qui a à se perpétuer »[3]. Il suit de cette première caractérisation que le vivant doit aller chercher à l'extérieur de lui de quoi nourrir ce renouvellement : le renouvellement de sa substance présuppose un rapport originel à la matière. Jonas le souligne : « sa préoccupation-de-soi, active dans l'acquisition de matière nouvelle, est ouverture essentielle pour la rencontre de l'être extérieur »[4]. En d'autres termes, la transcendance de la forme vis-à-vis de la matière, en tant qu'elle produit le renouvellement de celle-ci, implique une transcendance active vers le monde : l'excès de la forme sur la matière est, *ipso facto*, ouverture au monde. Le vivant vient donc dessiner au sein du monde ce qui est susceptible de devenir sa propre matière, par différence avec ce qui est indifférent : il constitue un milieu. Ici, la dimension tempor elle de l'auto-perpétuation fonde la dimension spatiale de l'extériorité. Par là même, la préoccupation qu'a l'organisme pour son propre être

1. *Ibid.*, p. 13.
2. *Ibid.*, p. 93.
3. *Ibid.*, p. 95.
4. *Ibid.*, p. 93.

– préoccupation qui, en vérité, définit son être – implique une sensibilité, aussi fruste soit-elle, à ce qui n'est pas lui, c'est-à-dire à ce qui peut surgir au sein de la transcendance ouverte par lui : « cette transcendance implique une intériorité ou subjectivité qui, si faible sa voix soit-elle, imprègne de la qualité d'ipséité ressentie toutes les rencontres se produisant dans son horizon. Il faut que cette ipséité soit là pour que la satisfaction ou la frustration fassent une différence »[1]. Au total, comme le résume très bien une formule de *Évolution et liberté*, « Assujettie au monde par le besoin, [la forme vivante] est tournée vers lui ; tournée vers lui (ouverte sur lui), elle est en rapport avec lui ; en rapport avec lui, elle est prête à la rencontre ; prête à la rencontre, elle est capable d'expérience »[2]. On le voit, Jonas parvient à expliciter une structure de l'exister vital, comme métabolisme, permettant de rendre compte du rapport intentionnel à l'extériorité, en quoi consiste primitivement la perception. Alors que Heidegger prétendait nous dire ce que doit être l'existence pour que soit possible quelque chose qui ne serait « plus que vie », Jonas nous dit ce que doit être la vie pour que soit possible quelque chose qui serait « plus » que vie proprement dite (ou plus pleinement vie), à savoir l'intentionnalité. En pensant la vie comme excès dynamique d'une forme vis-à-vis de sa propre matière, Jonas parvient à fonder cet excès du vivant vis-à-vis de lui-même qu'exige l'ouverture orientée à une extériorité. En cela, il nous donne comme un premier échantillon de la manière dont la perception se constitue à partir de la vie.

Cependant, force est de reconnaître que cette position, quoique méthodologiquement satisfaisante, ne saurait convenir entièrement. Alors même qu'elle pense résolument le sujet de la perception comme sujet vivant, elle demeure partiellement tributaire, dans sa détermination du vivant, de la philosophie dont elle veut se démarquer. En effet, il n'est pas sûr que la modalité de l'ouverture à l'extériorité mise en évidence par Jonas permette véritablement de rendre compte de la perception telle que nous l'avons décrite en commençant. En tant que fondée sur le renouvellement de la matière vivante, l'orientation vers l'extériorité est d'emblée commandée par les nécessités vitales et ne paraît donc pas pouvoir s'ouvrir à une extériorité véritable, c'est-à-dire à l'objet *comme tel*. Il resterait donc à montrer comment cette description du vivant rend compte de la structure de la manifestation, en tant qu'elle implique une saisie de l'apparition comme aspect de quelque chose, c'est-à-dire comme transcendance et non plus seulement comme ce qui est susceptible de me satisfaire, moment de

1. *Ibid.*, p. 93.

2. *Philosophische Untersuchungen und metaphysische Vermutungen*, trad. S. Cornille et P. Ivernel, Paris, Rivages, 2000, p. 46.

moi-même et donc fausse extériorité. Bref, il resterait à montrer, ce que Jonas affirme mais ne fait pas, comment l'esprit se préfigure dans l'organique. Or, cette conception insuffisante de l'intentionnalité tient au fait que le vivant est défini comme étant fondamentalement préoccupation de soi, en vue de soi et donc affirmation contre le risque permanent de la mort. Jonas écrit par exemple dans *Évolution et Liberté* : « qualifié au plus intime par la menace de sa négation, l'être doit ici s'affirmer, et l'être qui s'affirme est existence en tant que demande. Ainsi, l'être lui-même, au lieu d'un état donné, est devenu une possibilité constamment à réaliser, sans cesse à regagner sur son contraire sans cesse présent, le non-être, qui finira inévitablement par l'engloutir »[1]. On le voit, Jonas ne remet jamais en question le fait que le vivant soit une ipséité auto-centrée, menacée par la mort et donc finalisée par sa perpétuation. C'est pourquoi il est conduit à penser la vie comme métabolisme, c'est-à-dire comme besoin : pour un sujet toujours déjà individué et donc séparé du monde, la vie ne peut consister qu'en une conservation de soi, c'est-à-dire en la satisfaction d'un besoin. Finalement, alors même qu'il veut penser la vie comme existence, c'est-à-dire comme un mode de relation singulier avec l'extériorité, Jonas subordonne cette existence elle-même à celle d'un sujet vivant d'emblée constitué et centré sur lui-même. Nous pouvons dès lors spécifier plus avant les conditions du problème de la perception dans la perspective vitale-existentielle qui est la nôtre. On ne peut penser une véritable ouverture à la transcendance, c'est-à-dire une véritable fondation de la perception dans la vie, qu'en renonçant à définir celle-ci à partir du besoin. Mais on ne peut prétendre dépasser le plan du besoin qu'à la condition de renoncer à la position d'une individualité vivante constituée. Ainsi, il s'agit de penser la perception à partir de la vie conçue comme un mode d'être ultime et irréductible, à savoir non pas comme propriété d'un vivant déjà constitué mais comme *la modalité dans et par laquelle un vivant peut se constituer, s'individuer*. Il faut penser le vivant à partir de sa vie plutôt que la vie à partir du vivant : c'est seulement à cette condition que l'on sera en mesure de fonder la perception, comme accès à une transcendance quelconque, sur la vie elle-même.

1. *Ibid.*, p. 30.

CHAPITRE X

L'ESPACE ET LE MOUVEMENT VIVANT

La question de l'espace est au cœur de l'interrogation phénoménologique puisqu'elle se confond avec celle du perçu, en tant que l'étant perçu est caractérisé par l'extériorité. Dans une perspective qui réfère tout étant à son effectuation par la conscience, il s'agit alors de comprendre comment la conscience transcendantale peut constituer une extériorité véritable. Autant dire que la question de l'espace est au cœur de celle de l'intentionnalité et, partant, de l'interrogation sur l'*a priori* universel de la corrélation. Poser une corrélation essentielle entre l'étant transcendant et les modes subjectifs de donnée, c'est se mettre en demeure de comprendre comment la conscience peut donner ce qui l'excède, ouvrir la distance de son Autre. Comment le retour à une effectuation subjective de l'espace, exigé par la neutralisation de la thèse naturelle, peut-il ne pas conduire à une absorption de la distance par la dimension subjective de l'effectuation ?

Il n'est pas sûr que Husserl soit parvenu à répondre jusqu'au bout à cette question. S'il n'est pas possible de le montrer ici, nous pouvons cependant noter, en nous appuyant notamment sur la lecture de Patočka, que la thématisation husserlienne de la phénoménalité, c'est-à-dire de l'intentionnalité, est marquée par une certaine insuffisance ou, tout au moins, une relative indétermination, comme si les concepts husserliens demeuraient en retrait sur ce qu'ils visent à thématiser. En effet, l'*épokhé* phénoménologique – qui a pour fonction de libérer le champ phénoménal comme tel – prend la forme d'une réduction à l'immanence pure : l'*épokhé* reconduit à une conscience résiduelle, synonyme de l'absolu, dans laquelle se constitue le transcendant par le moyen de vécus spécifiques. Au lieu d'être reconnu dans sa spécificité, à savoir dans sa fonction de monstration de l'étant, d'auto-effacement au profit de l'étant, le phénoménal est étayé sur un étant « réel », la conscience transcendantale. Le subjectif n'est plus synonyme du phénoménal, c'est plutôt le phénoménal qui renvoie au subjectif comme propriété d'un étant spécifique. Sans doute est-ce l'exigence intuitionniste, mise en œuvre à propos du subjectif lui-même, qui explique ce déplacement : en tant que le subjectif doit pouvoir être donné à lui-même, dans une « perception interne », la certitude du *cogito* débouche sur la position d'une réalité égologique. Bref, Husserl demeure tributaire des perspectives brentanienne et cartésienne. On peut dès lors se demander, à la suite de Patočka, si cette approche de la phénoménalité permet de respecter la teneur de sens de l'intentionnalité. Comme il l'écrit abruptement, « Comment le vécu, originairement donné à soi-même dans la réflexion, s'y prend t-il pour faire apparaître une transcendance du côté objectif? C'est incompréhensible »[1]. En fondant l'intentionnalité sur un contenu immanent, le vécu noétique – qui anime le moment hylétique – en faisant de la noèse une composante réelle, en droit accessible à la réflexion, se trouve t-on en mesure de préserver la corrélation avec l'étant transcendant, de préserver le sens de l'intentionnalité ? Husserl va trop loin, selon Patočka, dans sa distinction de deux sens de l'étant, de l'être relatif de l'objet et de l'être absolu de la conscience. Une effectuation authentique de l'être est-elle possible « en s'engageant dans la voie d'une conscience de soi absolue qui se saisit soi-même réflexivement et produit le monde comme son sens soutenu de façon unitaire »[2] ?

Dès lors, une effectuation de l'être comme sens, qui ne se paie pas d'une absorption de l'être par le sens subjectivement étayé, exige de penser cette effectuation comme l'œuvre d'une subjectivité finie. Telle est, selon Patočka, l'intuition propre de la « phénoménologie » française depuis Maine de Biran, intuition qu'il reprend à son compte. Une telle subjectivité finie signifie subjectivité incarnée. Il faut cependant s'entendre sur ce terme : il ne s'agit pas d'une subjectivité qui serait entrelacée à un corps sans que cet entrelacement détermine l'essence de la subjectivité, mais bien d'une subjectivité dont l'être subjectif exige l'incarnation. Or, le mouvement subjectif est la dimension où se constitue et se révèle cette subjectivité incarnée. Dans le mouvement, note Patočka, il y a recouvrement de l'objectif et du subjectif; il n'y a pas de mouvement vécu qui ne corresponde à un événement du corps propre, qui ne se déploie dans l'extériorité. Le vécu du mouvement est pouvoir sur le corps propre, est l'épreuve de ce

1. *Qu'est-ce que la phénoménologie ?*, trad. E. Abrams, Grenoble, J. Millon, 1988, p. 208.

2. « Phénoménologie et métaphysique du mouvement », dans *EPOKHE* n°4, *L'espace lui-même*, Grenoble, J. Millon, 1994, p. 133.

pouvoir; le mouvement subjectif est effectuation. Comme le remarque Patočka, « À la différence de la perception ou de l'objectivation qui tourne autour de l'étant sans tout à fait l'atteindre, le mouvement coïncide parfaitement avec ce comme quoi il est vécu : il est une réalisation et, à ce titre, réel »[1]. Ainsi, dans le vécu moteur s'accomplit la coïncidence ou l'indistinction du subjectif et de l'objectif : dans le vécu de mouvement, on peut dire indifféremment que du subjectif donne lieu à un parcours effectif ou qu'une réalisation corporelle accède à la conscience d'elle-même. Naturellement, il ne faut pas en conclure, comme le fera M. Henry, que le corps originaire se confond avec la subjectivité comme auto-affection pure, mais plutôt que la subjectivité n'a de sens que comme déploiement corporel effectif, pas dans l'extériorité. L'auto-affection passe par une hétéro-affection – affection du subjectif par l'effectuation corporelle – par une sortie de soi. C'est donc dans et par le mouvement que se réalise la finitude de la subjectivité, c'est-à-dire son insertion originaire dans l'extériorité. Le mouvement accomplit un « saut dans l'être » et c'est cette réalisation du subjectif qui permet de comprendre la subjectivation du réel, c'est-à-dire l'effectuation de sens : « Le mouvement subjectif est ainsi attelé à la charge intentionnelle de la subjectivité en tant que son véhicule le plus important, sans lequel elle demeurerait toujours dans la passivité, un projet et une expectative sans réalisation propre »[2]. Ajoutons que le mouvement est caractérisé par un pouvoir de reprise, un excès sur soi qui lui interdit de se perdre dans l'extériorité, qui le distingue par conséquent du mouvement objectif comme déplacement local. Tout repos est un moment du mouvement, mouvement empêché ou différé; toute position dans l'extériorité renferme sa propre négation, ou plutôt apparaît comme la négation d'un dynamisme qui traverse l'extériorité et la domine. Le mouvement subjectif demeure en retrait sur l'extériorité dans le geste même par lequel il s'y jette; parce qu'aucune position ou ensemble de positions ne l'épuise, parce qu'il est l'excès de toute position sur elle-même, il porte la charge de l'« horizontalité ». On soupçonne donc que c'est en lui que s'articulent les deux faces de l'expérience perceptive : il rejoint l'objet mais ne s'y arrête pas, ne coïncide pas à lui; il s'avance vers l'objet mais cette avance est toujours l'envers d'un retrait. Comme l'écrit encore Patočka, « Le pouvoir-se-mouvoir est inséparable de ses effectuations objectivantes, car c'est cette faculté motrice qui lui donne la liberté pour les choses, la possibilité de voir au travers, au-delà des limites de sa situation et de sa posture momentanées, de

1. *Op. cit.*, p. 136.
2. *Op. cit.*, p. 137.

vivre dans des perspectives sans pour autant s'y dissoudre – de se ménager ainsi, par son mouvement, une certaine stabilité »[1].

Ces conclusions se trouvent confirmées par la psychophysiologie, qui met en évidence l'étroite corrélation de la perception et du mouvement. Si l'intentionnalité doit être comprise à partir d'une subjectivité finie, c'est-à-dire motrice, il n'est pas surprenant qu'une dimension de motricité soit impliquée dans toute expérience perceptive, voire dans toute expérience. Ainsi, autant Goldstein que Straus mettent-ils au jour des corrélations originaires, antérieures à tout apprentissage, entre la sensiblité et la motricité. La danse, par exemple, a pour condition de possibilité une connexion interne et immédiate entre la musique et le mouvement corporel, comme si la perception des sons avait immédiatement une signification motrice. L'art chorégraphique doit alors être compris comme modelage d'une unité générale préexistant à la distinction des impressions sensorielles et des mouvements corporels. C'est cet entrelacement que Von Weizsaecker thématise de son côté dans ce qu'il nomme « principe d'équivalence » : « dans le système moteur de l'équilibre corporel on peut remplacer plus ou moins complètement une perception de mouvement en se mouvant soi-même, et à l'inverse on peut s'épargner un auto-mouvement par la perception d'un mouvement »[2]. La psychophysiologie vient ainsi confirmer l'expérience d'une implication du mouvement dans l'acte perceptif lui-même. Dans le toucher par exemple, la main exécute les mouvements exactement nécessaires à l'appréhension des qualités tactiles, comme si le mouvement pressentait déjà les sensations auxquelles il va donner lieu, comme si la perception se précédait dans le mouvement. On ne sait pas, note Von Weizsaecker, « si c'est la sensation qui guide le mouvement, ou si c'est le mouvement d'abord qui détermine le lieu et le moment de chaque sensation. Car le mouvement, comme un sculpteur, crée l'objet, et la sensation le reçoit comme dans une extase »[3].

Si la relation essentielle entre perception et mouvement vivant paraît établie, la nature de cette relation demeure énigmatique. On comprend difficilement comment un mouvement effectif peut être impliqué dans l'expérience perceptive, comment un dynamisme corporel peut donner lieu à cette subjectivation du réel dont parle Patočka. Il est difficile ici de se départir de l'opposition entre l'ordre subjectif proprement dit, celui de la *res cogitans*, à laquelle ressortirait la perception comme telle et l'ordre

1. *Op. cit.*, p. 135.

2. *Der Gestaltkreis*, trad. M. Foucault et D. Rocher, Paris, Desclée De Brouwer, 1958, p. 197.

3. *Op. cit.*, p. 195.

objectif, celui de la *res extensa*, auquel on ramène finalement le mouvement vécu, attentifs que nous sommes d'abord à sa réalisation. À ce niveau, l'articulation de la motricité et de la perception paraît incompréhensible. Il est donc nécessaire de quitter le plan de cette opposition pour tenter de mettre au jour le sol où se fonde leur articulation. Les équivalences et les entrelacements mis en évidence révèlent en effet une dimension plus radicale dont perception et mouvement dérivent comme des moments abstraits. C'est à la condition d'accéder à cette dimension que l'on sera en mesure de comprendre l'essence du mouvement vécu, en tant qu'il est condition de possibilité de la perception. Or, dans l'article déjà cité, Patočka évoque cette possibilité :

> la question se pose de savoir si les mouvements subjectifs sont à concevoir comme une multiplicité d'actes particuliers, ou si l'on ne serait pas en droit d'y voir les modalités d'un mouvement fondamental, global, qui coïnciderait avec le vivre même pour autant qu'il se déploie vers le dehors. La réponse à donner à cette question sera fonction d'une autre, à savoir si la vie elle-même peut être conçue comme une autoréalisation à l'instar du mouvement[1].

Cette remarque est capitale. Les mouvements particuliers renverraient à un mouvement plus fondamental, qui ne pourrait donc avoir le même sens que ceux qui en procèdent et qui s'inscrirait dans le dynamisme de la vie comme autoréalisation. C'est au sein de cette vie, plus profonde que la distinction du mouvement vivant (*Leben*) et du vécu (*Erleben*) que devrait être recherchée la source de l'unité phénoménale de la perception et du mouvement.

Il est d'ores et déjà certain que cette vie ne peut être atteinte par la réduction phénoménologique, dominée par la bipolarité du vécu et de l'objet, du transcendantal et de l'empirique : transversale à la partition de la région chose et de la région conscience, cette vie en ébranle la légitimité. En effet, on ne peut être que frappé par le fait que Husserl, après avoir réduit le terrain naturel des sciences et donc la vie au sens biologique, ne parvient à décrire l'effectuation de sens de la subjectivité transcendantale qu'en termes de vie. Comme le note Derrida avec clairvoyance :

> l'étrange unité de ces deux parallèles, ce qui les rapporte l'une à l'autre, ne se laisse pas partager par elles et, se divisant soi-même, soude finalement le transcendantal à son autre, c'est la vie. On s'aperçoit en effet très vite que le seul noyau du concept de psyché est la vie comme rapport à soi, qu'il se fasse ou non dans la forme

1. *Op. cit.*, p. 137.

> de la conscience. Le « vivre » est donc le nom de ce qui précède la réduction et échappe finalement à tous les partages que celle-ci fait apparaître [1].

Il y a un sens originaire de la vie qui précède la distinction entre l'activité du vivant et la conscience donatrice de sens, vie ultra-transcendantale, si l'on veut, qui recueille la coappartenance du mouvement et de la perception. Or, nous ne pouvons nous frayer une voie d'accès à la vie qu'en interrogeant l'étant où elle est à l'œuvre, à savoir le vivant lui-même. Seulement, il ne s'agit pas d'en rester aux résultats de la biologie ou de la physiologie mais bien d'interroger l'essence de la vie qui s'y dessine, c'est-à-dire de se situer au plan de ce que Von Weizsaecker appelait une méta-biologie, qui serait à la biologie ce que les hypothèses fondamentales de la physique théorique sont à la physique expérimentale. Ce faisant, nous ne quittons pas pour autant la phénoménologie. Il s'agit bien plutôt de procéder à une réduction en un sens renouvelé, comparable à cette réduction, que l'on pourrait qualifier d'« indirecte », que Merleau-Ponty pratiquait dès *La structure du comportement*. En effet, les sciences peuvent être conduites, par leurs propres résultats, à dépasser le terrain de l'ontologie naturaliste qu'elles adoptent spontanément et à ouvrir ainsi la voie d'un sens renouvelé de la phénoménalité, qui ne soit pas grevé de l'hypothèque des vécus à laquelle conduit presque irrémédiablement une réduction « directe », par suspension de la thèse d'existence.

Nous prendrons pour point de départ l'analyse de Goldstein dans *Der Aufbau des Organismus*. On le sait, cet ouvrage est centré sur une critique du schéma explicatif de la psychophysiologie classique, fondé sur la notion de réflexe. Dans cette perspective, tout comportement peut être compris comme une réaction spécifique aux propriétés objectives d'un *stimulus*, en vertu d'un circuit nerveux préétabli. Il suit de là que l'organisme n'est qu'une somme, une composition de processus partiels. Or, Goldstein montre que l'organisme fonctionne au contraire comme un Tout irréductible. Il est caractérisé par une essence singulière et tout comportement, aussi localisé soit-il, doit être compris comme une tâche qui prend sens par rapport à cette essence, c'est-à-dire qui vise à restaurer ou a accomplir l'identité singulière de l'organisme. Le comportement ne doit pas être expliqué en fonction du stimulus mais compris à partir de cette essence. Il suit de là que c'est l'organisme lui-même qui cironscrit le milieu auquel il va être sensible puisqu'il réagit non pas aux caractéristiques objectives mais à la valeur ou au sens du stimulus pour son *a*

1. *La voix et le phénomène*, Paris, P.U.F., 1967, p. 14.

priori propre. Selon l'essence et l'état de l'organisme, le même stimulus appelera ou non une réaction, ce qui revient à dire que l'organisme constitue le stimulus autant qu'il le reçoit. Un comportement partiel n'a donc de sens et de réalité que comme moment du Tout organique ; chaque geste répond aux sollicitations du monde extérieur selon les normes de cette totalité. Néanmoins, nous ne retombons pas pour autant dans une forme de vitalisme : que l'organisme ne soit pas une composition de processus partiels ne signifie pas qu'il soit animé par un principe vital. En effet, c'est en général parce que l'on commence par constituer l'organisme par parties qu'il est nécessaire de recourir à un principe vital pour compenser les limites de ce présupposé, c'est-à-dire pour rejoindre les phénomènes. La position d'un principe vital laisse généralement subsister hors de lui une diversité matérielle régie par des lois mécaniques ; inversement, en mettant en évidence la coappartenance du Tout et des parties dans l'organisme, Goldstein peut se dispenser du recours à un tel principe. Bref, si la totalité est plus que l'ensemble des parties, elle n'est rien d'autre qu'elles : il faut la comprendre plutôt comme un certain mode d'équilibre ou d'organisation, comme la forme au sein de laquelle les parties peuvent se détacher comme telles. Cela revient à dire que l'organisme est un être temporel ou historique : maintenant une certaine constance malgré et grâce aux vicissitudes du milieu, l'organisme est une totalité en devenir, ou plutôt comme devenir, c'est-à-dire comme un certain style d'unité au sein du devenir. Comme l'écrit de son côté Von Weizsaecker, « l'unité du sujet ne se constitue que dans son inlassable restauration par-delà les variations et les crises »[1]. L'unité de l'organisme ne précède pas sa rencontre avec le milieu et ne peut par conséquent être pensée indépendamment d'elle : l'organisme est relation avec le milieu, unité qui se fait grâce à ce qui la défait, non pas en dépit du devenir mais par lui. C'est ce que Goldstein nomme la « loi biologique fondamentale » : « la possibilité de s'affirmer dans le monde, tout en conservant sa singularité, est liée à un certain débat (*Auseinandersetzung*) entre l'organisme et le monde environnant, à une façon déterminée de composer entre eux »[2]. Il faut prendre la mesure de cette irréductibilité de la totalité biologique : celle-ci, comme le montre Goldstein, est plus profonde que la distinction du somatique et du psychique et ne peut donc être recomposée à partir d'elle. Psychique et somatique ne sont rien d'autre que des modalités du vivant, chacun exprimant la prédominance d'une manière de se rapporter au monde, d'un style de comportement de l'organisme total. Dès lors, comme le montre

1. *Op. cit.*, p. 209.
2. *Der Aufbau des Organismus*, trad. Burckhardt et Kuntz, Paris, Gallimard, 1951, p. 95.

Straus de son côté, le sentir, en particulier, doit être compris comme un mode du vivant conçu comme totalité, ce qui signifie d'ores et déjà que la perception ne peut pas être recomposée à partir de sensations ponctuelles, ni de la sensation jointe au mouvement. La diversité doit être pensée à partir de l'unité et pas l'inverse : les sensations sont des spécifications du sentir, la perception une dimension du vivant. Le Tout organique est plus profond que la distinction de la *res cogitans* et de la *res extensa*; en tant que son être est synonyme d'un devenir, il exclut la substantialité.

Or, une pensée rigoureuse du vivant ne peut en rester là, sauf à instaurer, avec cette totalité organique, une forme raffinée de substantialisme. Il nous faut donc franchir un pas supplémentaire. Le propre d'une pensée de la totalité est qu'elle n'accepte pas de limites, c'est-à-dire ne peut s'arrêter à un niveau comportant encore de l'abstraction. Pour une telle pensée, dit Goldstein, « l'imparfait devient intelligible comme une variation particulière du parfait, sans que la réciproque soit jamais possible »[1]. En effet, comme le laissait pressentir la première caractérisation du vivant que nous avons proposée, la totalité de l'organisme ne peut elle-même être pensée qu'à partir d'une totalité d'ordre supérieur. Citons ici Goldstein :

> chaque créature exprime, en quelque sorte, simultanément une perfection et une imperfection. Considérée isolément, elle est en elle-même parfaite, structurée, vivante ; eu égard à la totalité, elle est imparfaite à des degrés divers ; la créature particulière montre, par rapport à la totalité de l'être, la même espèce d'être que présente un phénomène isolé de l'organisme par rapport à la totalité de l'organisme : elle présente de l'imperfection, de la rigidité et n'a l'être que dans la totalité ; que si elle est portée par la totalité,

et Goldstein ajoute plus loin que « cette imperfection s'exprime par l'individualité et provient de la séparation artificielle de l'individu d'avec le tout »[2]. Le vivant est donc un être qui, en son être même, nous conduit à une totalité supérieure, à une unité originaire, dont il n'est qu'un moment ; on ne peut penser l'organisme, comme sujet de sa relation au monde, sans devoir le saisir, inversement, à partir de cette relation et comme naissant d'elle. En effet, comme le remarque Goldstein, de même que telle partie organique a son être dans le tout de l'organisme, l'organisme lui-même, en tant qu'individualisé et donc séparé du monde, a son être dans une totalité plus originaire. De manière conséquente, Straus franchit également ce pas fondamental : l'être vivant ne peut être pensé que comme un être en communication avec le monde, c'est-à-dire comme relié, en son être même,

1. *Op. cit.*, p. 401.
2. *Op. cit.*, p. 402, 443.

avec la totalité du monde, entendue en un sens ontologique et non pas d'abord spatial. Ainsi, d'un côté, il n'y a d'organisme que comme entité individuelle, séparée du milieu et par conséquent susceptible d'entrer en relation avec lui : dans cette individualité réside sa perfection. Mais, d'autre part, le rapport de la créature au tout de l'Être, selon la formule de Goldstein, est tout à fait comparable à la relation du phénomène de l'organisme à la totalité de l'organisme. La vie du vivant individuel, c'est-à-dire les comportements en lesquels un style transparaît, ne possède pas de réalité en elle-même ; elle n'a son être que dans un Tout plus originaire dont elle est l'expression. On ne peut donc recomposer le tout de l'Être à partir de la relation du vivant et du monde ; il faut au contraire comprendre cette relation, à savoir l'unité formée par le vivant et son milieu, comme une limitation de ce Tout originaire. L'individualité de l'organisme, c'est-à-dire le type d'unité fluente qu'il forme avec son milieu, apparaît comme un moment abstrait du Tout originaire, c'est-à-dire comme sa négation. C'est pourquoi la perfection de l'organisme signifie tout autant son imperfection : l'organisme n'est lui-même qu'en ayant son être hors de lui-même, qu'en étant séparé de son essence. En effet, si l'organisme est, en un sens, négation de son essence, cette négation même fait son essence puisque la réalisation de l'unité originaire avec le Tout de l'être, la disparition de toute limitation signifierait la disparition pure et simple de l'organisme. L'essence de l'organisme consiste à manquer de son essence. Dès lors, puisque l'identité et la perfection organiques impliquent bien une brisure de la totalité originaire, il faut conclure que, de son côté, cette totalité exclut, par essence, toute réalisation, qu'elle est sa propre détotalisation ou sa propre absence. Il est vrai que l'organisme est imparfait, qu'il a donc son être hors de lui-même ; mais il est tout aussi vrai que cette imperfection est la condition de l'essence, c'est-à-dire de la perfection proprement organique, que, par conséquent, la totalité originaire demeure en retrait sur elle-même, que son être est impossibilité d'être. L'individualité du vivant appelle la position d'un Tout qui en est en même temps la négation.

Autant dire que la totalité, qui n'est qu'excès ou retrait sur soi, n'a d'existence que temporelle. Elle ne subsiste comme telle que sous la forme d'une devenir par lequel elle s'accomplit et se manque à la fois et qui n'est autre que le déploiement de ses actualisations finies, c'est-à-dire de la constitution par les vivants d'un milieu singulier. En vertu de son imperfection, par laquelle il manque de son être, tout acte du vivant est actualisation de la totalité originaire, mais dans la mesure où cette imperfection est la perfection propre du vivant, cette actualisation ne peut prendre que la forme d'une limitation ou d'une restriction. En chaque expérience, la totalité originaire ne surgit que sous la forme de ce qui la brise, c'est-à-dire de sa propre absence comme totalité. C'est ce que Straus aperçoit très clairement à propos de la relation sensible : « le rapport de totalité est un rapport potentiel qui s'actualise dans des sensations individuelles et se limite spécifiquement. [...] En se mouvant, l'individu se pousse hors de ses propres frontières pour se trouver enfermé dans de nouvelles. Les *hic et nunc* actualisent, limitent et spécifient le rapport de totalité »[1]. C'est également la conclusion à laquelle aboutit Von Weizsaecker, qui conçoit l'expérience singulière comme « crise » ou « décrochage » au sein d'une unité originaire qu'il appelle « cohérence » : à ses yeux « l'unité contradictoire du moi et du milieu dans la perception doit nécessairement s'évanouir aussitôt qu'apparue, puis réapparaître, et ainsi de suite »[2].

Dès lors que l'essence finie du vivant exclut l'accomplissement de sa perfection, sinon au prix de sa disparition comme vivant, la limitation de la Totalité ne saurait être comprise comme la simple négation de ce qui, en droit, pourrait être donné ou réalisable. Tout comme l'organisme n'est pas une entité distincte de ses moments, la totalité originaire n'est pas autre que ses propres actualisations finies. En effet, puisque son essence appelle sa propre négation, *toute négation de la totalité*, dans telle expérience vivante, *en sera aussi la position*. C'est donc au sein même de ce qui la limite que la Totalité se constitue : la négation donne naissance à l'unité qu'elle vient briser. La Totalité surgit dans telle expérience finie comme ce dont manque cette expérience en tant que le vivant la dépasse vers une autre expérience. Ici, la négation pose ce dont elle est la négation : le fini constitue l'infini dont il est la limitation, l'acte actualise comme telle la puissance qui le rend possible.

Ainsi, tout comme l'infléchissement de la phénoménologie vers une prise en compte du sujet fini nous avait conduit à une métabiologie, celle-ci nous conduit à son tour vers une cosmologie, que l'on pourrait qualifier de négative. Le tout originaire, nous l'avons dit, ne peut être posé qu'en étant nié, et c'est pourquoi toute position finie doit être dépassée au profit d'une nouvelle position. Mais, dire que la totalité n'est posée qu'en étant niée, c'est reconnaître tout autant que c'est en étant niée qu'elle est posée : le tout n'est accessible que sous la forme de ses propres négations, qui le constituent comme ce qui les excède toujours. Sans doute est-ce là ce que Merleau-Ponty avait en vue lorsqu'il évoquait, à propos de la Nature chez Bergson, « une indivision primordiale et perdue, unité que les contra-

1. *Vom Sinn der Sinne*, trad. G. Thinès et J.-P. Legrand, Grenoble, J. Millon, 1989, p. 398.

2. *Op. cit.*, p. 219.

dictions de l'univers développé nient et expriment à leur manière »[1]. La Totalité primordiale – la Nature – est, si l'on veut, une origine, mais qui n'a jamais eu lieu et qui, selon un « mouvement rétrograde du vrai », ne se constitue en son originarité qu'en vertu des mouvements qui en dérivent. L'indivision doit être comprise ici comme « zéro » de division, division inchoative; la détotalisation est contemporaine de la totalité. L'actualisation-limitation de la totalité serait ainsi l'autre nom de cette historicité transcendantale par laquelle Merleau-Ponty caractérisait la chair.

Il suit de là que le vivant doit être caractérisé par une *insatisfaction* essentielle : tout ce qui le comble fait surgir en même temps l'horizon de complétude dont il manque. Le vivant est la tension originaire et irréductible entre le Tout primordial et l'expérience qui l'actualise. La dynamique du vivant, identiquement position et négation du Tout, est donc nécesssairement en retrait sur elle-même : la visée n'est comblée qu'en étant déçue. Autant dire que le vivant est essentiellement *désir*, à condition de s'entendre sur le sens de cette formule. Elle ne signifie pas que le vivant est capable de désirer des objets qui peuvent lui être donnés dans une perception, mais plutôt – contrairement à Husserl pour qui le désir ne pouvait s'édifier que sur un acte objectivant – que c'est dans le désir même que se constitue le rapport à quelque chose. La donation de quelque chose ne fonde pas le désir mais en procède : le désir est le noyau de l'intentionnalité. Il faudrait montrer ici que la dialectique husserlienne de la visée à vide et du remplissement appelle la mise au jour d'une dimension plus originaire, d'une inadéquation ou d'une insatisfaction première où s'originent à la fois l'objet remplissant et le moment de la visée comme excédant toujours ce qui la remplit. En effet, la visée à vide chez Husserl dessine l'horizon d'une plénitude possible, même si, au niveau perceptif, les remplissements sont toujours imparfaits. Parce qu'il est posé en extériorité vis-à-vis de ce qui le remplit, en vertu de la distinction des actes, ce vide est un « faux » vide, l'index d'une plénitude possible. De là les tensions permanentes entre le principe de l'absence de limitation de la raison objective et ce qui est impliqué par la prise en compte rigoureuse du monde perçu, tensions qui sont résolues par le recours à la téléologie. À l'inverse, c'est en pensant ce vide comme immanent au remplissement lui-même, c'est en refusant donc la distinction préjudicielle des actes au profit d'une intentionnalité qui absente dans la mesure même où elle présente, bref en subordonnant l'intentionnalité à la tension orginaire du désir, que le sens de ce vide, c'est-à-dire la transcendance du donné, peut être authentiquement préservé. Quoi qu'il en soit, notre analyse du vivant nous

1. *Résumés de cours*, Paris, Gallimard, 1968, p. 110.

reconduit au désir, pourvu qu'il soit compris en un sens rigoureux. En effet, poser le désir comme carence susceptible d'être comblée, appétition d'un objet qui peut être présentifié, bref comme manque d'un objet où il s'abolirait, c'est subordonner à la perception la tension qui l'anime, c'est en perdre la spécificité. Or, comme l'a vu Lévinas dans un tout autre contexte, le désir n'est vraiment tel que si le désiré ne le comble pas mais le creuse, ou plutôt, le creuse dans la mesure exacte où il le comble. Or, telle est bien ici la condition du vivant : s'il est vrai que la totalité originaire n'est atteinte qu'en étant niée, n'est présente que comme sa propre absence, toute expérience, en tant qu'elle dessine elle-même l'excès dont elle est la négation, est caractérisée par une dimension d'insatisfaction. Parce qu'il n'y a de donné que comme retrait de la Totalité sur elle-même, toute expérience dessine son propre excès, est dépassement de soi et se constitue par conséquent comme sa propre négation. Il n'y a donc de donné que comme décevant ce qui y était visé, non pas parce qu'il échoue à accomplir une donation adéquate, exigible en droit, mais parce qu'il pose lui-même le Tout dont il est la limitation, engendre ce qui le condamne. Le donné est son propre retrait parce qu'il est son propre excès. Bref, c'est d'un même geste, qui est celui de la vie elle-même, que se constituent l'expérience et ce dont elle est l'expérience, ce qu'elle vise à s'approprier : la détermination de l'intentionnalité comme désir permet de saisir le point où la présence et l'horizon naissent l'un de l'autre.

L'interrogation initiale sur l'espace nous avait conduit à mettre en évidence une implication essentielle du mouvement dans la perception, implication dont dépendait la donation d'une extériorité effective. En nous appuyant sur Patočka, nous avons vu que ce mouvement vécu renvoyait à un vivre plus originaire, compris comme auto-mouvement. Nous avons tenté de montrer que ce vivre devait être compris comme dynamisme originaire d'un vivant qui se rapporte à une totalité dans le mouvement même par lequel il la limite, c'est-à-dire d'un vivant caractérisé par le désir. Il nous reste à établir que c'est dans ce dynamisme originaire que se fonde l'articulation essentielle de la perception et du mouvement, c'est-à-dire la condition d'un accès à l'extériorité. Bergson, parmi les premiers, a compris la nécessité de renoncer à penser la perception comme une modalité de connaissance et tenté d'engendrer la perception pure à partir du seul mouvement. Il essaie en effet de rendre compte de la perception à partir du cerveau conçu comme centre d'indétermination, c'est-à-dire comme susceptible de ne pas transmettre mécaniquement les impulsions du monde extérieur et, partant, de choisir sa réaction. Percevoir consisterait alors à découper au sein de l'univers ce par quoi le corps est vitalement intéressé. Le mérite capital de cette analyse est de faire l'économie du problème du rapport de la représentation à l'objet ; pour Bergson, la perception a lieu à même l'objet et, en toute rigueur, il n'y a pas lieu de faire de différence entre l'objet lui-même et l'objet en tant que perçu. La représentation ne vient pas s'ajouter à la présence mais lui retire plutôt quelque chose : l'objet perçu, c'est l'objet séparé de son entourage par l'intérêt vital. Il n'en reste pas moins que la voie suivie par Bergson restaure le dualisme sous une forme déplacée. L'analyse de la perception se situe au plan de la pure extériorité et le mouvement à partir de laquelle il l'engendre demeure un déplacement local, libre ou empêché. La perception pure apparaît comme un processus objectif de sélection au sein d'un univers d'images. Dès lors, elle n'est qu'un moment abstrait de la perception effective, qui exige l'intervention d'une dimension de reconnaissance, c'est-à-dire d'expérience : celle-ci renvoie à une subjectivité qui est pur esprit et dont l'essence exclut la dimension de l'incarnation. Chez Bergson, la reconnaissance d'un mouvement à l'œuvre dans la perception se paie du prix d'une perte de l'effectuation de sens, c'est-à-dire de l'intentionnalité : rabattu au plan de l'objectivité, le dynamisme vivant ne permet pas de rendre compte de l'expérience intégrale. Or, avec le dynamisme vital conçu comme devenir de l'actualisation de la totalité, nous sommes en possession d'un mouvement qui rend compte par lui-même de la perception effective. C'est ce que Von Weizsaecker reconnaît sans ambiguïté lorsqu'il évoque « la nature évolutive de la perception, en vertu de quoi il ne s'agit pas de la connaissance de rapports fixes, mais d'un devenir incessant ». Selon lui « la perception est toujours devenir, ne survient que comme événement et ne connaît pas la fixation des objets physiques dans l'espace et dans le temps » ; en effet, précise-t-il, « la perception est à chaque fois une rencontre historique entre le moi et le monde et, mêlée au mouvement, elle n'est jamais qu'une étape dans l'évolution active de cette rencontre vers un but inconnu » [1]. Telle est également la conclusion de E. Straus à propos du sentir : « les sensations ne sont que des limites particulières ou transitoires du sentir, ce sont des accomplissements dont le sujet sentant se dégage toujours d'emblée en vertu de son devenir fondamental » [2]. Ce devenir fondamental, inhérent au désir du vivant, saisit toute expérience comme négation d'une totalité qui l'excède, division au sein d'une unité qu'elle révèle. Dès lors, la perception doit être inscrite dans ce mouvement d'actualisation ; limitation d'une totalité qu'elle fait paraître en cette négation même, la perception se constitue comme sa propre négation : le perçu, c'est le déjà nié. Comme l'écrit admirablement Von Weizsaecker, « percevoir

1. *Op. cit.*, p. 143, 129, 156.
2. *Op. cit.*, p. 554.

c'est, au fond, toujours passer à autre chose »[1]. Cela ne signifie pas que nous percevons pour, ensuite, passer à autre chose. Dès lors en effet que ce que le désir atteint fait en même temps défaut, la perception ne naît que dans le mouvement qui laisse le perçu derrière lui : la perception *consiste* à passer à autre chose. En d'autres termes, puisqu'il n'y a de perçu que comme manque de la totalité, rejoindre le perçu, c'est le saisir comme toujours déjà en retrait sur un mouvement de dépassement : le perçu, c'est le dépassé. C'est pourquoi l'être du perçu peut être caractérisé par le concept de résistance au sens où Straus l'entend : « J'éprouve les phénomènes comme me résistant. La résistance n'est pas une simple friction : elle n'existe que comme un processus qui est orienté vers la totalité, mais une telle orientation signifie que ce qui résiste est déjà dépassé »[2]. La perception est épreuve aux deux sens du terme : quelque chose n'est senti, je ne l'éprouve, que dans la mesure où j'en fais l'épreuve, c'est-à-dire le rencontre comme une limite ou une résistance qui surgit dans l'acte qui la dépasse.

La dualité phénoménale de la perception et du mouvement, de la perception comme spectacle sensible et du mouvement comme déplacement corporel, renvoie au dynamisme originaire du vivant, à l'unité primordiale d'un donné et de sa propre négation, comme limitation d'une totalité qu'elle révèle. Parce que la positivité de l'expérience est en même temps négation, parce que le perçu est le dépassé, il n'y a pas de perception qui ne se constitue dans un mouvement, et pas de mouvement qui ne repose sur une perception. Il n'y a de perception que par le mouvement qui la dépasse, il n'y a de mouvement que par la perception qui le déçoit. Leur unité originaire correspond à l'identité première d'une actualisation et d'une négation. On peut certes dire que le mouvement phénoménal renvoie à la tension du désir vers la totalité et la perception à la forme finie que prend la réalisation de ce désir, mais il s'agit là de deux moments abstraits, des deux faces d'un événement unitaire. C'est cet événement que Straus thématise sous le concept d'approche (*Entfernung*), réduction conjointe d'une distance spatiale et d'un éloignement ontologique, avancée qui fait paraître, perception qui rapproche : « ce ne sont pas les fonctions physiologiques des organes sensoriels qui font d'un être un être sentant, mais plutôt cette possibilité de l'approcher, et celle-ci n'appartient ni à la seule sensation, ni au seul mouvement »[3].

Nous l'avons dit en commençant, la difficulté à laquelle se heurte la perspective husserlienne dans sa thématisation de l'intentionnalité est de

1. *Op. cit.*, p. 143.
2. *Op. cit.*, p. 401.
3. *Op. cit.*, p. 378.

rendre compte de la transcendance à partir de l'immanence des vécus. Au contraire, dans la perspective que nous avons esquissée, il devient possible de constituer l'extériorité inhérente au perçu. Dès lors que la perception est prise dans un mouvement d'approche, l'apparition du perçu n'en vient plus nier la transcendance. En tant que le perçu est le dépassé, il dessine toujours un au-delà de lui-même : parce que sa position est toujours déjà négation, il surgit sur fond d'une profondeur irréductible. En effet, s'il est vrai que chaque expérience est négation de la totalité, elle en est tout autant l'unique actualisation possible : une réalité n'est donc perçue que comme limitation d'une dimension qui l'excède, c'est-à-dire d'une transcendance. Autrement dit, en vertu de l'unité originaire de la perception et du mouvement au sein du dynamisme vivant, il n'y a plus lieu de distinguer un moment sensible d'un moment spatial : synonyme de son propre dépassement, le sensible est déjà spatial, tout comme l'espace exige un sensible qui en dessine l'excès. Si la perception est rapport à un obstacle, c'est-à-dire corrélative d'une avancée qui pose le perçu comme limite d'un mouvement qui le transcende, la saisie perceptive est l'ouverture même de l'espace. Percevoir c'est dépasser, c'est faire paraître le perçu depuis une profondeur ouverte par l'approche et comme retenu dans cette profondeur. Il va de soi que cette profondeur demeure inobjectivable ; c'est une transcendance pure, « sans masque ontique », irréductible à la distance d'un transcendant. En effet, la totalité que vise le désir (que dessine le perçu) n'est pas actualisable comme telle mais ne se donne que comme ses propres limitations. La transcendance est ce que « n'est pas » chaque perçu, mais cette négation n'est pas l'envers d'une position : la distance du perçu ne signifie rien d'autre que cette négativité en tant qu'elle réfère le perçu à une altérité qui n'est pas posée.

Nous l'avons vu en commençant, l'approche husserlienne de la perception s'avère purement et simplement incompréhensible. Comme le note Patočka, si on prend pour point de départ l'*ego* et ses vécus, il devient impossible de comprendre comment une telle conscience est capable d'extériorité. Toute tentative de rendre compte de la perception à partir de la dualité préalable de la conscience et du monde, aussi raffinée soit-elle, est en réalité vouée à l'échec. Or, dans la perspective que nous venons d'ébaucher, le problème se pose en de tout autres termes : il ne s'agit pas de penser une rencontre entre le sujet et le monde car, en vérité, cette rencontre a toujours déjà eu lieu. Comme le dit Goldstein, la séparation est artificielle. L'unité originaire du « sujet » et de « l'objet » définit le vivant et il ne s'agit donc pas d'expliquer comment l'un entre en relation avec l'autre mais plutôt de comprendre comment chacun des termes se constitue à partir de la relation. Or, nous sommes déjà en possession de la réponse : le pôle sujet naît de la limitation de la totalité primordiale. Comme désir, le sujet est dans une relation d'unité avec le monde, mais parce que le désir est insatisfaction, c'est-à-dire ne s'accomplit que dans des expériences limitées, cette unité se brise et, en chaque expérience singulière, un sujet et un objet naissent ensemble. Loin donc que la séparation fasse obstacle à l'expérience, celle-ci naît de la séparation, c'est-à-dire de la limitation de la totalité originaire inhérente à l'essence du vivant comme désir. La différence du sujet et de l'objet s'enracine dans la tension interne du désir et, dans cette mesure, elle ne contredit pas leur unité originaire. Comme le remarque Straus, « dans l'expérience sensorielle, se déploient en même temps le devenir du sujet et les événements du monde. Je ne deviens moi-même que dans la mesure où quelque chose se passe et il ne se passe quelque chose (pour moi) que dans la mesure où je deviens »[1]. Mais, si la différence du sujet et de l'objet naît de la dynamique du désir, on doit alors renoncer à toute clôture du sujet et reconnaître que son unité est inachevée, qu'il n'est jamais complètement constitué. Enracinée dans la finitude du désir, la subjectivité naît d'une limitation au sein du monde : en chaque expérience singulière surgit donc une subjectivité, loin que celle-ci soit la source de l'expérience. Par suite, s'il est vrai que la subjectivité procède d'une limitation de la totalité, il y a autant de subjectivités qu'il y a de modes de séparation, c'est-à-dire d'expériences. Ce n'est pas la subjectivité qui prend une perspective sur le monde, c'est la perspective comme limitation de la totalité qui donne naissance à la subjectivité. Le propre de l'approche est que le dynamisme du désir qui l'anime excède toujours son déploiement effectif; le perçu est toujours une limite que rencontre l'approche et au-delà de laquelle se déploie un monde. Le mouvement vivant dessine ainsi une partition à laquelle doit être reconduite la distinction de l'objectif et du subjectif : l'« intériorité » est ce qui est couvert par l'approche, l'« extériorité » l'excès du Tout sur ce qui est atteint. Si la déhiscence du sujet et de l'objet n'est autre que l'écart toujours renaissant du dynamisme vivant et de son accomplissement moteur effectif – écart de la totalité, dont le désir est la trace, et de son actualisation négatrice – la partition de l'intérieur et de l'extérieur se réduit à la différence, toujours fluente, à la fois infime et abyssale, d'une expérience finie et du monde qui la dépasse de toutes parts. L'extériorité n'est que l'excès du dynamisme moteur sur le milieu qu'il dessine et l'intériorité l'unité circonscrite et provisoire d'un vivant et d'un fragment de milieu. Une telle partition n'est absolument pas superposable à la distinction classique de l'objectif et du subjectif et, en toute rigueur, elle traverse indifféremment le vivant et le

1. *Op. cit.*, p. 565.

monde, elle est indistinctement déhiscence du désir et articulation de l'actuel sur l'horizon. Quoiqu'il en soit, nous rejoignons ici une des intuitions les plus fortes de Bergson. Celui-ci montre en effet que la question de la perception n'est pas celle du passage de la présence à la représentation par voie d'addition : cette position classique du problème le rend à jamais insoluble. On ne peut au contraire comprendre la perception que si l'on comprend qu'elle n'ajoute rien à la présence, qu'elle est plutôt la présence *moins* quelque chose. On passe de la présence à la représentation par voie de soustraction ou de négation : la perception n'est pas un surcroît au sein de l'être mais une brisure de son homogénéité, un perte de sa plénitude. Dans notre perspective, la naissance du sujet au sein de l'expérience, la naissance de la « représentation », signifie seulement la limitation produite par le mouvement vivant au sein de la totalité en tant que la totalité surgit de cette limitation même. L'émergence d'une conscience perceptive ne correspond en aucun cas au surgissement d'une substance : elle se confond avec celle du perçu, dont la circonscription naît du mouvement. Loin que le perçu repose sur l'acte d'une conscience, qui le détacherait pour ainsi dire de l'être sous la forme d'une représentation, la conscience naît de l'émergence d'un perçu par détachement de la totalité originaire, en tant que cette totalité a pour essence de ne pas accomplir son essence ou, ce qui revient au même, en tant que le vivant est désir. Sans doute est-ce ce que Merleau-Ponty avait en vue dans une courte note de travail : « Figure sur fond, Etwas le plus simple. La Gestalt tient la clef du problème de l'esprit » [1].

Notre démarche a passé son but car nous avons perdu l'espace au point où nous avons cru le trouver. En effet, ce que nous avons appelé « profondeur » ou « distance » est plus profond que la distinction du spatial et du temporel et précède en vérité leur opposition. Il suffit de comprendre qu'il y a une rigoureuse identité entre le moment de l'actualisation de la totalité et celui de sa négation et que, par conséquent, le perçu est originairement en défaut sur lui-même. Le désir ne vient pas s'ajouter à la perception, il la fonde, de sorte qu'il y a un excès essentiel de la visée sur ce qu'elle atteint et, par conséquent, une déception contemporaine de la donation. Dès lors, l'identité originaire du perçu et de son être dépassé nous interdit de situer la profondeur dans la partition de l'espace et du temps : dire que la portée du désir est en quelque sorte plus large qu'elle-même – tel est le propre du désir – c'est reconnaître que le perçu est indistinctement présent, spatial, et néanmoins futur. Parce que le perçu est le dépassé, sa distance est aussi bien temporelle que spatiale : l'objet du désir, le pôle du

1. *Le visible et l'invisible*, Paris, Gallimard, 1964, p. 246.

mouvement est en porte-à-faux sur l'espace et le temps. La profondeur est bien la troisième dimension, non pas au sein de l'espace, mais par-delà l'espace et le temps, et c'est pourquoi elle est en vérité la première. Présentée par le perçu comme distance spatiale, elle est en même temps dissimulée par lui et n'existe donc que comme pôle d'une exploration à venir. Champ de l'approche, la profondeur est la figure spatiale du temps, sa manière propre de se présenter à nous. C'est ce que reconnaît Straus lorsqu'il définit la distance comme forme spatio-temporelle du sentir : la profondeur, écrit-il, « n'est en aucune manière une dimension objective propre à l'impression visuelle, elle n'est en aucune manière une dimension spatiale. [...] Le là de la distance est un point non seulement spatialement mais aussi temporellement éloigné » [1]. Synonyme de la totalité originaire, la profondeur ne se donne, ne se spatialise qu'en se limitant et se reportant donc indéfiniment, c'est-à-dire en se temporalisant.

1. *Op. cit.*, p. 555, 621.

CHAPITRE XI

PERCEPTION ET PULSION

Un tel titre surprend sans doute : quel peut-être en effet le sens de ce rapprochement dès lors que pulsion et perception appartiennent à des ordres manifestement différents et étrangers l'un à l'autre ? Alors que la pulsion relève de la vie, la perception renvoie à l'ordre de la connaissance, de sorte qu'elles se distinguent comme ce qui concerne l'animal en général et ce qui est propre à l'homme. La pulsion est poussée aveugle, étrangère à elle-même, la perception considération, se rapportant nécessairement à elle-même. L'une existe comme une réalité, celle de la force, de la charge ou de la tension, l'autre est un rapport, relation à ce qui est. Enfin, la pulsion est pure positivité car, comme le dit Maldiney, « le rien ne fait pas partie du texte de la vie »[1] alors que la perception suppose une négation, celle par laquelle je transcende la pure facticité, la pure présence pour la saisir comme occurence et manifestation d'autre chose, à savoir d'un objet.

Pourtant, pour partagée qu'elle soit, une telle perspective présente des difficultés. Elle postule une coupure entre l'ordre humain et l'ordre vivant en général, scinde l'humanité de la vie en elle, la sépare de son insertion vitale. Même si la reconnaissance d'une différence est sans doute légitime, une telle perspective occulte la continuité qui subsiste entre l'homme et la vie et s'interdit de rendre compte de l'origine de la perception, c'est-à-dire finalement de l'origine de la négation. La mise en valeur d'une spécificité de l'exister humain a ici pour contrepartie une perte d'intelligibilité puisque, en opposant d'emblée la pulsionnalité et la perception, on omet de se demander ce qui, au sein du vivant que l'homme est aussi, a rendu possible le surgissement de cette spécificité – à moins que, bien entendu,

1. *Penser l'homme et la folie*, Grenoble, J. Millon, 1991, p. 385.

on définisse l'homme, à la suite de Scheler, comme ascète de la vie, c'est-à-dire l'humanité par la négation de la vitalité en lui. En vérité, comme le souligne Hans Jonas :

> notre tradition philosophique occidentale, le regard exclusivement fixé sur l'humain, a coutume de lui attribuer comme une distinction unique une grande part de ce qui en réalité a sa racine dans l'existence organique en tant que telle : ce faisant, elle prive la compréhension du monde organique des connaissances que la perception qu'il a de lui-même met à la disposition de l'homme [1],

et, pourrions-nous ajouter, elle prive la compréhension du monde humain de la connaissance du monde organique dont l'homme dispose.

Or, il va de soi que cette distinction massive entre l'ordre pulsionnel et celui de la perception va de pair avec une certaine idée de la perception et surtout une certaine idée de la pulsion. Je voudrais montrer ici que cette idée de la pulsion s'enracine dans un mode d'approche et une conception de la vie qui en manquent l'essence véritable. Ainsi, loin de s'autoriser de la reconnaissance de la spécificité de l'ordre vital, la pensée qui oppose la pulsion et la perception ne peut le faire que sur fond d'une profonde méconnaissance de cet ordre. C'est donc cette conception naïve de la vie que je mettrai d'abord en évidence sur l'exemple privilégié de Heidegger. Ceci me conduira à montrer ensuite que, si l'on saisit la pulsion selon sa vérité, c'est-à-dire à partir de la vie où elle s'enracine, on la rencontre au cœur même de la perception comme ce qui, loin de pouvoir lui être opposée, en fonde la possibilité. Ainsi, du point de vue de l'essence authentique de la vie, la pulsion apparaît comme la vérité de la relation perceptive.

On le sait, c'est dans le cours intitulé *Les concepts fondamentaux de la métaphysique* [2] que Heidegger aborde de manière approfondie la question de l'animalité et de la pulsion. Cette analyse de l'animalité est elle-même commandée par la fameuse thèse : « l'animal est pauvre en monde ». Celle-ci ne peut être séparée des deux autres thèses qui l'encadrent : « la pierre est sans monde », « l'homme est configurateur de monde ». En effet, il s'agit de montrer que, contrairement à la pierre, l'animal est « en relation » avec le monde, de telle sorte que l'on peut dire qu'il a accès à de l'étant mais que, à la différence de l'homme, l'animal n'accède pas à l'étant *en tant qu'étant*. Or le monde signifie, selon Heidegger, l'accessibilité de l'étant *comme tel*.

1. *Philosophische Untersuchungen und metaphysische Vermutungen*, trad. sous le titre *Évolution et liberté*, Paris, Rivages, 2000, p. 25.

2. *Die Grundbegriffe der Metaphysik. Welt-Endlichkeit-Einsamkeit*, trad. Daniel Panis, Paris, Gallimard, 1992. Noté CF.

Ainsi – tel est le sens de la thèse de la pauvreté en monde – l'animal a le monde, mais de telle sorte que l'étant n'y paraît pas comme tel et c'est pourquoi on peut dire tout aussi bien qu'il ne l'a pas. Cela revient à affirmer, et Heidegger y revient sans cesse, que les animaux ne perçoivent pas. Toute l'analyse de l'animalité et de la pulsion est commandée par la nécessité d'élucider cette situation. Heidegger développe une description extrêmement serrée du vivant, dont je me contente de rappeler les étapes. La question du vivant est spécifiée comme question de l'organisme et celui-ci référé à l'organe, dont Heidegger définit l'essence par confrontation avec l'« util » (*Zeug*). Alors que celui-ci se tient prêt pour un usage dont son être ne dépend pas, l'organe a ceci de propre qu'il naît de et dans l'aptitude et est ainsi à son service. Or, l'aptitude renvoie à la pulsion : cela signifie qu'elle n'est pas une pure virtualité mais qu'elle a toujours projeté d'avance ce qu'elle peut réaliser, qu'elle est en rapport avec cette réalisation sur le mode d'une poussée, c'est-à-dire d'une anticipation effective : l'impulsion proprement dite, c'est-à-dire la mise en œuvre de l'aptitude, repose sur cette poussée. L'analyse de l'animalité doit donc être rapportée à celle de la pulsion : « le comportement animal n'est pas une façon *de faire et d'agir*, comme l'est la tenue humaine d'un rapport (*Verhalten*), mais c'est un *mouvement pulsionnel* (*Treiben*). Par là, nous laissons entendre que la poussée par le pulsionnel caractérise pour ainsi dire toute l'activité de l'animal »[1]. La pulsion permet d'abord de définir une propriété de l'animal, c'est-à-dire un être-auprès-de-soi spécifique, que Heidegger nomme « accaparement » (*Benommenheit*) : dans la pulsion, l'animal ne sort pas de soi ; il est au contraire pris par ou en lui-même, il est sous l'emprise de lui-même, s'appartient, sans qu'il faille pour autant supposer quelque chose comme une conscience ou une réflexion. D'autre part, l'accaparement pulsionnel détermine un mode de relation spécifique avec ses « objets ». L'activité pulsionnelle est un comportement qui, comme tel, *se dirige sur...*, est *en relation à...* mais, ajoute Heidegger à propos de l'abeille qu'il prend pour exemple, « le comportement ne s'oriente pas d'après le parfum et le miel, en le constatant. Plus exactement : il n'y a *aucune* perception du miel *en tant que* chose se trouvant être là »[2]. Dans l'accaparement, la pulsion est portée sur..., entraînée par, de telle sorte que ce vers quoi elle tend ne peut que se retirer devant la poussée. Il s'agit, en d'autres termes, de penser un rapport tel qu'il n'implique aucune apparition de ce à quoi il se rapporte. C'est pourquoi Heidegger décrit le mode d'être de la pulsion par le concept de *désinhibition*. Cela signifie d'abord que la

1. CF, p. 347.
2. CF, p. 355.

pulsion existe sur le mode d'une « tension interne » ou d'une « charge contenue » et qu'elle détermine ce qui est susceptible d'en déclencher l'impulsion. Heidegger emprunte ici à Von Uexkull l'idée que la pulsion se distingue du simple mécanisme en ceci qu'elle ouvre ce qui est susceptible d'exciter l'organisme, c'est-à-dire de la désinhiber : l'« "animal s'entoure d'un *cercle de désinhibition*" dans lequel est inscrit d'avance ce que son comportement peut rencontrer comme incitation »[1] et la vie est donc définie comme « lutte de l'animal avec son cercle » ou « lutte pour l'encerclement »[2]. En second lieu, cela signifie que cela qui désinhibe se dérobe au comportement qu'il suscite, se retire devant la pulsion qu'il déclenche et que, comme le dit Heidegger, « c'est là sa manière propre de se montrer »[3]; autrement dit, l'excitant n'existe qu'au service de ce qu'il désinhibe, n'est que son propre pouvoir déclenchant et c'est pourquoi il ne peut se donner lui-même car il n'apparaît pour ainsi dire qu'en disparaissant. Tel est le sens véritable de la thèse de la pauvreté en monde : l'animal est ouvert à ce qui désinhibe et il ne peut donc avoir de monde car à cette ouverture est « précisément retirée la possibilité de voir ce qui désinhibe se manifester en tant qu'étant »[4].

Cette analyse est clairement structurée par l'opposition entre l'ordre pulsionnel et la perception. Heidegger y revient à de nombreuses reprises, en prenant l'exemple très favorable des hyménoptères, dont Bergson montre qu'ils représentent le degré d'accomplissement le plus élevé de l'instinct. Avec l'animal, il n'y a pas de perception mais bien un comportement (*Vernehmen/Benehmen*), ce qui signifie qu'il lui est impossible de se rapporter à une autre chose « *en tant que* telle ou telle chose, *en tant que* chose se trouvant être là, *en tant qu'*étant » et Heidegger précise même qu'on « ne peut même pas dire que l'animal remarque »[5]. Notons l'indétermination dans laquelle Heidegger laisse le concept de perception et l'extension qu'il lui confère puisqu'elle recouvre non seulement la saisie de telle chose, ce qui serait le sens strict de la perception, mais aussi la saisie d'une réalité en tant que chose, et même la saisie d'une réalité en tant qu'étant. Autant dire que, pour l'animal, il n'y a même pas d'« il y a » et c'est pourquoi il est incapable de remarquer. La dimension du sentir, selon le terme straussien, qui met en rapport l'animal avec quelque chose en tant qu'étant, sans qu'il soit saisi pour autant comme l'objet qu'il est, c'est-à-dire perçu, est étrangère à Heidegger. Pour l'animal, rien ne peut apparaître

1. CF, p. 371.
2. CF, p. 374, 377.
3. CF, p. 371.
4. CF, p. 391.
5. CF, p. 361, 376.

à proprement parler et c'est pourquoi Heidegger en reste à un concept massif et indéterminé de la perception; en effet, c'est seulement lorsque l'on reconnaît à l'animal l'aptitude à se rapporter à quelque chose que des distinctions s'imposent. Finalement, Heidegger s'en tient à une conception simple et commune de l'animal, comme organisme commandé de part en part par des pulsions : il ne se sépare du mécanisme que parce qu'il confère à la pulsion le pouvoir de circonscrire le cercle de la désinhibition. On peut se demander cependant si une telle description conviendrait à des mammifères supérieurs.

Quoi qu'il en soit, cette analyse est tributaire d'une série de présupposés concernant la vie, que Heidegger ne thématise à aucun moment. Il faut remarquer tout d'abord que la vie est d'emblée abordée à partir du vivant, et non l'inverse, ou plutôt que n'apparaît à aucun moment une interrogation sur la vie comme telle. Heidegger part du vivant, qu'il assimile d'emblée à l'organisme [1] et celui-ci est décrit en termes de pulsions. C'est seulement au terme de cette analyse qu'il propose une caractérisation de la vie, qui est donc entièrement subordonnée à celle de la pulsion : « la vie n'*est* rien d'autre que la lutte de l'animal avec son cercle » [2]. Une telle décision ne vas pas de soi : dans la mesure où la vie caractérise le mode d'être propre au vivant, une interrogation sur le vivant peut légitimement s'appuyer sur une élucidation du mode d'être de la vie. Comprendre ce qu'est un vivant suppose de savoir ce que signifie vivre. Surtout, une telle décision est lourde de conséquences car elle revient à accepter l'idée qu'il y a des vivants déjà constitués, en quelque sorte sujets de leur vivre. Est par là-même exclue la possibilité que *l'être même* du vivant *se constitue dans son vivre*, que la vie, loin d'être la simple activité du vivant, soit l'acte par lequel le vivant se fait être comme tel. La vie est-elle l'acte du vivant ou l'acte dans lequel il se constitue ? Si la seconde hypothèse était vraie, il faudrait en conclure que c'est seulement à partir de la vie que l'on peut définir le vivant, ce que Heidegger n'envisage pas. On peut le dire autrement : aborder la vie à partir du vivant, c'est penser l'organisme comme une entité achevée qui se rapporte après-coup à son milieu, qui est donc telle que son rapport au milieu, s'il conditionne bien sûr sa survie, n'est cependant pas *constitutif* de son être. Il semble clair, pour Heidegger, que cette relation qu'est la vie est précédée par les termes en relation, à savoir le vivant et son milieu, loin qu'elle les constitue; il n'envisage à aucun moment qu'il faille « comprendre l'individu à partir de l'individuation, et non pas l'individuation à partir de

1. CF, p. 313.
2. CF, p. 374.

l'individu », selon la formule de Simondon. L'atteste clairement une observation qui concerne Buytendijk :

> le pas décisif menant à une première description normative de l'organisme fera défaut aussi longtemps que l'on verra les choses de la façon dont les exprime par exemple cette phrase du biologiste hollandais Buytendijk : « il apparaît donc que, dans l'ensemble du monde animal, le lien de l'animal avec son milieu ambiant, est presque aussi intime que l'unité du corps » [1].

On ne peut mieux dire que l'animal est individué indépendamment de sa relation au milieu ambiant. On soupçonne par là-même que c'est dans la direction ébauchée par Buytendijk qu'il faudra rechercher l'essence véritable de la vie.

Il suit de là que l'animal agit en vue de sa *conservation*, que l'essence de la vie est la *survie* : en effet, dès lors que l'organisme est constitué comme tel indépendamment de sa relation au milieu, sa vie doit être pensée comme *conservation* de soi et non pas comme *réalisation* de soi. Tel est le sens obvie de la théorie de l'accaparement pulsionnel : l'animal est de part en part rivé à la satisfaction des besoins, sa vie n'est rien d'autre que lutte pour le cercle de désinhibition. Là encore, Heidegger le reconnaît : « cette lutte pour l'encerclement qui encercle l'ensemble du tiraillement pulsionnel est un caractère essentiel de la vie elle-même. Ce n'est rien d'autre que ce que l'expérience courante nous fait connaître à propos de l'être vivant : la conservation de soi et de l'espèce » [2].

De là procède la théorie de la pulsion, tout entière subordonnée à cette détermination naïve du vivant : elle est une poussée, assignée à un certain type d'objet susceptible de la désinhiber, bref un *besoin*. Le cercle de désinhibition n'est rien d'autre que l'ensemble des besoins nécessaires à la survie. En procédant ainsi, Heidegger s'interdit de saisir la pulsion comme un mode d'être original : elle est une force, une poussée, constitutivement liée à ce qui peut la désinhiber, c'est-à-dire satisfaire le besoin, et le comportement n'est que le déploiement de cette force en présence de l'excitant adéquat. Le comportement n'est pas un mouvement signifiant polarisé par un but mais seulement un effet. Il est à cet égard significatif que Heidegger écarte délibérément la question de la mobilité animale, tout en reconnaissant d'ailleurs que c'est une lacune : l'examen de la mobilité animale lui aurait révélé un type de mouvement qui n'est ni réflexe, ni décharge, mais relation signifiante au but, ce qui l'aurait sans doute conduit à réviser profondément son idée de la vie.

1. CF, p. 376.
2. CF, p. 377.

Enfin, il est cohérent, sur la base de ces présupposés, que Heidegger soit conduit à distinguer l'être-au-monde animal de toute forme de perception. En effet, en tant que besoin, c'est-à-dire assignée à un objet déclenchant, la pulsion ne peut rien faire paraître : lui manque pour ainsi dire l'indétermination ou l'ouverture au sein de laquelle quelque chose peut se donner. Dans cette perspective, Heidegger a raison de dire que l'excitant ne peut que se dérober, mais toute la question est de savoir si la pulsion doit être conçue comme ce qui est désinhibé par un excitant. En vérité, et malgé ce que Heidegger avance, dans la pulsion, l'animal n'entre pas en *relation* avec le monde. La pulsion est un besoin déterminé par l'organisme et assigné à un objet : elle ne *se* rapporte pas à son objet, elle est naturellement poussée vers lui et c'est pourquoi il n'est d'aucune façon *pour* elle. Un véritable rapport implique une indétermination ou un jeu, c'est-à-dire aussi une indétermination de ce qui est atteint dans le rapport, toutes choses absentes de la théorie heideggerienne de la pulsion. On ne peut donc parler de relation au monde que négativement, au sens où il ne s'agit pas d'une causalité mécanique : dans la pulsion selon Heidegger, l'animal est en effet porté sur un type d'excitants auxquels il est par avance sensible, mais la rencontre avec eux ne procède pas véritablement de son initiative et c'est pourquoi rien ne paraît.

On le voit, le refus d'enraciner la perception dans l'animalité renvoie à une conception étroite de la pulsion comme poussée aveugle du besoin, conception qui s'enracine dans une détermination du dynamisme vital comme auto-conservation, et cette thèse est commandée ultimement par la décision d'aborder la vie à partir du vivant comme entité déjà constituée. *Réduction de la vie au fonctionnement du vivant, détermination de ce fonctionnement comme auto-conservation, assimilation de la pulsion au besoin et coupure entre vie et perception* sont les quatre moments constitutifs d'un même geste théorique, qui définit la vision commune de la vie. La fermeté avec laquelle Heidegger sépare perception et pulsion est donc à la mesure de la naïveté de sa conception de la vie. Cependant, en mettant ainsi au jour les présupposés de la conception heideggerienne, nous ouvrons la voie d'une détermination authentique de la pulsion et, partant, d'une réconciliation entre perception et pulsion. Il faut noter que la situation de Heidegger est ici curieuse car il affirme avec un grande lucidité que la reconnaissance par Driesch du primat de la totalité et par Von Uexkull de l'importance de la relation avec le milieu sont des étapes essentielles de la biologie ; pourtant, son analyse de la pulsion demeure en retrait sur ces positions car, s'il les avait développées jusqu'au bout et dans leur unité, il aurait abouti à un tout autre résultat.

En vérité, c'est chez Goldstein, plutôt que chez Driesch, que l'idée du caractère totalitaire de l'organisme vivant est développée selon toutes ses conséquences. Nous ne pouvons nous arrêter sur les longues analyses, nourries notamment de l'étude des blessés du cerveau, qui lui permettent de montrer que le comportement, et donc l'activité nerveuse, doit être compris du point de vue de la totalité de l'organisme et donc de sa singularité – c'est-à-dire comme une manière de restaurer un certain état d'équilibre biologique, propre à l'organisme, au sein de la confrontation avec le milieu. Ce qui importe plutôt ici, c'est l'ontologie de la vie qui s'esquisse à travers ces analyses et dont on trouve une formulation plus systématique chez André Pichot. On découvre, à la fin de *La structure de l'organisme*, la « remarque générale » suivante :

> Chaque créature exprime, en quelque sorte, simultanément une perfection et une imperfection. Considérée isolément, elle est en elle-même parfaite, structurée, vivante ; eu égard à la totalité, elle est imparfaite à des degrés divers. La créature particulière montre, par rapport à la totalité de l'être, la même espèce d'être que présente un phénomène isolé de l'organisme par rapport à la totalité de l'organisme : elle présente de l'imperfection, de la rigidité et n'a d'être que dans la totalité [1].

Cette totalité relative qu'est l'organisme est ici pensée à partir d'une totalité supérieure, qu'il appelle totalité de l'Être : de même que les parties ou les comportements de l'organisme sont des abstractions au regard de l'organisme total, cet organisme lui-même doit être compris comme imparfait du point de vue de la totalité supérieure qu'il forme avec l'Être. Or, une telle perspective revient à saisir le vivant à partir d'une relation contradictoire avec ce qui n'est pas lui, à savoir la totalité de l'Être, relation qui pourrait définir la vie elle-même. En effet, d'un côté, le vivant « n'a d'être que dans la totalité », ce qui signifie qu'il est séparé de lui-même, qu'il ne serait vraiment accompli ou parfait que par fusion avec la totalité : le vivant est un être qui a son essence hors de lui-même. Seulement, d'autre part, l'accomplissement de cette essence par fusion avec la totalité signifierait la disparition du vivant comme tel, de sorte que c'est *par essence* que le vivant a son essence hors de lui-même : son autonomie existentielle a pour contrepartie son hétéronomie essentielle, c'est-à-dire son imperfection. Il y a donc au cœur de la vie une tension constitutive puisque le vivant tend vers une actualisation q ui serait en même temps sa négation. Or, une telle intuition, qui repose sur une prise en considération rigoureuse

1. *Der Aufbau des Organismus*, trad. Burckhardt et Kuntz, Paris, Gallimard, 1951, p. 403.

du concept de totalité, se trouve confirmée sur la base de considérations issues de la biologie contemporaine. Le vivant, remarque André Pichot, a ceci de particulier, par rapport aux êtres inanimés, que c'est lui-même et non l'observateur qui décide de ce qui lui appartient et de ce qui ne lui appartient pas – ce qui revient à dire que le vivant se constitue comme tel en se séparant d'un environnement, qui devient alors autre. On peut donc définir le vivant à partir du concept de « disjonction des évolutions » :

> cette disjonction provient de ce que l'être vivant, dans son évolution, individuelle et spécifique, "canalise" le jeu des lois physico-chimiques dans certaines voies aux dépens des autres possibles, alors que l'environnement, lui, évolue en suivant ces différentes voies dans les proportions voulues par le libre jeu de ces lois et des équilibres qu'elles régissent [1].

Autrement dit, à chaque instant, les lois physico-chimiques sont respectées mais le vivant est caractérisé par le fait que, parmi les événements possibles, certains vont prendre une importance qu'ils ne peuvent avoir dans l'univers physique, que les réactions chimiques vont emprunter une certaine direction privilégiée etc. Il s'ensuit que l'identité du vivant a un caractère *temporel* : c'est dans le mouvement de son évolution individuelle que le vivant est défini, ou plutôt *se* définit comme entité distincte. Ce n'est pas parce qu'il est distinct du milieu que le vivant évolue de manière disjointe; c'est au contraire en évoluant de manière disjointe qu'il se distingue du milieu : cet individu qu'est le vivant procède d'une individuation, qui prend elle-même la forme d'une disjonction d'évolution. Notons que, comme Goldstein l'avait déjà clairement vu, c'est là la seule manière de penser véritablement l'irréductibilité de la totalité aux parties sans introduire une entité positive, c'est-à-dire sans tomber dans le vitalisme : l'irréductibilié de la totalité signifie l'autonomie dans l'évolution des parties conjointes, le surgissement d'une histoire au sein de la nature. La singularité de l'être organique n'est autre que celle de son devenir. On le voit, loin de se donner le vivant et d'en déduire une définition de la vie, une telle perspective pense le vivant *à partir de la vie*, la singularité de l'étant à partir de celle de son mode d'être. En effet, en tant que reposant sur une disjonction d'évolution, l'*être* du vivant renvoie à son *devenir*, c'est-à-dire à sa vie. Corrélativement, son *individualité* renvoie à son *individuation*, c'est-à-dire à une séparation active avec l'environnement : il y a ici primat de la relation sur les termes puisque c'est par l'acte du vivre comme séparation que se constituent conjointement le vivant et l'environnement.

1. *Petite phénoménologie de la connaissance*, Paris, Aubier, 1991, p. 19.

Manque cependant à cette définition un élément essentiel. En effet, si elle était pour ainsi dire livrée à elle-même, cette dérive évolutive reviendrait très vite à l'indifférenciation des lois générales. La disjonction d'évolution ne peut être maintenue que dans la mesure où le vivant entre en relation avec l'extérieur selon des lois qui ne sont plus physiques mais éthologiques, bref qui sont des lois de comportement. La fonction de ce comportement est de sauvegarder la singularité évolutive en créant un milieu adéquat, c'est-à-dire en écartant ce qui susciterait le retour à l'indifférenciation et en retenant ce qui favorise l'autonomie : ce comportement se rapporte essentiellement à ce qui n'est pas l'organisme et il est de nature proto-cognitive (ce dès le micro-organisme) puisqu'il fait des différences, reconnaît ce qu'il faut fuir ou poursuivre. Ainsi, à la discontinuité physico-chimique se superpose une continuité comportementale qui vise à reconstituer un milieu adéquat à la singularité évolutive. Or, définir ainsi la vie, c'est bien reconnaître en son centre une contradiction ou une tension fondamentale. En effet, le vivant est à la recherche d'un milieu adéquat à sa dérive évolutive, c'est-à-dire en continuité physico-chimique avec celle-ci alors même que celle-ci est en discontinuité avec l'environnement physico-chimique : la contradiction propre à la vie tient au fait que, dans la mesure où elle a besoin du milieu extérieur, elle est toujours à la recherche d'un monde qui soit absolument adéquat à sa propre différence. Dès lors, en toute rigueur, l'accomplissment du vivant serait sa négation, c'est-à-dire son indifférenciation avec l'univers physico-chimique. Comme le dit Pichot :

> la distinction être/milieu se comprend alors par ce déséquilibre qui se traduit en un manque pour l'être, le manque du milieu extérieur avec lequel il serait en équilibre (et en parfaite continuité). Mais, si un tel milieu existait, la parfaite définition qui en résulterait serait en fait l'indifférenciation de l'être et du milieu, le rétablissement de la continuité entre eux. Par conséquent, le mouvement par lequel l'être tend à se définir par rapport à son milieu est aussi un mouvement par lequel il tend à s'en indifférencier[1].

Autant dire que la séparation entre le vivant et son milieu est la conséquence de la séparation du vivant vis-à-vis de lui-même. Nous retrouvons donc la situation admirablement décrite par Goldstein : le vivant ne serait vraiment lui-même que moyennant l'accomplissement d'une totalité (continuité) avec l'Être, qui serait en même temps sa négation, ce qui revient à dire que le vivant est par essence un être qui est en défaut de lui-même, qui manque de lui-même. On le voit, nous sommes loin de la caractérisation de l'activité vitale par l'auto-conservation, qui

1. *Op. cit.*, p. 27.

supposait de penser le vivant comme une entité constituée. Il suit au contraire de tout ce qui précède que l'activité vitale consiste dans la *réalisation* ou l'*actualisation* du vivant : en défaut de lui-même, le vivant est un être qui a à être ce qu'il est, ou plutôt à le devenir et ceci non parce qu'il serait inachevé de fait mais parce qu'il existe sur le mode de la séparation. Le vivant n'est pas propriété ou être-auprès-de-soi, comme le disait Heidegger, mais au contraire être-séparé-de-soi : il n'est lui-même que sur le mode de l'en-vue de lui-même et c'est pourquoi son être est rigoureusement identique à son devenir. L'approche de la pulsion s'en trouve considérablement transformée. Si la vie est bien ce que nous venons de dire et non la fonction d'auto-conservation d'un organisme, la pulsion ne peut plus être pensée comme une charge ou une tension référée à un objet désinhibant. Là encore, Goldstein fait preuve d'une grande clairvoyance. Dans le contexte d'une critique de Freud, qui pourrait s'adresser tout autant à Heidegger, il dénonce l'idée de la pulsion comme décharge d'une tension (« nous contestons qu'il y ait dans l'organisme des forces impulsives, des pulsions, dont le but serait de s'éliminer elles-mêmes, de faire disparaître l'état de tension désagréable »[1]). En effet, la nécessité dans laquelle se trouve l'organisme de décharger une tension ne peut être évaluée que du point de vue du débat avec le milieu : nombre d'activités vivantes hautement élaborées exigent le maintien de la tension et la nécessité d'une décharge correspond plutôt à une situation de tension anormale. Penser l'organisme comme un faisceau de pulsions à désinhiber, c'est le réduire à une collection de besoins sans singularité et c'est donc en manquer l'essence propre. C'est pourquoi Goldstein ajoute « Nous pourrions dire qu'il n'y a à proprement parler qu'une seule pulsion : celle de l'*actualisation de soi*, qui n'est au fond rien d'autre que la vie même de l'organisme individuel ; c'est pourquoi cette force impulsive, elle aussi, il vaudrait mieux ne pas l'appeler pulsion »[2]. La vie n'est pas conservation de soi mais actualisation de soi – tel est le seul dynamisme qui l'anime – et « l'observation des malades montre que *la simple conservation, est un signe de vie anormale, de vie en déclin* »[3]. On ne peut mieux mettre en évidence la naïveté des présupposés heideggeriens.

Il faut donc, à la suite de Goldstein, renoncer au terme de pulsion pour caractériser l'impulsivité qui est au cœur de la vie, car il recouvre l'idée de tensions vitales anonymes référées à un excitant désinhibant. À la lumière de tout ce que nous avons dit de la vie, la pulsionnalité doit être caractérisée

1. *Op. cit.*, p. 168.
2. *Op. cit.*, p. 169.
3. *Op. cit.*, p. 170.

comme *désir*. Il faut l'entendre au sens rigoureux, qui le distingue précisément du besoin et qui est parfaitement recueilli par Lacan lorsqu'il écrit : « Le désir est un rapport d'être à manque. Ce manque est manque d'être à proprement parler. Ce n'est pas manque de ceci ou cela, mais manque d'être par quoi l'être existe. [...] Dans ce manque d'être, [le sujet] s'aperçoit que l'être lui manque, et que l'être est là, dans toutes les choses qui ne savent pas être »[1]. Le désir, contrairement au besoin, s'enracine dans un défaut de l'être lui-même ; il est toujours désir de soi. D'autre part, comme on l'a vu, cet accomplissement de soi passe par la recherche d'une totalisation avec le milieu et, en ce sens, comme Lacan le note aussi, le désir est désir de l'Être, il a une signification ontologique. Enfin, en tant que cette totalisation est impossible, en tant donc que le sujet ne peut combler le manque qu'il est, le propre du désir est d'être inassouvissable : ce qui le satisfait le creuse dans la mesure même où il le satisfait, ce qu'il atteint se donne toujours comme en retrait sur ce qu'il visait, en quoi il se distingue profondément du besoin. Tel est le sens authentique qui est prescrit à la pulsionnalité sur fond de la description de la vie que nous avons proposée. Approche du vivant à partir de la vie et non l'inverse, détermination du dynamisme vital comme auto-réalisation plutôt qu'auto-conservation et, enfin, caractérisation de la pulsionnalité comme désir sont, selon moi, les trois moments constitutifs d'une philosophie authentique de la vie.

Dès lors, c'est la scission même entre pulsion et perception qui doit être dépassée en même temps que les présupposés qui la commandaient. En effet, chez Heidegger, la pulsion ne pouvait véritablement ouvrir à quelque chose car elle était contenu ou état plutôt que rapport. Elle *était en rapport* avec l'excitant susceptible de la désinhiber, et c'est ce qui la distinguait de la réaction mécanique, mais elle *n'était pas elle-même le rapport* : elle apparaissait comme une charge ou une tension subsistant indépendamment de ce qui la libère. À l'inverse, penser la pulsionnalité comme désir, c'est la penser *comme* rapport à une altérité, c'est inscrire l'intentionnalité en son cœur. En effet, dire que le vivant désire, c'est dire qu'il est en défaut de ou sur lui-même, qu'il tente de s'accomplir et que cet accomplissement de soi prend la forme d'une recherche d'extériorité, d'une recherche d'une extériorité qui lui soit adéquate et où s'abolisse paradoxalement sa séparation. En d'autre termes : en tant qu'il est désir, le vivant n'existe que dans et par son rapport à un autre, il ne se constitue activement lui-même qu'en se portant sur un autre, il est recherche inachevable de soi dans l'autre. En ce sens, on peut dire non

1. *Le séminaire*, Livre II, *Le moi dans la théorie de Freud et dans la technique de la psychanalyse*, Paris, Seuil, 1978, p. 263.

seulement que le désir est intentionnalité mais que toute intentionnalité est en son fond désir. Comme l'écrit clairement Pichot :

> À l'origine de la perception, il y a ce déséquilibre entre l'être vivant et son milieu, déséquilibre qui se traduit au niveau psychologique en un manque défini, le manque d'un monde objectif avec lequel le sujet serait en parfaite continuité. Ce monde objectif parfait (et manquant) est celui que le sujet tend à constituer dans le mouvement même par lequel il se constitue en tant que sujet [1].

Parce qu'il est manque inobjectivable, le désir est la condition pour l'ouverture de toute objectivité. En effet, dans la pulsion heideggerienne, rien ne pouvait paraître car sa poussée renvoyait à un type spécifique d'objet : manquait l'espace de jeu, le fond illimité sur lequel une réalité, quelle qu'elle soit, peut se détacher. Au contraire, en tant que le désir n'est attaché à aucun objet, en tant qu'il n'est finalement désir de *rien*, au sens où rien ne peut le combler, il est susceptible de tout accueillir ; se rapportant à ce qui est au-delà de tout objet fini, il ouvre une transcendance pure, qui n'est pas la transcendance d'un transcendant et au sein de laquelle l'apparition peut donc prendre place. Comme Husserl l'avait aperçu dans certains inédits des années trente, la pulsion comme désir a un statut transcendantal car sa soif inextinguible est en même temps pur accueil. Loin donc de devoir être opposée à la perception, la pulsion, comprise comme désir, apparaît comme ce qui la rend possible. Plutôt qu'à l'accaparement, il faut donc être ici sensible à l'indétermination et à la spontanéité de l'exploration animale, à l'insatisfaction qui s'y manifeste. Il faut être attentif à « l'être interrogatif » de la vie, selon la formule de Merleau-Ponty : si le vivant perçoit c'est parce que tout ce qu'il rencontre vient répondre, au moins partiellement, à une question, que le vivant *est* plutôt qu'il ne la pose. C'est dans cette perspective que l'on pourrait rendre compte du mouvement animal, que Heidegger se garde d'aborder. En tant que mouvement qui ne souffre pas de repos, qui appelle toujours une reprise, la motricité animale est l'expression immédiate du désir dans l'extériorité : elle représente l'excès de ce qui est désiré, c'est-à-dire visé, sur ce qui est donné. Si l'animal est toujours en mouvement, c'est pour des raisons métaphysiques plutôt que biologiques : c'est parce que le milieu dont dépendrait l'accomplissement de son être est par essence irréalisable. C'est en ce sens qu'on peut dire, à la suite de Von Weizsaecker, que percevoir, c'est toujours passer à autre chose.

1. *Op. cit.*, p. 95.

Cette conclusion s'expose cependant à une objection. On m'accordera que le vivant est d'emblée en rapport avec une extériorité avec laquelle il entretient un rapport signifiant, et ce dès l'organisme élémentaire qui fuit ou se rétracte au contact de certaines substances. Mais on n'a pas encore affaire à une perception. Il s'agit plutôt du Sentir au sens straussien, c'est-à-dire d'un rapport pathique à l'objet – proie ou menace – rapport qui s'actualise d'emblée en mouvement. Comme Straus lui-même le montre, la perception proprement dite est d'un autre ordre ; elle suppose une négation, par laquelle j'interromps le courant qui me relie au senti et me permet ainsi de le saisir *en tant que* ceci ou cela, au lieu simplement de me comporter par rapport à lui. Telle serait la vérité indéracinable de ce que développe Heidegger : l'animal, rivé à la pulsion, est incapable de se rapporter à quelque chose *en tant que* tel (ou en tant qu'autre chose) ; pour lui, il ne peut y avoir d'étants ou d'objets. Mais cette vérité s'avère illusoire. Tout d'abord, il ne va pas de soi que la perception soit saisie d'un objet. Parce qu'il veut creuser l'écart avec l'être-au-monde animal, Heidegger tend à reprendre à son compte la conception intellectualiste de la perception : il est frappant à cet égard de constater qu'il subordonne la saisie du néant à celle de l'étant[1] comme s'il n'y avait de négation que sur fond de la possession d'une entité positive. Or, comme Husserl l'a admirablement montré, dès les *Ideen I*, ce qui caractérise la perception, c'est au contraire que l'apparition se donne comme négation, comme n'étant pas ce qui paraît, sans pour autant que je puisse jamais disposer de cela dont elle est la négation et qu'elle manifeste : dans la perception, ce qui paraît s'absente de ce qui le présente, elle est la présentation d'un imprésentable. La question de la perception est donc celle de la saisie d'un pur *en tant que*, c'est-à-dire d'une négation qui ne soit pas l'envers d'une position. Or, la perception ainsi conçue ne peut être fondée qu'au plan de la vie, loin de s'y opposer. En effet, en tant que la vie est désir, le vivant se rapporte originairement à l'extériorité ; mais en tant que ce désir est manque inobjectivable, désir de rien, ce qui surgit se donne toujours comme affecté d'une négation interne, comme n'étant pas ce qui est visé, c'est-à-dire comme renvoyant à … Si le désir met en rapport avec la présence, le caractère toujours manquant du désiré détermine cette présence comme son propre dépassement : la structure du « en tant que » est bien fondée dans le désir, elle est la trace de son insatiabilité au sein de l'apparition. Bref, parce que, contrairement à ce que dit Maldiney, *le rien fait partie du texte de la vie*, il fait aussi partie du texte du monde sous la forme de l'appréhension perceptive, c'est-à-dire de la différence entre l'apparition et l'apparaissant. Loin donc que la perception s'oppose à la pulsion, seul le désir – vérité de la

1. CF, p. 368.

pulsion – permet de rendre compte de la perception, dès lors qu'elle est rigoureusement pensée comme présentation de l'imprésentable. Il ne faut pas bien sûr en conclure que toute différence s'évanouit entre la perception animale et la connaissance humaine. Il est incontestable que, dans le cas de l'animal, le désir tend à se fixer sur des objets privilégiés, de sorte que le manque qui le constitue n'est pas tant saisi qu'*effectué* sous forme de motricité. Avec l'homme, au contraire, la motricité exploratoire se trouve inhibée et le manque se détache pour lui-même comme horizon indéfini d'objectivation ; c'est alors que la connaissance devient possible. Mais cette connaissance n'est pas l'autre de la pulsion : elle en est l'accomplissement le plus élevé.

CHAPITRE XII

SENTIR ET FAIRE

LA PHÉNOMÉNOLOGIE ET L'UNITÉ DE L'ESTHÉTIQUE

Si la phénoménologie est bien cette discipline qui traite la manière d'apparaître des choses comme un problème autonome, selon la formule de Ricœur, elle est naturellement confrontée à la question de l'unité de l'esthétique. La présence sensible du monde et cette présence singulière de l'œuvre d'art qui, pour ainsi dire, n'est qu'apparaître suscitent toutes deux, par leur dualité même, la question de l'essence et donc de l'unité de l'apparaître et, par là, posent le problème de l'unité de la sensibilité par-delà la coupure entre l'expérience sensible et la sensibilité proprement esthétique. Si la question est à peine abordée par Husserl, elle vient au premier plan chez ses successeurs et, en particulier, chez Merleau-Ponty. En effet, on pourrait dire que la détermination merleau-pontienne de la phénoménalité, tout au moins dans les œuvres achevées, prend pour point d'appui la continuité avérée entre la perception et la création artistique, en particulier picturale, entre les gestes spontanés du corps et leur reprise dans le geste proprement créateur. L'expérience elle-même est saisie depuis l'activité qui la prolonge et l'éclaire sous formes d'œuvres, à savoir comme *expression* et la peinture vient alors jouer le rôle d'un auxiliaire du phénoménologue en tant qu'elle effectue par elle-même une sorte de réduction phénoménologique. « Toute perception, toute action qui la suppose, bref tout usage humain du corps est déjà *expression primordiale* », écrit Merleau-Ponty, en entendant par « expression primordiale », « l'opération première qui d'abord constitue les signes en signes, fait habiter en eux l'exprimé par la seule éloquence de leur arrangement et de leur configuration, implante un sens dans ce qui n'en avait pas, et qui donc, loin de s'épuiser dans l'instant où elle a lieu, inaugure un ordre, fonde une institution ou une tradition »[1]. Corrélativement, l'activité artistique ne représente aucune rupture vis-à-vis de la vie perceptive ; elle en prolonge la puissance expressive et, par là même, dévoile, mieux que la perception elle-même, le visible à l'état pur : « c'est l'opération expressive du corps, commencée par la moindre perception, qui s'amplifie en peinture et en art »[2]. Il y a donc bien un profond entrelacement entre la vie perceptive et l'activité créatrice de l'art. L'expression primordiale dont le corps est le vecteur annonce l'expression proprement créatrice ; en retour, celle-ci vient éclairer le sens véritable de la corporéité et délivrer le sens natif du monde corrélatif de cette corporéité.

Si cette perspective nous paraît incontestable dans son principe, elle présente néanmoins une difficulté. Chez Merleau-Ponty, l'unité de l'esthétique, c'est-à-dire l'unité de la perception et de l'art, n'est jamais saisie *sur le plan esthétique*. Entendons par là que Merleau-Ponty n'aborde jamais la question de la continuité entre la perception et l'art à partir de l'épreuve sensible ou du mode de sentir qui les caractérisent l'une et l'autre ; l'unité de la perception et de l'art n'est jamais comprise comme unité esthétique, c'est-à-dire comme fondée dans un sentir. Or, ceci est d'autant plus embarrassant que ce qui justifie le rapprochement des deux champs et l'usage du terme esthétique, dès Baumgarten, est bien la référence à l'*aisthesis* qui, dans les deux cas, est au cœur de l'expérience : c'est bien parce que l'œuvre d'art fait appel par excellence au sentir et suppose comme une amplification et une complication du sentir que la discipline qui en traite est nommée esthétique. Ceci limite la portée phénoménologique de l'analyse merleau-pontienne. En ayant recours au concept d'expression, Merleau-Ponty fonde la continuité entre les deux champs sur ce qui n'appartient en propre à aucun d'eux, ce qui revient à dire que cette analyse demeure abstraite. En effet, en parlant d'expression primordiale, Merleau-Ponty secondarise, au plan du sentir, la dimension passive de donation d'une transcendance au profit de l'exhibition d'un sens à même le sensible. De même, en abordant l'art du point de vue de l'expression, il passe sous silence la singularité de l'épreuve sensible qui le caractérise : il met l'accent à nouveau sur le surgissement d'un sens unitaire au détriment de la spécificité de l'élément sensible en lequel ce sens transparaît. De manière finalement assez classique, Merleau-Ponty ne parvient à fonder la continuité de la perception et de l'art qu'en saisissant en chacun d'eux une puissance ontologique de dévoilement, ce que l'on aurait autrefois appelé

1. *Signes*, Paris, Gallimard, 1960, p. 84.
2. *Ibid.*, p. 87.

un pouvoir de connaissance. La perception et l'art ont ceci de commun qu'ils font surgir un sens non thématique, dimension ou principe d'équivalence qui ne se distingue pas de la diversité en laquelle il transparaît; perception et art sont unifiés à partir de ce qui en chacun d'eux transcende la dimension proprement esthétique de l'éprouver. Corrélativement, Merleau-Ponty s'interdit d'interroger les conditions de cette « amplification » qu'il évoque à propos de l'expression proprement artistique et donc de restituer en quelque sorte la « raison » de l'art au cœur de la perception. En effet, en définissant la perception comme expression primordiale, il se donne en quelque sorte l'art au sein même de la perception et subordonne ainsi la dualité de la perception et de l'art à leur unité, toujours déjà réalisée dans l'expression. Au fond, la phénoménologie de Merleau-Ponty consiste à penser l'unité de l'esthétique à partir de l'esthétique au sens artistique, à voir dans la perception un art inchoatif et, par-là même, à fonder l'unité de champ esthétique sur ce qui transcende l'*aisthesis* puisque la conception de l'art à laquelle il a recours, dès sa description de la perception, met l'accent sur sa puissance de dévoilement d'un sens. C'est la raison pour laquelle, au cours des années 50, la réflexion sur l'art sera conçue comme le moyen de faire une philosophie de l'idéalité qui ne compromette pas les acquis de la *Phénoménologie de la perception*, c'est-à-dire préserve l'opacité ou la transcendance du sens. La limite de l'esthétique merleau-pontienne tient donc à ceci qu'elle n'aborde pas tant l'art pour lui-même que comme le moyen de décrire une unité de sens non thématique, susceptible de préparer l'élaboration d'une philosophie de l'idéalité qui respecte l'inscription sensible de l'idée.

Notre questionnement procède de ces réserves. Peut-on, et à quelles conditions, fonder phénoménologiquement l'unité de l'esthétique sur le plan de l'esthétique même, c'est-à-dire de la sensibilité? En d'autres termes : existe-t-il un sens du sentir qui rende compte de la dualité de l'esthétique, c'est-à-dire aussi bien de la donation sensible d'une transcendance que du sentiment suscité par l'œuvre d'art? Comment penser l'*aisthanesthai* en tant que racine commune de l'expérience sensible et de l'éprouver esthétique? Puisqu'il s'agit en quelque sorte d'unifier l'esthétique « par le bas », c'est-à-dire à partir du sentir, plutôt que « par le haut », la question n'est autre que celle de la raison ou du mode d'enracinement de l'activité artistique au sein du sentir. Qu'est-ce que l'expérience sensible en tant qu'elle donne lieu à une amplification dans des œuvres, en tant que son mode d'apparaître est reconduit et pour ainsi dire exacerbé dans des productions qualifiées d'artistiques ? À défaut d'être en mesure de répondre à un questionnement aussi vaste, nous voudrions ici esquisser une direction de recherche. Il nous faut d'abord partir de l'analyse de l'œuvre d'art pour, de manière en quelque sorte régressive, tenter de caractériser le sens de la sensibilité susceptible d'en porter la possibilité.

Dans son *Discours sur l'esthétique*, Paul Valéry distingue deux champs constitutifs de l'esthétique. D'une part, l'*esthésique*, qui désignerait tout ce qui se rapporte à l'étude des sensations ; d'autre part, la *poiétique* qui rassemblerait tout ce qui concerne la production des œuvres[1]. Si l'on s'en tient à cette division élémentaire, la question de l'unité de l'esthétique recouvre celle du mode d'unité ou d'articulation entre le sentir et l'agir producteur, entre la sensation et la production d'une œuvre. Si l'esthétique doit avoir une unité autre que purement formelle, il faut admettre qu'il existe une relation interne entre la sensation et un faire qui ne soit pas orienté vers la seule satisfaction des besoins. Comme le dit Valéry ailleurs, l'Art consiste à mettre en relation des sensations inutiles avec des actes arbitraires, conférant ainsi une forme d'utilité aux unes et une forme de nécessité aux autres. Or, Valéry propose précisément une caractérisation positive de l'esthétique, à la fois comme une propriété de certains objets et un type d'impression correspondant à cette propriété :

> La vue, le toucher, l'odorat, l'ouïe, le mouvoir, nous induisent donc, de temps à autre, à nous attarder dans le sentir, à agir pour accroître leurs impressions en intensité ou en durée. Cette action qui a la sensibilité pour origine et pour fin, cependant que la sensibilité la guide aussi dans le choix de ses moyens, se distingue nettement des actions de l'ordre pratique. Celles-ci, en effet, répondent à des besoins ou à des impulsions qui sont éteints par la satisfaction qu'ils reçoivent. La sensation de la faim cesse dans l'homme rassasié, et les images qui illustraient ce besoin s'évanouissent. Il en est tout autrement dans le domaine de sensibilité exclusive dont nous traitons : la *satisfaction* fait renaître le *désir* ; la *réponse* régénère la *demande* ; la *possession* engendre un appétit croissant de la chose possédée : en un mot, la *sensation* exalte son *attente* et la reproduit, sans qu'aucun terme net, aucune limite certaine, aucune action résolutoire puisse abolir directement cet effet de la réciproque excitation. *Organiser un système de choses sensibles qui possède cette propriété*, c'est là le problème essentiel de l'Art ; condition nécessaire, mais fort loin d'être suffisante[2].

Cette description des objets relevant de l'esthétique dessine une opposition massive entre l'ordre pratique et l'ordre esthétique. Dans le premier cas, les perceptions excitent en nous ce qu'il faut pour les annuler

1. *Œuvres*, « La Pléiade », Paris, Gallimard, 1960, t. I, p. 1311.
2. *Ibid.*, p. 1406, voir aussi p. 1299, 1308.

ou, tout au moins, déterminent une tendance à les annuler : l'effet de ce type de sensation est un « effet à tendance finie » et l'ensemble des effets à tendance finie constitue l'ordre des choses pratiques. Valéry a ici en vue l'ordre du sentiment au sens classique, c'est-à-dire des vécus signalant un déséquilibre ou une menace vitale et déclenchant un comportement adapté. En revanche, dans le cas des vécus esthétiques, on constate un processus d'intensification : la perception engendre sa propre attente, c'est-à-dire une action qui tend non pas à l'annuler, mais à la renouveler, voire à l'intensifier, de sorte que la sensation se nourrit d'elle-même. Ainsi, écrit Valéry dans « L'infini esthétique », « l'ensemble de ces effets à *tendance infinie* [...] pourrait constituer *l'ordre des choses esthétiques*. Pour justifier ce mot d'*infini* et lui donner un sens précis, il suffit de remarquer que, dans cet ordre, la *satisfaction* fait renaître le besoin, la *réponse* régénère la *demande*, la *présence* engendre *l'absence*, et la possession le *désir* »[1]. Le champ de l'esthétique est donc défini à la fois par un certain type de vécu, un certain mode de présence du sensible correspondant et par une relation spécifique entre la sensation et l'action. L'objet esthétique excite en nous un sentiment qui est de l'ordre du désir et que Valéry compare explicitement à l'amour : on y trouve, dit-il »une combinaison de volupté, de fécondité, et d'une énergie assez comparable à celle qui se dégage de l'amour »[2]. Il faut entendre ici le désir au sens strict et l'opposer précisément aux effets à tendance finie, c'est-à-dire aux besoins qui sont éteints par la satisfaction qu'ils reçoivent. Le propre du désir, que l'objet esthétique éveille, c'est que l'insatisfaction croît avec la possession, que la satisfaction intensifie le désir au lieu de l'annuler. Notons ici que si l'on peut parler d'un plaisir esthétique, ce n'est pas au sens d'une satisfaction autonome qui motiverait le désir. Le désir n'est pas désir d'un plaisir : le plaisir esthétique *consiste* dans le désir lui-même et dans son intensification. Dire que la possession exalte l'attente, la satisfaction l'insatisfaction, c'est reconnaître que la satisfaction consiste dans l'insatisfaction en tant qu'elle est vécue comme désir.

À ce vécu correspond un mode de présence tout à fait singulier puisque, comme le dit Valéry, « la présence engendre l'absence » : en effet, éveillant le désir à mesure qu'elle se fait plus pleine, la présence de l'objet esthétique ne fait pas alternative avec son absence. Bien au contraire, elle ne se présente que sous la forme d'un certain retrait, elle ne paraît qu'en demeurant retenue dans une sorte de distance intérieure ; c'est cette identité immédiate de l'avancée dans la lumière de l'apparaître et du recul dans la profondeur

1. *Œuvres*, t. II, p. 1343.
2. *Œuvres*, t. I, p. 1300.

qui rend compte de la tendance infinie de l'effet qu'elle produit. Enfin, l'objet esthétique peut être défini par la relation spécifique qu'il induit entre le sentir et l'agir. Est esthétique l'objet dont la présence suscite un mouvement visant à la reconduire. Il faut être ici précis. L'objet suscite ce mouvement dans la mesure où, en sa présence même, il est vécu comme manquant. Dès lors, ce mouvement n'est pas nécessairement un mouvement pour ainsi dire passif, visant à faire durer la présence de l'objet. C'est un mouvement efficient, visant précisément à combler le manque de l'objet, c'est-à-dire à produire un autre objet. En effet, si l'absence se donne dans et comme la présence même de l'objet, la satisfaction du désir ne peut consister seulement en la reconduction de cette présence : elle doit ajouter quelque chose à l'objet, créer sa part manquante. Ainsi, en toute rigueur, la perception d'une œuvre, tout au moins la perception de l'œuvre en tant qu'objet esthétique, c'est-à-dire comme absente à elle-même, consiste en un agir, en une création qui se veut une recréation. C'est pourquoi le geste minimal consistant à pérenniser la présence de l'objet apparaît comme un degré zéro de l'expérience esthétique, puisque ce geste reproduit la présence au lieu de produire l'œuvre manquante, reconduit donc l'absence au lieu de tenter de la combler. On le voit, la première conséquence de l'analyse de Valéry est de neutraliser la différence entre le point de vue de la création et celui de la sensibilité ou de la perception : percevoir une œuvre comme telle, c'est éprouver son absence à elle-même, c'est par conséquent désirer la rendre présente comme telle, bref c'est créer. Dans le champ esthétique, recevoir et faire ne font pas alternative. La production est le mode de perception adéquat à la présence spécifique de l'œuvre : la simple satisfaction esthétique, non suivie d'effet, est comme un degré zéro de recréation et la création de l'artiste une perception à la hauteur de ce qui est vécu. Agir créateur et éprouver sont intrinsèquement liés comme les moments intérieurs de l'épreuve esthétique en tant que cette épreuve est celle d'un désir. Bref, il n'y a d'émotion esthétique que comme *co-motion*.

En définissant le champ des objets esthétiques par un certain mode d'entrelacement entre le sentir et l'agir, Valéry brouille les oppositions au sein desquelles l'œuvre d'art se trouvait traditionnellement située. En particulier, il est désormais exclu de circonscrire ce type d'objets à partir de l'idée de création ou de production, par opposition aux objets de la nature qui seraient passivement reçus. Le prédicat esthétique est neutre vis-à-vis de la différence entre l'art et la nature dès lors qu'il désigne une sensation dont les effets sont à tendance infinie : de telles expériences ne sont pas *a priori* circonscrites au domaine strict des œuvres d'art, elles se rencontrent dans le champ du sensible naturel. La force de l'approche valérienne est de produire une détermination de l'expérience esthétique qui excède largement le champ de l'œuvre d'art tout en intégrant la dimension de productivité inachevable qui caractérise la sphère artistique proprement dite. Valéry parvient à concilier l'approche de l'art par le beau avec celle qui prend en considération les conditions effectives de production de l'œuvre : est vécu comme beau ce qui induit un désir de reproduction. Néanmoins, il reste vrai que les objets esthétiques, artistiques ou non, représentent une catégorie singulière au sein de ce qui peut apparaître et que la question, posée en commençant, de la relation entre l'esthétique artistique et l'esthésique doit être maintenant posée. Or, loin de postuler une rupture entre les deux plans, Valéry insiste au contraire à plusieurs reprises sur l'idée d'une *préfiguration* de l'expérience esthétique au sein de l'expérience sensible proprement dite. L'exemple sur lequel il revient sans cesse est celui de la production spontanée d'une couleur complémentaire : à partir d'une forte impression de la rétine, l'œil répond à la couleur qui l'a impressionné par l'émission « subjective » d'une couleur complémentaire, laquelle peut finir par donner lieu à une réapparition de la première. L'insatisfaction engendrée par une sensation, ici la fatigue liée à la perception d'une seul couleur, conduit à une création spontanée visant à suppléer à cette insatisfaction. Or, on trouverait, écrit Valéry,

> quantité de productions spontanées, qui se donnent à nous à titre de compléments d'un système d'impressions ressenti comme insuffisant. Nous ne pouvons voir de constellation au ciel que nous ne fournissions aussitôt les tracements qui en joignent les astres, et nous ne pouvons entendre des sons assez rapprochés sans en faire une suite, et leur trouver une action dans nos appareils musculaires qui substitue à la pluralité de ces événements distincts, un processus de génération plus ou moins compliqué. Ce sont là autant d'*œuvres* élémentaires. L'Art, peut-être, n'est fait que de la combinaison de tels éléments [1].

Ainsi, loin de marquer une rupture vis-à-vis d'une sensibilité qui ne serait que passive, l'œuvre d'art apparaît, aux yeux de Valéry, comme ce qui vient prolonger une activité spontanée au cœur de la sensibilité. En effet, le relation interne entre la sensation et le mouvement créateur, relation qui permet de qualifier cette sensation d'esthétique, demeurerait incompréhensible si elle ne s'enracinait dans une propriété essentielle de la sensation en général. L'éprouver esthétique ne peut donner lieu à un agir reproducteur et créateur que dans la mesure où l'éprouver comme tel, c'est-à-dire l'expérience sensible, contient en lui-même le principe d'une articulation avec le mouvement, dans la mesure donc où il n'est jamais l'objet d'une

1. *Œuvres*, t. I, p. 1314. Voir aussi, p. 1408-1409 et t. II, p. 1319.

pure réceptivité mais peut donner lieu, en et par lui-même, à une production. Valéry reconnaît clairement que cette analyse « de faits élémentaires et essentiels en matière d'art, conduit à modifier assez profondément la notion que l'on a d'ordinaire de la sensibilité. On groupe sous ce nom des propriétés purement réceptives ou transitives, mais nous avons reconnu qu'il faut aussi lui attribuer des vertus productives »[1]. En mettant en avant l'idée, apparemment paradoxale, d'une « sensibilité créatrice »[2], il inscrit dans la sensibilité même la possibilité, attestée par l'expérience esthétique, d'une relation interne entre l'éprouver et l'agir : si la sensibilité est créatrice, toute création s'enracine ultimement dans la sensibilité. Ainsi, comme Merleau-Ponty, Valéry doit reconnaître une continuité essentielle de l'expérience sensible et de l'art, mais, contrairement à lui, il saisit cette continuité *au niveau même du sentir*. La sensation, en tant qu'elle donne lieu à un mouvement spontané, apparaît comme une œuvre inchoative et l'œuvre proprement dite comme une amplification du mouvement qui s'esquisse dans la sensation. L'entrelacement du sentir et du faire n'est pas seulement neutre vis-à-vis de la différence du beau naturel et du beau artistique ; il précède la différence entre la sensibilité immédiate et l'éprouver esthétique et il en fonde ainsi l'unité.

Il suit de là, conformément à ce qui a été mis en évidence au plan proprement esthétique, que la dimension productive de la sensibilité a pour moteur l'épreuve d'une absence. La sensibilité, dit Valéry, « a horreur du vide »et, ajoute-t-il :

> toutes les fois qu'une durée sans occupation ni préoccupation s'impose à l'homme, il se fait en lui un changement d'état marqué par une sorte d'émission, qui tend à rétablir l'équilibre des échanges entre la *puissance* et *l'acte* de la sensibilité. Le tracement d'un décor sur une surface trop nue, la naissance d'un chant dans un silence trop ressenti, ce ne sont que des réponses, des compléments, qui compensent l'absence d'excitations – comme si cette *absence*, que nous exprimons par une simple négation, *agissait positivement sur nous*. On peut surprendre ici le germe même de la production de l'œuvre d'art[3].

Ces notations sont capitales : elles dessinent une essence de la sensibilité en tant que germe de l'art et permettent ainsi de fonder dans le sentir l'unité de l'esthétique et de l'esthésique. Dire en effet que la sensibilité a horreur du vide, c'est reconnaître, comme le fait plus loin Valéry, que la sensibilité

1. *Ibid.*, p. 1409.
2. *Ibid.*, p. 1409.
3. *Ibid.*, p. 1409.

est originairement en rapport avec le vide, que l'absence a sur elle une efficience, bref que sentir ne signifie pas coïncider avec le contenu, se remplir du senti, réaliser une adéquation absolue. L'exemple donné par Valéry d'une absence – toute relative – de sensation, donnant lieu à un mouvement créateur, vise bien à mettre au jour une essence du sentir. Si la sensibilité peut, par principe, donner naissance à un mouvement qui la complète, c'est parce qu'elle est constitutivement en rapport avec l'absence, c'est parce que l'épreuve sensible de la présence est tout autant épreuve de l'absence de ce qui se présente. En d'autres termes, si toute sensation peut donner lieu à une production spontanée et si, comme l'exemple proposé par Valéry vise à le montrer, cette production a pour moteur une « horreur du vide », il faut conclure que le sentir est originairement en rapport avec l'absence : faire l'expérience « sensible » de quelque chose, c'est la saisir comme absente à elle-même. À cet égard, le recours aux concepts d'acte et de puissance est révélateur. En effet, le propre de tout acte, à l'exception de Dieu, c'est de reconduire en lui la puissance dont il est l'actualisation. Si l'action (ce que Valéry appelle « une sorte d'émission ») tend à rétablir l'équilibre entre la puissance et l'acte de la sensibilité, il n'en reste pas moins que cet équilibre ne peut signifier un épuisement de la puissance par l'acte. Au contraire, le propre de la sensibilité est que sa puissance excède toujours son acte, que l'actualisation en quoi consiste chaque expérience reconduit la puissance dans la mesure exacte où elle l'accomplit et c'est précisément pourquoi la sensibilité est productrice d'effets à tendance infinie. Bref, l'œuvre d'art est contenue en germe dans la sensibilité parce que celle-ci est essentiellement *désir* plutôt que coïncidence ou possession. La relation interne de la sensibilité à l'agir renvoie à la relation constitutive du sentir lui-même à une absence ou une distance : c'est dans la mesure où la présence sensible est identiquement absence de ce qui se présente et donc retrait sur soi ou distance interne, que le sentir est originairement lié au mouvement. Le mouvement vient précisément réduire l'écart, remplir l'absence du senti et ce mouvement est sans terme car cet écart n'est pas une distance empirique entre le sentant et le senti mais une profondeur constitutive de la chose même. Si la sensibilité peut être le germe de l'art, comme effet à tendance infinie, c'est dans la mesure où le senti se donne dans une profondeur irréductible, précisément infinie.

Nous rejoignons ici les conclusions d'Erwin Straus concernant l'essence du sentir. En le définissant comme « approche », Straus veut signifier que le sentir n'est pas une réception ou une représentation passive mais un mouvement vers le senti et qu'il se situe en vérité par-delà l'alternative du vécu et du déplacement objectif. Corrélativement, le senti lui-même doit être caractérisé comme Éloignement, non pas au sens d'un écart empirique susceptible d'être réduit mais comme une sorte de Distance intérieure : sentir, c'est toujours sentir à distance, au sens où l'apparition de la chose a pour envers et pour condition une forme d'absence ou d'incomplétude et c'est la raison pour laquelle le sentir est originairement articulé au mouvement. Cette approche du sentir s'enracine enfin, chez Straus, dans une détermination du vivant comme essentiellement constitué par le désir. Entendons par là que le propre du vivant est de tendre vers la constitution d'une totalité avec le monde, de réduire par conséquent la séparation qui sous-tend sa singularité ; cette totalité est ce qui est en quelque sorte désiré, c'est-à-dire à la fois actualisé et nié, en chaque expérience. Comme l'écrit Straus, « le rapport de totalité est un rapport potentiel qui s'actualise dans les sensations individuelles et se limite spécifiquement. En se mouvant, l'individu se pousse hors de ses propres frontières pour se trouve enfermé dans de nouvelles [...]. Les *hic et nunc* actualisent, limitent et spécifient le rapport de totalité »[1]. Ainsi, la perspective de Straus livre le soubassement théorique de la découverte valérienne d'une unité de l'art et de l'expérience fondée au plan de la sensibilité, bref d'une unité de l'esthésique et de l'esthétique. L'émission d'une autre sensation ou bien la mise en forme, à l'aide d'un tracé ou d'un chant, procèdent de ce mouvement d'approche par lequel Straus définit le sentir. La distance que l'approche vise à réduire n'est pas géométrique mais ontologique, de sorte que le mouvement inhérent au sentir ne doit pas être seulement compris comme un déplacement spatial : il inclut toute mise en forme, toute création en tant qu'elle vise à combler l'absence constitutive de l'objet tout en la reconduisant au sein de ce que cette mise en forme produit. D'autre part, seule la détermination straussienne du vivant comme relation de totalité avec le monde, c'est-à-dire comme désir de la totalité, permet de rendre compte de l'activité artistique comme procès infini. En effet, si la sphère esthétique doit être définie comme ce qui produit un effet à tendance infinie, la sensibilité dans laquelle elle s'enracine est nécessairement caractérisée par un excès infini de sa potentialité vis-à-vis de ses actualisations, bref comme rapport à ce qui ne saurait jamais être présent en personne. Les sensations révèlent, dit Valéry, une « Vie extérieure » au sens où l'on parle de vie intérieure à propos de ceux qui, pour ainsi dire, se nourrissent d'eux-mêmes.

Selon un double mouvement, que nous avons tenté ici d'esquisser, la spécificité de l'esthétique, telle que Valéry la définit, appelle une détermination originale de la sensibilité dans laquelle elle s'enracine, par-delà

1. *Vom Sinn der Sinne*, trad. Thinès et Legrand, Grenoble, J. Millon, 1989, p. 398.

l'opposition de la réceptivité et de l'activité, mais, en retour, seule la caractérisation ultime, empruntée à Straus, du sentir comme désir et comme approche permet de rendre compte de la possibilité d'une « production spontanée » au sein de la sensibilité et, partant, de fonder véritablement en elle l'esthétique comme sphère des effets à tendance infinie. Nous sommes ainsi parvenus à esquisser une réponse à la question que nous avions posée en commençant. L'unité de l'esthétique au double sens de l'esthésique et de la production d'œuvres d'art peut être saisie au niveau même de la sensibilité, comme l'exigent les termes mêmes de la question, mais c'est à la condition d'en redéfinir profondément le sens. Ici, la caractérisation de l'esthétique, empruntée à Valéry, caractérisation commandée par la question de son mode d'articulation avec l'esthésique, vient converger avec la détermination du sentir issue de la phénoménologie hylétique, principalement straussienne. Au lieu de s'en tenir à l'idée empiriste de la sensation comme état subjectif et coïncidence avec une qualité, il est nécessaire de comprendre la sensibilité à partir du sentir et le sentir comme désir, rapport à ce qui ne saurait être donné en personne et donc, enfin, comme activité. La sensibilité doit être située par-delà l'alternative de la réceptivité et de l'activité parce que, loin de se rapporter à un contenu positif, elle est au contraire relation à ce qui manque en tout contenu, rapport à l'absence plutôt qu'à la présence.

Ainsi, l'insuffisance de la position de Merleau-Ponty que nous avons signalée en commençant ne concerne pas tant le principe de la recherche d'une continuité essentielle entre la perception et l'art que les moyens mis en œuvre pour l'établir. Merleau-Ponty, nous semble-t-il, tout au moins avant *Le visible et l'invisible*, ne thématise pas de manière suffisamment claire le niveau où peut se fonder cette continuité, celui de la sensibilité proprement dite. Il tend à aborder toujours le plan hylétique depuis le plan noématique, même si c'est en un sens renouvelé, au lieu de le thématiser pour lui-même. Il va de soi que l'unité de l'esthétique repose sur une continuité entre la création artistique et l'expérience sensible, c'est-à-dire sur la découverte d'une activité de mise en forme au niveau même du sentir : c'est cette activité que Merleau-Ponty nomme expression primordiale. Mais, on ne parvient à dépasser le point de vue abstrait d'une philosophie de l'expression, c'est-à-dire à fonder cette continuité au lieu de se donner l'art dans la perception sous forme d'expression inchoative, qu'à la condition de faire apparaître l'œuvre de mise en forme au niveau sensible comme l'*œuvre du sensible lui-même*, bref à fonder dans le mode de donation même du contenu son dépassement dynamique dans une forme. Au lieu de s'en tenir au constat d'une communauté expressive, il s'agit donc de mettre au jour dans l'épreuve originaire du contenu, dans la sensibilité, la raison d'une production spontanée de la forme et de son amplification sous forme d'activité artistique. C'est précisément ce que permet la caractérisation de la perception comme désir : parce que le sentir est actualisation d'une totalité absente, et donc rapport à ce qui est essentiellement à distance, il se dépasse dans un agir, agir originel qui rend compte à la fois de la forme même de l'apparaissant et de la prolifération des formes créées, des productions spontanées au sein du sensible et de la création artistique. En pensant le sentir comme désir, on se donne les moyens de fonder l'unité, seulement constatée par Merleau-Ponty, entre la forme inhérente au paraître et le sens qui transparaît dans l'œuvre d'art. Tous deux procèdent d'un agir originaire qui contient le principe d'une amplification indéfinie dès lors qu'il s'enracine dans un désir, c'est-à-dire dans un rapport de totalité, en lequel l'absence est reconduite à mesure qu'elle est comblée.

Autant dire que c'est dans la *danse* que se lit pour nous l'essence de l'art. Il nous semble en effet qu'il faut conférer à la danse le rôle que Merleau-Ponty attribuait à la peinture. Comme l'a montré Straus, la danse manifeste une unité originaire du sentir et du se mouvoir, unité antérieure à tout apprentissage et constitutive de l'un et de l'autre. Elle est une mise en forme spontanée de l'ordre auditif inhérente à l'audition même ; elle révèle une activité de création inscrite dans la réceptivité sensible elle-même. L'art chorégraphique, quant à lui, n'est autre, comme le remarque Straus, qu'un modelage spécifique d'une unité générale qui préexiste aux impressions sensorielles et aux mouvements, et qui n'est autre que l'approche elle-même. La danse se situe ainsi à l'articulation des créations spontanées de la sensibilité et de la création artistique et elle en révèle par là même la continuité. La danse précède l'art chorégraphique : elle apparaît dans toutes les civilisations, elle accompagne spontanément chez chacun l'audition d'un rythme au point qu'on peut se demander si notre aptitude à écouter sans danser n'est pas l'effet d'un long travail d'inhibition. La danse atteste de manière éclatante que la forme esthétique proprement dite procède d'une amplification d'un mouvement de mise en forme qui est constitutif de la sensibilité. En cela elle révèle le sens de toute activité artistique ; comme la peinture pour Merleau-Ponty, elle permet une réduction phénoménologique de l'art en ce qu'elle en dévoile le mode d'exister constitutif. Comme l'écrit Maldiney, « tout ce que E. Straus dit explicitement des rapports de la musique et de la danse peut s'étendre, d'après ses propres principes, à tous les arts. Tout art est indissolublement musique et danse [...]. Ce que nous appelons forme, et qui peut être un flux indépendant de tout contour [...] est le moment chorégraphique de la peinture »[1]. À quoi fait écho l'affirmation de Valéry, dans *Philosophie de la danse*, selon laquelle tous les arts peuvent être considérés comme des cas particuliers du type général constitué par la danse[2]. Autant dire que l'activité dansante est, par excellence, une activité à tendance infinie. Suscitée par la musique et par les sensations corporelles induites par les mouvements, elle se nourrit d'elle-même, comme si les gestes intensifiaient la tension des sensations musculaires au lieu de la libérer, comme si la musique se faisait plus impénétrable à mesure que le corps tente de se l'approprier en en épousant et en en mimant le rythme. Comme un rêve, elle ne contient pas en elle-même le principe de son interruption; seul un accident peut la faire cesser. Ainsi, par-delà le désir amoureux dont elle est souvent une incarnation privilégiée, la danse figure le désir constitutif du sentir, désir où se fonde son dépassement en art : elle est un mouvement d'appropriation sans objet, exacerbé par ce qui l'apaise. Comme l'écrit Valéry, « il semble bien que (le danseur) n'ait affaire qu'à soi-même et à un autre objet, un objet capital, duquel il se détache ou se délivre, auquel il revient, mais seulement pour y reprendre de quoi le fuir encore… »[3].

1. *Regard Parole Espace*, Lausanne, L'Âge d'Homme, 1973, p. 142.
2. *Œuvres*, t. I, p. 1400.
3. *Ibid.*, p. 1397.

NOTE BIBLIOGRAPHIQUE

« Désir et totalité. Sur l'ontologie sartrienne » a paru dans le N°10 (2002) d'*ALTER*, « Affectivité et mouvement. Le sens du sentir chez E. Straus » dans le N°7 (1999) d'*ALTER*, « La phénoménologie du mouvement chez Patočka » dans *Phénoménologie : un siècle de philosophie* (Paris, Ellipses, 2002), « Phénoménologie et ontologie de la vie » dans le N° 35 (mars 2002) de *Rue Descartes*, « La vie perceptive » en italien comme Préface à l'édition italienne de notre ouvrage *La perception Essai sur le sensible* (Mimesis « L'occhio e lo spirito », Milan, 2002), « L'espace et le mouvement vivant » dans le N°4 d'*ALTER* (1996), « Perception et pulsion » dans le N°9 (2001) d'*ALTER*, « Sentir et faire. La phénoménologie et l'unité de l'esthétique » dans *Phénoménologie et esthétique* (Encre Marine, 1998). « Le problème de l'expérience : proximité ou corrélation ? Bergson et la phénoménologie » paraîtra dans le N°2 des *Annales bergsoniennes* (« Épiméthée », P.U.F.). Les autres chapitres sont inédits. Les textes qui ont fait l'objet d'une publication antérieure ont tous été revus.

BIBLIOGRAPHIE

BERGSON Henri, *Œuvres*, Édition du centenaire, Paris, P.U.F., 1959.

CANGUILHEM Georges, *La connaissance de la vie*, Paris, Vrin, 1975.

DERRIDA Jacques, *La voix et le phénomène*, Paris, P.U.F., 1967.

– *De l'esprit. Heidegger et la question*, Paris, Galilée, 1987.

FROGNEUX Nathalie, *Hans Jonas ou la vie dans le monde*, Bruxelles, De Boeck, 2001.

GOLDSTEIN Kurt, *Der Aufbau des Organismus*, Martinus Nijhoff, La Haye, 1934 ; trad. Burckhardt et Kuntz, *La structure de l'organisme*, Paris, Gallimard, 1951.

GRANEL Gérard, *Le sens du temps et de la perception chez Husserl*, Paris, Gallimard, 1968.

GOLDSCHMIDT Victor, « Cours de Victor Goldschmidt sur le premier chapitre de *Matière et mémoire* », dans *Annales bergsoniennes I*, Paris, P.U.F., 2002, p. 69-128.

HEIDEGGER Martin, *Sein und Zeit*, Jahrb. f. Philo. u. phänomen. Forschung, VIII, 1927 ; trad. E. Martineau, *Être et Temps*, Authentica, 1985.

– *Die Grundprobleme der Phänomenologie*, Vittorio Klostermann, Francfort-sur-le-Main, 1975 ; trad. J.-F. Courtine, *Les problèmes fondamentaux de la phénoménologie*, Paris, Gallimard, 1985.

– *Die Grundbegriffe der Metaphysik. Welt-Endlichkeit-Einsamkeit*, Vittorio Klostermann, Francfort-sur-le-Main, 1983 ; trad. D. Panis, *Les concepts fondamentaux de la métaphysique. Monde-Finitude-Solitude*, Paris, Gallimard, 1992.

– *Holzwege*, Vittorio Klostermann, Francfort-sur-le-Main, 1957 ; trad. W. Brokmeier, *Chemins qui ne mènent nulle part*, Paris, Gallimard, 1962.

– « Lettre à Husserl du 22 octobre 1927 », dans *Heidegger*, Annexe 1, trad. J.-F. Courtine, Paris, Éditions de l'Herne, 1983.

HUSSERL Edmund, *Ideen zu einer reinen phaenomenologie und phaenomenologischen philosophie I*, Jahrb. f. Philo. u. Phänomenol. Forschung I, 1913 ; trad. P. Ricœur, *Idées directrices pour une phénoménologie* I, Paris, Gallimard, 1950.

– *Cartesianische Meditationen und Pariser Vorträge*, Martinus Nijhoff, La Haye, 1950 ; trad. E. Lévinas et G. Peiffer, *Méditations cartésiennes*, Paris, Vrin, 1969.

– *Die Krisis der europaischen wissenschaften und die transzendentale phaenomenologie*, Martinus Nijhoff, La Haye, 1954 ; trad. G. Granel, *La crise des sciences européennes et la phénoménologie transcendantale*, Paris, Gallimard, 1976.

JONAS Hans, *The Phenomenon of Life. Toward a Philosophical Biology*, New York, Harper & Row, 1966 ; trad. Danielle Lories, *Le phénomène de la vie*, Bruxelles, De Boeck, 2001.

– *Philosophische Untersuchungen und metaphysische Vermutungen*, Insel Verlag, 1992 ; trad. Sabine Cornille et Philippe Ivernel, *Évolution et liberté*, Paris, Rivages, 2000.

LACAN Jacques, *Le séminaire* II. *Le moi dans la théorie de Freud et dans la technique de la psychanalyse*, Paris, Seuil, 1978.

LEBRUN Gérard, *La patience du concept*, Paris, Gallimard, 1972.

MALDINEY Henri, *Regard Parole Espace*, Lausanne, L'Âge d'Homme, 1973.

– *Penser l'homme et la folie*, Grenoble, J. Millon, 1991.

MERLEAU-PONTY Maurice, *La structure du comportement*, Paris, P.U.F., 1942.

– *Signes*, Paris, Gallimard, 1960.

– *Le visible et l'invisible*, Paris, Gallimard, 1964.

– *L'œil et l'esprit*, Paris, Gallimard, 1964.

– *Résumés de cours. Collège de France 1952-1960*, Paris, Gallimard, 1968.

– *L'union de l'âme et du corps chez Malebranche, Biran et Bergson*, Paris, Vrin, 1978.

– *La Nature. Notes. Cours du Collège de France*, Paris, Seuil, 1995

PATOČKA Jan, *Le monde naturel comme problème philosophique*, La Haye, Martinus Nijhoff, 1976.

– *Le monde naturel et le mouvement de l'existence humaine*, trad. E. Abrams, Dordrecht, Kluwer, 1988.

– *Qu'est-ce que la phénoménologie ?*, trad. E. Abrams, Grenoble, J. Millon, 1988.

– *Papiers Phénoménologiques*, trad. E. Abrams, Grenoble, J. Millon, 1995.

PICHOT André, *Petite phénoménologie de la connaissance*, Paris, Aubier, 1991.

SARTRE Jean-Paul, *L'Être et le Néant*, Paris, Gallimard, 1940.

STRAUS Erwin, *Vom Sinn der Sinne*, Springer Verlag, Berlin, 1935 ; trad. G. Thinès et J.-P. Legrand, *Du sens des sens*, Grenoble, J. Millon, 1989.

– « Les formes du spatial », trad. M. Gennart, dans *Figures de la Subjectivité*, études réunies par J.-F. Courtine, éd. du C.N.R.S., 1992.

TINLAND Franck, *La différence anthropologique. Essai sur les rapports de la nature et de l'artifice*, Paris, Aubier Montaigne, 1977.

VALÉRY Paul, *Œuvres*, « La Pléiade », Paris, Gallimard, 1960.

VON WEIZSAECKER Viktor, *Der Gestaltkreis*, G. Thieme, Stuttgart, 1939 ; trad. M. Foucault et D. Rocher, *Le cycle de la structure,* Paris, Desclée De Brouwer, 1958.

WORMS Frédéric, *Bergson et les deux sens de la vie*, « Quadrige », Paris, P.U.F. (à paraître).

INDEX

ABRAMS (E.), 7, 14, 39, 81, 83, 109, 118, 122, 145, 147, 150, 168
ARISTOTE, 99, 100, 109, 110, 126, 131

BAUMGARTEN (A.), 202
BERGSON (H.), 27, 28, 29, 30, 31, 33, 34, 36, 37, 38, 39, 40, 41, 76, 121, 176, 178, 183, 188
BERKELEY (G.), 34
BUYTENDIJK (J. J.), 190

CANGUILHEM (G.), 52, 158

DERRIDA (J.), 161, 171, 217
DESCARTES (R.), 32, 66, 68, 76, 88, 96, 126, 133, 135, 138, 139, 140, 141
DRIESCH (H.), 191, 192

FINK (E.), 38, 152
FREUD (S.), 22, 195, 196, 218
FROGNEUX (N.), 50, 53

GOLDSCHMIDT (V.), 35
GOLDSTEIN (K.), 69, 126, 158, 170, 172, 174, 181, 192, 193, 194, 195
GRANEL (G.), 30, 102, 132, 152

HEGEL (G. W. F.), 32
HEIDEGGER (M.), 13, 14, 15, 16, 43, 45, 47, 48, 50, 53, 88, 93, 94, 95, 96, 97, 103, 104, 105, 107, 110, 111, 131, 140, 141, 142, 143, 148, 150, 160, 161, 162, 164, 186, 188, 189, 190, 191, 195, 196, 197, 198
HENRY (M.), 126, 169
HUSSERL (E.), 7, 8, 10, 11, 12, 14, 20, 27, 28, 29, 31, 33, 35, 69, 76, 82, 83, 86, 87, 93, 96, 102, 111, 115, 116, 117, 119, 120, 126, 132, 133, 134, 136, 138, 140, 142, 144, 146, 151, 152, 153, 155, 156, 157, 167, 171, 177, 197, 198, 201

JONAS (H.), 43, 45, 46, 47, 48, 49, 50, 51, 53, 104, 109, 143, 162, 163, 164, 186

LACAN (J.), 22, 196
LEBRUN (G.), 32
LÉVINAS (E.), 128, 136, 178

MAINE DE BIRAN (F.-P.), 47, 89, 168
MALDINEY (H.), 69, 185, 198, 212
MERLEAU-PONTY (M.), 8, 9, 10, 11, 12, 15, 17, 18, 20, 28, 31, 33, 34, 35, 36, 39, 73, 79, 89, 95, 96, 98, 103, 106, 115, 122, 133, 143, 154, 156, 157, 158, 159, 160, 172, 176, 183, 197, 201, 202, 208, 211, 212
MINKOWSKI (E.), 62

PATOČKA (J.), 7, 11, 14, 15, 16, 17, 18, 20, 21, 27, 38, 39, 40, 76, 81, 82, 84, 85, 86, 88, 89, 90, 91, 92, 95, 96, 97, 98, 99, 100, 101, 102, 104, 105, 106, 107, 108, 109, 111, 117, 118, 119, 122, 123, 124, 128, 144, 145, 146, 147, 148, 150, 157, 167, 168, 170, 178, 181
PICHOT (A.), 192, 193, 194, 197

RICHIR (M.), 81
RICŒUR (P.), 8, 115, 120, 129, 134, 153, 201
SARTRE (J.-P.), 36, 55, 56, 57, 58, 59, 60, 61, 63
SCHELER (M.), 186
SIMONDON (G.), 190
STAIGER (E.), 18
STRAUS (E.), 65, 66, 68, 70, 71, 73, 74, 75, 76, 77, 78, 107, 125, 157, 170, 174, 176, 179, 180, 182, 184, 198, 209, 211, 212

TINLAND (F.), 155, 218

VALÉRY (P.), 11, 204, 205, 206, 207, 208, 210, 213
VON UEXKULL (J.), 188, 191
VON WEIZSAECKER (V.), 170, 172, 173, 176, 179

WHITEHEAD (A. N.), 49
WORMS (F.), 35, 38, 40

ZÉNON, 32

TABLE DES MATIÈRES

VIE ET INTENTIONNALITÉ 7

PREMIÈRE PARTIE

CHAPITRE PREMIER : Le problème de l'expérience : proximité ou corrélation ? Bergson et la phénoménologie 27
CHAPITRE II : La phénoménologie de la vie chez H. Jonas 43
CHAPITRE III : Désir et totalité. Sur l'ontologie sartrienne 55
CHAPITRE IV : Affectivité et mouvement. Le sens du sentir chez E. Straus 65
CHAPITRE V : La phénoménologie du mouvement chez Patočka 81
CHAPITRE VI : Le mouvement de l'existence chez Patočka. Vers une phénoménologie du devenir 93

DEUXIÈME PARTIE

CHAPITRE VII : Phénoménologie et ontologie de la vie 115
CHAPITRE VIII : La vie de la subjectivité 131
CHAPITRE IX : La vie perceptive 151
CHAPITRE X : L'espace et le mouvement vivant 167
CHAPITRE XI : Perception et pulsion 185
CHAPITRE XII : Sentir et faire. La phénoménologie et l'unité de l'esthétique 201

Note bibliographique 215
Bibliographie 217
Index des noms 221
Table des matières 223

ACHEVÉ D'IMPRIMER
EN SEPTEMBRE 2003
PAR L'IMPRIMERIE
DE LA MANUTENTION
A MAYENNE
FRANCE
N° 247-03

Dépôt légal : 3e trimestre 2003